ララチッタ

Roma Firenze

ローマ・
フィレンツェ

ララチッタとはイタリア語の「街＝La Citta」と、
軽快に旅を楽しむイメージをかさねた言葉です。
最旬グルメや人気ファッションストリート、
話題のトラットリアやアートスポットなど…
大人女子が知りたい旅のテーマを集めました。

JN027167

ララチッタ ローマ・フィレンツェ
CONTENTS

ローマ・フィレンツェで叶えたい♥
とっておき
シーン7

Roma
● ローマ

Firenze
● フィレンツェ

マークの見かた

世界遺産	交通
必見スポット	住所
眺望がよいところ	電話番号
予約が必要	開館時間、営業時間
ドレスコードあり	休み
日本語メニューがある	料金
日本語スタッフがいる	ウェブサイトのアドレス
英語メニューがある	Ⓜ メトロ
英語スタッフがいる	Ⓢ １人部屋または２人部屋
レストランがある	の１人使用の宿泊料金
プールがある	❶ ２人部屋の宿泊料金（Ⓓ
フィットネス施設がある	はダブル）

その他の注意事項

●この本に掲載した記事やデータは、2022年10月の取材、調査に基づいたものです。発行後に、料金、営業時間、定休日、メニュー等の営業内容が変更になることや、臨時休業等で利用できない場合があります。また、各種データを含めた掲載内容の正確性には万全を期しておりますが、おでかけの際には電話等で事前に確認・予約されることをお勧めいたします。なお、本書に掲載された内容による損害等は、弊社では補償いたしかねますので、予めご了承くださいますようお願いいたします。
●地名・物件名は政府観光局などの情報を参考に、なるべく現地語に近い発音で表示しています。
●休みは基本的に定休日のみを表示し、復活祭やクリスマス、年末年始、国の記念日など祝祭日については省略しています。
●料金は基本的に大人料金を掲載しています。

ローマ・フィレンツェ早わかり

イタリアでも特に人気の観光地、ローマとフィレンツェへ。
歴史ある古都をめぐれば、遺跡に芸術、美食と見どころが満載！
それぞれの街の特徴を把握して旅の計画を立てよう。

基本情報

国名：イタリア共和国
首都：ローマ
人口：約6036万人（2021年）
面積：約30万2000㎢
言語：イタリア語
通貨とレート：€1＝約146円（2022年11月現在）
時差：−8時間（日本より8時間遅れ。3月最終日曜〜10月最終日曜の間
　　　はサマータイムで、日本との時差は−7時間となる）
ベストシーズン：3〜5月と9〜11月がベスト。気温と降水量、
　　　　　　　　祝祭日については⇒P133

•ミラノ

•トリノ

リグリア海

数多くの遺跡が残る
古代都市

❶ ローマ ➡P23
Roma

古代ローマの歴史を映すイタリアの首都。街
には古の栄華を物語る遺跡群とバロック様
式の建築物が美しく調和しており、石畳の
路地にはローマっ子の明るい声が響き渡る。

サルデーニャ島

1：古代ローマ時代の建築がほ
ぼ完全に残るパンテオン 2：コ
イン投げでも有名なトレヴィの
泉 3：街歩きの途中にはドルチ
ェでひと休み 4：本場イタリアで
ピッツァは外せない

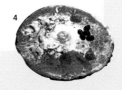

芸術の香り漂う花の都

❷ フィレンツェ ➡P89
Firenze

中世に開花したルネッサンスの中心地。ダ・ヴィンチやミケランジェロが闊歩した時代と変わらぬ歴史と文化が色濃く残されている。トスカーナ料理やアルティジャーノの工芸品など、旅の魅力は尽きない。

ヴェネツィア

アドリア海

フィレンツェ

❶ローマ

ナポリ

ティレニア海

N

1:ミケランジェロ広場からフィレンツェの町並みを一望 2:サンタ・マリア・ノヴェッラ教会前の広場は人でにぎわう 3:シニョリーア広場にあるダヴィデ像

4:フィレンツェの伝統工芸、マーブル紙の商品

5:ボリューム満点のビステッカ・アッラ・フィオレンティーナ

シチリア島

SPECIAL SCENE 7

ローマ・フィレンツェで叶えたい♥
とっておきシーン7

街の雰囲気や文化が大きく異なるローマとフィレンツェには、
世界遺産、ルネッサンスの芸術、郷土料理など旅の楽しみがいっぱい。
なかでも絶対体験したい7つのシーンを紹介します！

ローマを
代表する
観光名所

SCENE 1

イタリアの歴史を訪ねる旅へ
古都の世界遺産

イタリアの2大古都、ローマとフィレンツェにある
悠久の世界遺産へ。ダイナミックかつ
美しい情景が、訪れる人々を魅了し続けている。

コロッセオ ➡P33

1980・1990年登録

紀元80年ごろに市民の娯楽のために建
設された円形闘技場。完成時には100日
間におよぶ闘技会が催されたという。

数多くの決闘が
行われたアリーナ。
地下には猛獣の檻などがあった

フォロ・ロマーノ
→P32

1980・1990年登録

古代ローマの政治・経済の中心を担った場所。会堂や神殿、元老院議事堂など廃墟となった建造物が、かつてのローマの繁栄を彷彿とさせる。

19世紀から始まった発掘が、現在も続けられている

カラカラ浴場 **→P66**

1980・1990年登録

約300年にわたって使われ続けた公共浴場跡。場内には蒸し風呂から冷水風呂まで数種の風呂があり、マッサージも受けられたという。

壮大で華麗な
装飾が施された
サン・ピエトロ大聖堂

ヴァチカン市国 ➡P36

1984年登録

ローマの北西部にある総面積0.44km²
の世界最小の独立国家。カトリック教
会の総本山で、世界中で10億人を超え
る信者の信仰を集める。

ピサの斜塔の
傾斜は
約5.5度

ピサの斜塔
➡P107

1987年登録

1350年代に完成したロマネスク様
式の塔は、斜めに傾いた姿が印象的。
ドゥオーモや洗礼堂など、周囲には
白亜のモニュメントが集まる。

ドゥオーモの
大クーポラは
街のシンボル

フィレンツェ旧市街
➡P92

1982年登録

中世の共和国時代に繁栄し、ル
ネッサンスが花開いた地。赤レ
ンガの屋根が続く華やかな街に
は、貴重な美術作品を所蔵する
美術館や教会、宮殿が点在する。

建物そのものが
芸術作品のよう

9

ミラノ・ヴェネツィアで叶えたい♥
とっておきシーン7

SCENE 2

イタリア芸術の最高峰と出会う
ルネッサンスの傑作4選

15世紀初めにフィレンツェで興ったルネッサンス。
イタリア美術の転換期といえるこの時代に描かれた珠玉の傑作はこちら。

注目ポイント
薄めた卵黄と薄いニスの混合液が使用されており、フレスコ画のような風合いが出ている。

提供：Artothek/アフロ

ボッティチェッリ／1484年頃作
『ヴィーナスの誕生』

美の女神ヴィーナスの誕生を描いた縦172.5cm、幅278.5cmの大作。左は風の神ゼフュロスとアウラ、右は女神ホーラか三美神の1人とされている。装飾画的な構図とヴィーナスの恥じらいの表情に注目。当時としては珍しいキャンバス地に描かれている。
ウッフィッツィ美術館 ➡P96

提供：Artothek/アフロ

レオナルド・ダ・ヴィンチ／
1472〜1475年頃作
『受胎告知』

大天使ガブリエルがマリアに処女妊娠を伝えるシーンを描いた作品。草花の描写や奥に向かって描かれた湖畔の街並みなど、風景の表現が美しい。
**ウッフィッツィ
美術館 ➡P96**

注目ポイント
背景は、ダ・ヴィンチ独自の空気遠近法で表現されている。

提供：Artothek/アフロ

提供：Alamy/アフロ

ミケランジェロ／
1536〜1541年作
『最後の審判』

祭壇側の壁一面に描かれたミケランジェロ晩年の作品。新約聖書の黙示録にある「この世の終末における神の審判」をテーマに総勢391人の人物が描かれ、その大迫力にローマ中が驚いたという。

**ヴァチカン
博物館** ➡P36

注目
ポイント

中央のキリストの下に描かれた聖バルトロメオが持つ人間の皮は、ミケランジェロの自画像

ラファエロ／
1505〜1506年作
『ヒワの聖母』

ラファエロの24歳頃の作品。聖母の膝の間に立つ幼いキリストは、豊穣と受難を象徴するヒワをなでている。人物を三角形に配置した構図で安定感がある。

**ウッフィッツィ
美術館** ➡P96

提供：Artothek/アフロ

キリストが聖母の足を踏んでいるのは、聖母よりもキリストが聖なる存在であることを示している。

注目
ポイント

SCENE 3

地元ならではの料理を満喫！
滋味あふれる至福の食卓

旅先でまず味わいたいのは、その土地で古くから親しまれてきた郷土の料理。それぞれ長い歴史をもつローマとフィレンツェの、街を代表する絶品料理を楽しもう。

アバッキオ・アッラ・スコッタディート
ラ・カバーナ（→P71）
生後5〜6週間の仔羊の肉をローストした、ローマの名物料理。骨付きの肉はとてもやわらかくジューシーで、臭みがまったくないのが特徴。

ブカティーニ・アマトリチャーナ
トリトーネ（→P71）
ローマ近郊のアマトリーチェ村が発祥。ソースはベーコンの脂とトマトソースを合わせ、ペコリーノ・ロマーノをたっぷり加える。

Roma ローマ

ローマの郷土料理は庶民の文化から生まれた家庭料理が基本。羊乳のチーズ、ペコリーノ・ロマーノをたっぷりかけたパスタや、仔羊肉を使った肉料理が代表的。

サルティンボッカ・アッラ・ロマーナ
ケッコ・エル・カレッティエレ（→P71）
薄切りにした仔牛肉に生ハムとセージの葉を重ね、バターでソテーして白ワインで仕上げるローマ料理。サルティンボッカとは「口に飛び込む」の意。

カルチョーフィ・アッラ・ロマーナ
トリトーネ（→P71）
アーティチョークのつぼみ部分をオリーブオイルと白ワインで煮たローマ名物。味付けはシンプルだが、アーティチョーク独特の苦みとコクがくせになる。

トンナレッリ・カーショ・エ・ペペ
ダ・オイオ・ア・カーザ・ミア（→P70）
もっちりとした食感が特徴のローマの名物麺トンナレッリに、粉チーズのペコリーノ・ロマーノとコショウをかけただけのシンプルな料理。

スパゲッティ・アッラ・カレッティエラ

トラットリア・アルマンド(→P115)
たっぷりのニンニクとトウガラシを利かせたピリ辛トマトソースのスパゲッティ。馬車乗りが寒い冬に体を温めるために好んだことから「御者風」とよばれる。

Firenze
フィレンツェ

トスカーナの豊かな食材に恵まれたフィレンツェでは、素材の旨みをシンプルに味わう料理が中心。名産の赤ワインと合わせて、野菜や肉、オイルなど、食材の味を堪能できる。

パッパ・アル・ポモドーロ

オステリア・ディ・ジョヴァンニ(→P115)
トマトソースで煮込んだパン粥。固くなったパンをおいしく食べるための家庭の知恵から生まれた。トマトの酸味がさわやか。

クロスティーニ・ディ・フェーガト

トラットリア・アルマンド(→P115)
スライスしたパンに鶏レバーのペーストをのせた定番の前菜。コクのある深い味わいがワインとよく合う。

ビステッカ・アッラ・フィオレンティーナ

ブリンデッローネ(→P115)
名物のTボーンステーキ。厚さ2〜3cm重さ約1kgの骨付き肉を表面はこんがりと、なかはレアに焼きあげる。味付けは塩コショウのみで、炭火で焼くのが正統。

SCENE 4

イタリアの味を持ち帰り！
お墨付きの美食みやげ

イタリア料理のおいしさを日本でも再現したい…。そんな願いを叶えてくれる
クオリティが高くて味もいい、おすすめの食みやげをセレクト。

《 パスタ 》

スパゲットーニ
老舗パスタメーカーの伝統技法で作られる、幅2.5mmの太めのスパゲッティ／€4.20 B

ピチ B
トスカーナ地方の名物パスタで、うどんのように太いのが特徴／€5.30

タリオリーニ C
幅1〜3mmで平たい麺タリオリーニの3色セット／€7.50

リガトーニ A
外側に筋が入った太めのショートパスタ。濃い味のソースと相性抜群／€3.50

リングイネ A
自社栽培小麦を使い手作業で作る、マルケ州のマンチーニ社製。断面が楕円形でやや太め／€3.20

トリュフ チョコレート B
トリュフ製品メーカーが手がけるチョコ。カプチーノ、ミントなど5種類で20個入り／€10.60

トッローネ
イタリア伝統の菓子でヌガーのこと。ナッツの歯ごたえがよい／€6.50

《 お菓子 》

カントゥッチーニ C
トスカーナの名物菓子。コーヒーと合う／€7.50

キャンディ B
レオーネのスミレ風味のキャンディ。食べ終わった後も使えるレトロな缶入り／€4.20

《 調味料・オリーブオイル 》

C

トリュフソース

細切れトリュフがたっぷり入ったソース。パスタソースやそのままトーストにのせて／€7.50

B

ヘーゼルナッツクリーム

ピエモンテ州のヘーゼルナッツを使用。クリームにナッツが52%も含まれて濃厚／€13.60

エキストラバージン・オリーブオイル

オリーブの名産地、ラツィオ州コッリーネ・ポンティーネ産のなかでも評価が高い1本

B

A

カーチョ・エ・ペーペのソース

ペコリーノチーズと黒コショウのみで作る名物パスタ、カーチョ・エ・ペーペのソース／€6.50

ポルチーニ入りオリーブオイル

ポルチーニ茸の風味が豊かなオイル。パスタやリゾットの香り付けにぴったり／€3.80

A

バルサミコ酢

ボローニャのミシュラン星付きレストラン「ダ・アメリーゴ」のオリジナル／€9.80

B

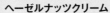

B

ヴィン・サント

キャンティ・クラシコの産地で作られるデザートワイン€14.90

《 ワイン 》

C

マテル・マテュータ

ラツィオ州で最高の赤といわれるカザーレ・デル・ジリオ社の赤ワイン

C

ブルネッロ・ディ・モンタルチーノ

多数の受賞で注目を浴びるサッソ・ディ・ソーレ社のブルネッロ・ディ・モンタルチーノ€45.50

ここで購入！

Roma

A カストローニ
（→P82）

B イータリー
（→P82）

Firenze

C アンティーカ・カンティーナ・デル・キャンティ
（→P118）

SCENE 5

デザインの国の遊び心と感性がキラリ
ひと目惚れのハイセンス雑貨

イタリア的エッセンスが盛り込まれたブランドをピックアップ。
自分用にもプレゼントにも活躍しそうなスペシャルなアイテムがいっぱい。

≪ ファブリアーノの ステーショナリー ≫

マルケ州で13世紀から続く老舗製紙メーカーがプロデュースするショップ。ダ・ヴィンチやラファエロも使っていたというファブリアーノ紙を用いたノートやメモ帳をはじめ、機能的でデザイン性あふれるステーショナリーが揃う。
ファブリアーノ・ブティック(→P43)

色鮮やかな
マルチカラー書類フォルダ€45

イタリアの地図が表紙になったノート(小)各€12.90

ペンスタンドがそのままオブジェになる色えんぴつの木€39.50

色とサイズ感がかわいい革製のペンケース各€34.80

≪ ビアレッティの モカエキスプレス ≫

1933年にピエモンテ州で創業した老舗キッチンブランド。サイズやデザインが多彩な直火式モカエクスプレスのほか、カップ&ソーサー、調理器具など幅広い品揃え。
ビアレッティ(→P81)

抽出したコーヒーを直接カップに注ぐミニエキスプレスとカップのセット€34.90

本格的なエスプレッソが淹れられる直火式のモカエキスプレス€19.90

特殊バルブ内臓でクリーミーなエスプレッソが淹れられるモカエキスプレス€39.90

《 アレッシの キッチングッズ 》

1921年創業の老舗キッチン用品メーカー。50年代から世界の有名デザイナーとのコラボレーションを企画し、デザイン性あふれる商品を発表し続けている。
クチーナ(→P81)／
スティルヴェトロ(→P81)

パンやフルーツを入れて食卓に。直径25cmのスチール製テーブルバスケット€120

イタリアデザイン界の巨匠アレッサンドロ・メンディーニがデザインしたワインオープナー€68

自宅で本格パスタが作れるパスタマシーン€95

《 リッカルド・マルツィの アクリル皿 》

トスカーナ生まれのリッカルド・マルツィのアクリル皿は、100%ハンドメイド。トスカーナの果物や植物などをそのままアクリル樹脂の中に閉じ込めている。軽くて壊れにくい。
キウラート(→P45)

取り分け用フォーク&スプーン€45

貝を閉じ込めた海を感じるアクリル皿€80

パスタ用の深皿€65

カラフルなオレンジを用いたアクリル皿€38

SCENE **6**

手仕事の温もりが伝わるイタリアのいいもの in Firenze
アルティジャーノの逸品

アルティジャーノとはイタリア語で"職人"のこと。昔からの伝統と手法を守り、生み出された逸品たちは、愛着が湧くものが多い。

工房では、職人の手仕事を間近で見学することも

《 マーブル紙 》

乳白色の特殊な液体に、絵の具を落として模様を描き、紙にすくい取ったマーブル紙。16世紀頃から続くフィレンツェの伝統工芸品で、2つとして同じものはない。
リッカルド・ルーチ（→P104）

色鮮やかなマーブル紙のノート

VITAシリーズの重ねづけリング€850〜

工房でモクモクとジュエリーを作るアレッサンドロ・バレッリーニ氏

《 手作りジュエリー 》

フィレンツェ出身のアレッサンドロ・バレッリーニ氏が手がけるジュエリー。伝統とモダンを併せもつデザインに、クオリティの高いハンドメイドの仕上げが特徴。
イドゥルス（→P105）

《 レザーアイテム 》

使いこむほど色合いが深まり、愛着が湧くのが革製品の魅力。バッグのほか、コインケースや財布、手袋と種類豊富。イル・ビゾンテ（→P105）

長く愛用したい牛革のバッグ

SCENE 7

オシャレは小物から in Roma
イタリアンファッション

クラフトマンシップと流行をとらえたデザインが魅力のイタリアのファッションブランド。
おしゃれのポイントに使うなら、ちょっと上質な小物が狙い目。

《 ボルサリーノの帽子 》

帽子職人のジュゼッペ・ボルサリーノが1857年に北イタリアで設立した帽子ブランド。150年以上の歴史を刻んだ今でも、創業当時と変わらない製法で帽子を作っている。
ボルサリーノ(→P79)

モンテクリスティシリーズのパナマ帽€950

《 セルモネータ・グローヴスの革手袋 》

ハンドメイドの革手袋専門店。すべて自社工場で作られており、ヤギ、シカ、イノシシなどの革を用いた手袋は、色もデザインも豊富。
セルモネータ・グローヴス(→P44)

チェーンがアクセントのヤギ革の手袋€129

ドット柄がかわいい手袋€79(左)。
鮮やかなカラーの手袋は€52(右)

《 スペルガ31のスニーカー 》

トリノで創設以来、100年を超える歴史を持つ人気シューズブランド。定番アイテムのスニーカーはデザイン、素材、カラーのバリエーションが豊か。
スペルガ31(→P80)

20を超えるカラーバリエーションがある定番モデルのスニーカー€65

やりたいことを全部叶える！

5泊6日王道モデルプラン

観光にグルメにショッピング…、やりたいことがいっぱいのローマ＆フィレンツェ。
5泊6日で2つの都市を思いっきり楽しめるモデルプランをご提案。

空港からテルミニ駅
を結ぶ列車、レオナ
ルド・エキスプレス
→P128

DAY1

初日はゆっくり♪
ホテル近くで軽めイタリアン

ADVICE!
機内で食事をしているので、軽めに済ませるならカフェやバールへ行くのがおすすめ。

19:00
フィウミチーノ空港 到着
↓ ローマ中心部まで30分～1時間

20:00
ホテルにチェックイン
↓ 徒歩10分

20:30
ホテル近くで軽く夕食

野菜のグリルなど、あっさり
系のプレートとワインを

DAY2

ローマを満喫♪
王道観光＆ショッピング

スペイン広場でオードリー・
ヘプバーンのように階段を
歩いてみよう→P26

10:00
ホテル発
↓ 地下鉄A線SPAGNAから徒歩すぐ

10:30
スペイン広場やトレヴィの泉を見学
↓ 徒歩1分（トレヴィの泉から）

11:30
タッツァ・ドーロでブレイク
↓ 徒歩1分

12:00
パンテオンを見学
↓ 徒歩1分

タッツァ・ドーロの
名物ドリンク、グラ
ニータ・コン・パン
ナ→P28

トレヴィの泉でコイン
を投げて、ローマ再訪
をお願い…→P27

古代コンクリート建築のパンテオン→P28

13:00
パンテオン周辺でランチ
↓ 徒歩10分

14:30
ナヴォーナ広場で噴水見学
↓ 徒歩2分

ナヴォーナ広場では見事な彫刻
が施された3つの噴水が必見
→P29

アンティークショッ
プが並ぶコロナーリ
通りで一点モノをゲッ
ト！→P46

15:15
コロナーリ通りや
ゴヴェルノ・ヴェッキオ通りでショッピング
↓ 徒歩またはタクシーを利用

20:00
創作系イタリアンでディナー

アレンジプラン
ゴヴェルノ・ヴェッキオ通りで
買物したあと、徒歩5分ほどの
場所にあるカンポ・デ・フィオ
ーリ広場（→P83）へ行ってみ
るのもいい。周辺には雑貨を
扱うショップなどが点在。

ディナーはローマの郷
土料理をアレンジ
した創作系イタリアンで
→P72

ヴァチカンの
衛兵は
スイス人！

DAY3

観光のハイライト♪

名画から
遺跡まで

09:00
ヴァチカン博物館で名作鑑賞 ┄┄┄┄┄┄┄
名作揃いのヴァチカン博物館。ハイシーズンは入場
時の行列は覚悟して→P36

↓ 徒歩15分

12:00
サン・ピエトロ大聖堂を見学 ┄┄┄┄┄┄┄┄┄┄
↓ 地下鉄A線OTTAVIANOからTERMINIでB線
に乗り換え、COLOSSEOから徒歩2分

サン・ピエトロ大聖堂のクー
ポラからは広場とローマ市
内を一望できる→P41

13:30
オッピオ・カフェでランチ

↓ 徒歩3分

古代ローマ遺跡の
代表格コロッセオ
→P33

14:30
コロッセオ＆フォロ・ロマーノを見学
↓ 地下鉄またはバスでホテルへ戻り
ホテルからはタクシーを利用

18:30
イーヴォでローマ風ピッツァ・ディナー

アレンジプラン

徒歩圏内には『ローマの休日』の舞
台になった「真実の口」があるので、
時間があればまわってみよう。

トラステヴェレの
レストランで
ローマ風ピッツァを

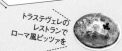

DAY4

フィレンツェで♪

ルネッサンス
芸術にふれる

10:00
カフェ・グレコで老舗カフェ
体験

↓ 徒歩すぐ

10:45
コンドッティ通り界隈でショッピング

↓ 地下鉄またはバスでホテルへ

12:00
ホテルで荷物をピックアップして
テルミニ駅へ

コンドッティ通りにある
カフェ・グレコでショッ
プの開店待ち→P45

↓ 列車で約1時間30分〜

ADVICE!
イタリアの主要都市
を結ぶ高速列車は全
席指定。必ず事前に
オンライン予約・購
入を済ませておこう。

14:30
フィレンツェのサンタ・マリア・
ノヴェッラ中央駅に到着

↓ 徒歩またはタクシーでホテルへ

ブランド・アイテムから
個性派雑貨まで揃う
コンドッティ通り

アレンジプラン

ルネッサンス芸術にもっとふれる
なら、メディチ家ゆかりのスポット、
ヴェッキオ宮殿（→P112）、ピッテ
ィ宮殿（→P113）、メディチ・リッカ
ルディ宮（→P111）などを訪れるの
もおすすめ。

15:30
ウッフィッツィ美術館で名画鑑賞

↓ 徒歩10分

18:00
ドゥオーモ周辺で食材みやげ探し

↓ 徒歩またはタクシーを利用

ウッフィッツィ美術館でル
ネッサンスの名画鑑賞
→P96

19:30
ビステッカ・ディナー

ディナーはフィレンツェ
名物のビステッカに
チャレンジ→P114

オリーブオイルやパスタなど、
イタリアの味や雑貨をみやげ
に→P14、118

DAY 5
フィレンツェ観光♪
いいとこどりの ゴールデンルート

09:00
ジョットの鐘楼から フィレンツェ・ビュー
↓ 徒歩すぐ

ジョットの鐘楼(→P93)はクーポラと街並みを一望できる絶好スポット

10:00
ドゥオーモ&サン・ジョヴァンニ洗礼堂を見学
↓ 徒歩5分

サン・ジョヴァンニ洗礼堂(→P93)では天国の門に注目

11:30
シニョリーア広場で彫刻鑑賞
↓ 徒歩3分

彫刻が並ぶシニョリーア広場(→P94)には休憩にいいカフェも

12:30
広場周辺で トスカーナ料理ランチ
↓ 徒歩5分

トスカーナ料理メニューはP13を参考に

14:00
ヴェッキオ橋を見学&渡る
↓ 徒歩約5分

ヴェッキオ橋(→P95)の両脇には金細工の店がずらり

14:30
アルノ川周辺でショッピング
↓ バス約20分

アルノ川周辺の伝統工芸品のショップでおみやげ探し(→P102)

17:00
ミケランジェロ広場から 街並みビュー
↓ バス約30分でホテルへ戻り ホテルからは徒歩またはタクシーを利用

19:00
リストランテでディナー

ミケランジェロ広場(→P95)は街一番のビュースポット。夕景も◎

アレンジプラン
ブランド品が狙いなら、有名ブランドのショップが並ぶトルナブォーニ通り(→P100)をチェック。買物より観光したい人は、ダヴィデのあるアカデミア美術館(→P111)やメディチ家礼拝堂(→P111)などに足を運んでみよう。

イタリア最後の夜はイタリア料理で締め(→P13、114)

DAY 6
楽しい旅も終わり♪
ローマにもどり 日本へ

09:30
サンタ・マリア・ノヴェッラ中央駅を出発
↓ 列車で約1時間30分〜

特急も停車するフィレンツェのターミナル駅

11:30
テルミニ駅に到着
↓ 列車またはバス、タクシーで30分〜1時間

余裕をもって2時間前には空港に到着したい

15:00
フィウミチーノ空港から帰国

買物のラストチャンス!フライトまで免税店でおみやげを購入

Lala Citta Roma Firenze

Area1

ローマ

Roma

古代ローマ遺跡群やバロック様式の建築物など

歴史と芸術が人々の生活に調和したローマ。

グルメやショッピングもはずせない！

ローマ エリアNAVI

イタリアの首都であると同時に、歴史や文化遺産に恵まれた観光都市として
世界中の人々でいつも賑わうローマ。みどころの多い街なので、エリアごとの特徴と
位置関係を把握してから街歩きに出かけよう。

ローマ

OTTAVIANO Ⓜ LEPANTO Ⓜ FLAMIN

CIPRO Ⓜ ポポロ広

❶ ヴァチカン市国

❷ ナヴォーナ広場

❸ トラステヴェレ

N

0 500m

テスタッ

❶ ヴァチカン市国
Città del Vaticano

カトリックの総本山で、ローマ教皇を元首とする世界最小の主権国家。歴代教皇の美術収集品を集めたヴァチカン博物館などみどころが多い。

MAP 別冊P6A～B2 最寄駅 MA線 OTTAVIANO、CIPRO

CHECK!
☑ サン・ピエトロ大聖堂…P41
☑ ヴァチカン博物館…P36

❷ ナヴォーナ広場周辺
Piazza Navona

古代の競技場跡を利用した広場で、中央に立つベルニーニの噴水が目印。広場には似顔絵描きや大道芸人が集い、雰囲気のいいカフェが並ぶ。

MAP 別冊P16A2
最寄駅 バス40番
LARGO TORRE
ARGENTINA

CHECK!
☑ ナヴォーナ広場…P29
☑ パンテオン…P28
☑ カンポ・デ・フィオーリ広場…P83

❸ トラステヴェレ
Trastevere

「テヴェレ川の向こう側」を意味するローマの下町。サンタ・マリア・イン・トラステヴェレ教会周辺には気軽なトラットリアやピッツェリアが集まり、夕方から夜に盛り上がる。

MAP 別冊P10A～B3 最寄駅 トラム8番VIALE DI TRASTEVERE

CHECK!
☑ サンタ・マリア・イン・トラステヴェレ教会…P68

④ スペイン広場周辺
Piazza di Spagna

ローマ観光の起点となる広場。ブランド店が並ぶ広場正面のコンドッティ通りをはじめ、一帯はショッピング、グルメの楽しみが尽きない。スペイン階段の上からは街並みを見渡せる。

MAP 別冊P15D1 最寄駅 M A線SPAGNA

CHECK!
☑ スペイン広場…P26
☑ トレヴィの泉…P27
☑ ショッピング …P42

レゲーゼ公園

Corso d'Italia

POLICLINICO M

④ スペイン広場

CASTRO PRETORIO M

BARBERINI M

⑤ テルミニ駅

REPUBBLICA TERMINI

ネツィア広場

Via Cavour
LINEA·B

M CAVOUR

VITTORIO M
EMANUELE

ィーノの丘

M COLOSSEO

⑥ コロッセオ

MANZONI M

ASSIMO M

SAN GIOVANNI M

RAMIDE

お得なローマ・パスを活用しよう!

地下鉄、バス、トラムの無料乗車券が付き、ローマ市内の該当施設から最初と2番目に入場する美術館・博物館が入場無料になるローマ・パスは72時間券で€52。3つ目以降のすべての該当施設も割引になる。48時間券€32（最初の入場施設のみ無料）もある。施設によっては別途、事前予約が必要。 URL www.romapass.it/ (英語)

使える主な施設 コロッセオ、フォロ・ロマーノ、ボルゲーゼ美術館、国立絵画館、スパーダ絵画館、カピトリーニ美術館など

購入できる場所 テルミニ駅24番ホーム沿いなどにある観光案内所、フィウミチーノ空港の観光案内所、ローマ・パスが利用可能な美術館・博物館、キオスクなど

---

⑤ テルミニ駅周辺
Stazione di Termini

ローマの玄関口となる鉄道駅で、地下鉄各線やバスターミナルもある交通の要衝。駅地下はショッピングモールになっており、深夜まで営業するスーパーもある。

CHECK!
☑ サンタ・マリア・デッラ・ヴィットリア教会…P50

MAP 別冊P12B3 最寄駅 M A·B線 TERMINI 、M A線REPUBBLICA

駅とその周辺はスリや置き引きの多発地帯。白タク被害も多いので注意

⑥ コロッセオ周辺
Colosseo

古代ローマの政治、経済、宗教の中心であったエリア。パラティーノの丘を中心に、コロッセオやフォロ・ロマーノなど、ローマの古代遺跡が集中する。

CHECK!
☑ コロッセオ…P33
☑ フォロ・ロマーノ…P32
☑ 真実の口…P34

MAP 別冊P11D2 最寄駅 M B線COLOSSEO

ローマ街歩きプラン

COURSE♪1

名画のロケ地も Check♪

永遠の都 ゴールデン・ルート

ローマの魅力がギュッと詰まった定番コース。定番だけに、映画のロケ地になっていることが多いのも特徴だ。ここではロケ情報や映画の裏話をからめつつ、街歩きのモデルプランをご紹介。ローマの街の雰囲気や街角グルメを楽しみながら、自分ならではの「ローマの休日」を楽しもう。

コース比較リスト

街歩き度	♪♪♪	移動距離は長いが休憩を入れるとラク
グルメ度	♪♪♪	パンテオン周辺やナヴォーナ広場にレストラン多数
ショップ度	♪♪♪	スペイン広場周辺にブランド店が多い
ビューティー度	♪♪♪	美しい街なかを散策してリフレッシュ
カルチャー度	♪♪♪	古代ローマからバロックまで
おすすめ時間帯	9時ごろからスタートを	
所要時間	4時間程度	
予算目安	食事代€20程度	

🚇Ⓜ A線SPAGNAから徒歩すぐ

1 スペイン広場
↓ 徒歩15分
2 トレヴィの泉
↓ 徒歩10分
3 パンテオン
↓ 徒歩2分
4 タッツァ・ドーロ
↓ 徒歩6分
5 ナヴォーナ広場
🚇Ⓜ A線SPAGNAまで徒歩20分

La La キネマ

そっくりフォトSpot

右の写真は『ローマの休日』のスペイン階段での名シーン。憧れた人も多いはず。スペイン階段に行ったらぜひ同じ角度(トリニタ・デイ・モンティ教会に向かってやや斜め右下から)、アン王女になりきって写真を撮ってみよう。

『ローマの休日』
デジタル・リマスター版 ブルーレイ・コレクターズ・エディション
価格：5,280円（税込）
発売元：NBCユニバーサル・エンタ ーテイメント

1 スペイン広場

Piazza di Spagna　**MAP** 別冊P15D1

ローマ観光の起点にぴったり

ローマっ子たちと世界各国からの観光客でいつも賑わっている広場。17世紀、広場の南側にスペイン大使館があったことから名前が付いた。実はフランスの費用で造られたという137段のスペイン階段の上には、トリニタ・デイ・モンティ教会が立ち、眺望は抜群。広場周辺にはショップも豊富だ。

DATA

🚇Ⓜ A線SPAGNAから徒歩すぐ

View

階段を上りきったところからの眺め（左）と、トリニタ・デイ・モンティ教会前からの見晴らし（右）

⬆階段最上部の広場から望むローマの街並み

広場中央にあるバルカッチャの泉

スペイン階段は飲食NG!

映画『ローマの休日』の、スペイン階段でアン王女がジェラートを食べるシーンは有名。残念ながら現在は飲食禁止となっている。

©1953, 2020 Paramount Pictures.

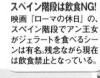

2 トレヴィの泉

Fontana di Trevi

MAP 別冊P17D1

バロック様式の壮麗な泉

ベルニーニが途中まで手がけたものを、18世紀に設計コンテストで優勝したニコラ・サルヴィが完成させた噴水。三叉路(トリヴィオ)にあることからこの名が付けられた。背後の建物はポーリ宮殿で、彫刻はピエトロ・ブラッチ作『海の神ネプチューン像』。中央がネプチューン(ポセイドン)で左に豊饒、右に健康を表す寓意像が飾られている。

DATA

🚇 Ⓜ A線BARBERINIから徒歩10分

ラ♪check!♪

泉に背を向けて肩越しにコインを1枚投げ入れると、ローマを再訪できるといわれている。2枚で恋愛成就、3枚では縁切り…なんて話もあるが、あなたは何枚?

➡一時期投げ入れ禁止になっていたこともある

➡パンテオンに向かう途中の小径には、気軽なトラットリアも

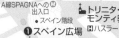

LaLaキネマ

よい子はマネしちゃいけません!

トレヴィの泉も有名映画のロケ地になっている。『甘い生活』ではマルチェロとシルヴィアが泉に飛び込んでずぶぬれになるし、『ローマの休日』のジョー・ブラッドリーはカメラを借りようとして泥棒と間違われる。もちろん現在は泉に入るのは禁止だし、泥棒と間違えられるのもうれしくないのでマネしないように。ちなみに、『ローマの休日』のこのシーンには、ウィリアム・ワイラー監督の2人の娘も登場している。

➡アイスケーキもあり、店の名物になっている

⬅店内はいつも大盛況だ。テーブル席(料金割増)もある

♪ひと休みはココで!

ジオリッティ

Giolitti

MAP 別冊P17C1

最古のジェラテリアでのんびり

100年以上の歴史を誇る、ローマを代表する老舗ジェラテリア。素材にもこだわっている。一番人気なのは約54種類のフレーバーから3種類を選べるジェラート。テイクアウトは€3(小)、€5.50(大)〜。

🚇 ナヴォーナ広場から徒歩8分
🏠 Via Uffici del Vicario 40
📞 (06)6991243 ⏰ 7時30分〜24時
休 なし

Ⓜ A線SPAGNAへの出入口
✝トリニタ・デイ・モンティ教会
🏨ハスラー
スペイン階段
❶ スペイン広場

ごちゃごちゃしているので、通り名の看板をよく確認しよう

Via Due Macelli

🏤 中央郵便局

Ⓜ A線 BARBERINIへ

サン・シルヴェストロ広場
P.za San Silvestro

トリトーネ広場
Largo d.Tritone

トリトーネ通り
Via del Tritone

ガッレリア・アルベルト・ソルディ

ジオリッティ
P.za d. Montecitorio

コロンナ広場
Piazza Colonna

マッケローニ

トレヴィの泉 ❷

Via d. Muratte

泉の前はすごい人だかり。記念撮影の順番待ちは覚悟!

カフェ・ベルニーニ
ナヴォーナ広場

サン・ルイジ・デイ・フランチェージ教会

P.za di Pietra

リストランテ・トレ・スカリーニ

タッツァ・ドーロ ❹
Via dei Pastini

横断歩道を渡るとき左手を見るとヴィットリオ・エマヌエーレ2世記念堂が見える

❺

四大河の噴水

サンタ・アゴスティーノ教会

Via Giustiniani

ロトンダ広場
P.za della Rotonda

グルメスポットがたくさん

❸ パンテオン

ムーア人の噴水

サンティーヴォ・アッラ・サピエンツァ教会

アルトロ・クアンド

ブラスキ宮

↓ヴェネツィア広場へ

0　　　100m

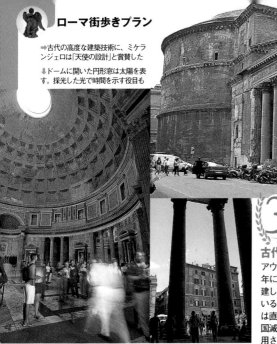

ローマ街歩きプラン

⬇古代の高度な建築技術に、ミケランジェロは「天使の設計」と賞賛した

⬇ドームに開いた円形窓は太陽を表す。採光した光で時間を示す役目も

⬆玄関廊は16本の花崗岩の円柱で構成

③ パンテオン
Pantheon

MAP 別冊P16B2

古代の姿を留める世界最大のコンクリート建築

アウグストゥス帝の娘婿アグリッパが神殿として紀元前27年に建設。一度焼失したが、125年にハドリアヌス帝が再建したものがほぼ完全な形で残り、貴重な遺構ともなっている。鉄筋を用いない石造建築としては世界最大で、内部は直径43.3mもの球体がすっぽり収まる大きさ。ローマ帝国滅亡後は、聖母マリアと殉教者にささげる教会として利用された。現在内部には7つの礼拝堂があり、ルネッサンスの巨匠ラファエロら歴史的著名人もここに眠っている。

DATA
🚇ナヴォーナ広場から徒歩6分
📞347-8205204 🕐9〜19時（入場は閉館の15分前まで。宗教行事により変更の場合あり）🈂なし 💴無料

ここでも名シーンが…

映画『天使と悪魔』では、最初ラングドン教授は誤ってパンテオンに来てしまう。キーワードの詩に「悪魔の穴」とあるのを、パンテオンの円形窓と勘違いしてしまうのだ。とはいえ、この荘厳な建物にラングドン教授役のトム・ハンクスがたたずむ様子は絵になる。また『ローマの休日』では、パンテオン脇のカフェ（現在は廃業）でアン王女たちがひと休み。周辺には魅力的なカフェがたくさんあるのでぜひ立ち寄ってみたい。

➡店内にはコーヒーの香ばしい香りが漂う。コーヒー豆の購入も可能

パンテオン周辺

マッケローニ
Maccheroni

MAP 別冊P16B1

肉料理とパスタがイチオシ
気軽に立ち寄れる店

パンテオン近くの賑やかな街並みを眺めながら、気軽にイタリアンが楽しめるレストラン。定番のパスタメニューが充実しており、ランチならパスタ1品だけの注文もOK。ローマ伝統の肉料理もおすすめ。

🚇パンテオンから徒歩5分
🏠Piazza delle Coppelle 44
📞(06)6830-7895
🕐12時30分〜15時、19時〜23時30分
🈂なし

⬆トマトソースのスパゲッティ €10

④ タッツァ・ドーロ
Tazza d'Oro

MAP 別冊P17C2

街歩きのオトモに名物メニューを

パンテオンの近くにあり、市内各地や空港などにも支店をもつ有名カフェ。自家焙煎のオリジナルブレンドのコーヒーが自慢で、香り高いエスプレッソ€1.20は地元でも評判の味。コーヒーのかき氷に生クリームをのせたグラニータ・コン・パンナ€4は夏の名物だ。

DATA
🚇ナヴォーナ広場から徒歩5分
🏠Via degli Orfani 84
📞(06)6789792 🕐7〜20時（日曜は10〜19時）
🈂なし

➡生クリームたっぷりのグラニータ・コン・パンナ

5 ナヴォーナ広場 MAP 別冊P16A2
Piazza Navona

ベルニーニの噴水とカフェが並ぶ広場

古代には競技場、15世紀には市場だったが、祝祭用の会場にするため17世紀に教皇ウルバヌス8世がベルニーニに改築を命じ、現在の姿になった。広場の中央には四大河の噴水(→P52)、その背後にはベルニーニのライバルだったボッロミーニの設計によるサンタニェーゼ・イン・アゴーネ教会が立っている。車が入れない広場なのもうれしい。

DATA
地下鉄MA線SPAGNAから徒歩20分

⇒世界の4つの大河を表しているという「四大河の噴水」

「四大河の噴水」の中央にそびえるオベリスク

ちょっと予備知識
ローマには噴水が多い??

古代のインフラ事業により、もともとローマには多くの水道が引かれていた。15世紀から行われた水道修復事業により再び豊富な水が供給されるようになると、教皇たちがカトリックの威信回復を図り、ローマをバロック調の噴水で彩ったのだ。

↑南側にある「ムーア人の噴水」

↑路上ライブ!?
一曲€1程度のチップを忘れずに!

ベルニーニ作の彫刻は迫力たっぷり

LaLaキネマ
オベリスクのシロハトが鍵!

映画『天使と悪魔』ではローマやヴァチカンの名所が次々と登場するが、このナヴォーナ広場も例に漏れない。キーワード「土、空気、火、水」の四大元素を象徴する彫刻中、「水」の彫刻として、四大河の噴水に立つオベリスク上のシロハト像が登場するのだ。しかも犯人に危害を加えられる4人目の枢機卿がこの噴水に投げ込まれ、映画の息もつけないスリリングさにひと役買っている。

広場前の名カフェ

リストランテ・トレ・スカリーニ
Ristorante Tre Scalini MAP 別冊P16A2

ジェラートをチョコレートでコーティングしたタルトゥーフォが名物。

カフェ・ベルニーニ
Caffè Bernini MAP 別冊P16A1

料理が充実している。ティラミスなどのドルチェもぜひ。(→P76)

ひと足のばして アルトロ・クアンド MAP 別冊P16A2
Altro Quando

映画の写真集が充実!

ローマを舞台にした映画の関連グッズが豊富に揃う書店。書籍や写真集をはじめ、マグネットやポスターなども扱う。(→P49)

↑名シーンのマグネット

LA DOLCE VITA
Il film di Federico Fellini

↑『甘い生活』の写真集

COURSE♪2

いにしえの大帝国の足跡をたどる 古代ローマ散策

紀元前753年の建国から数々の戦闘や政変を繰り返し、一大帝国を築き上げたローマ帝国。その時代に残された数々の遺産は、帝国崩壊から十数世紀を経た現在も、いにしえの栄華を彷彿とさせる。今なお輝く古代ローマの世界を歩いてみよう。

コース比較リスト

街歩き度	♪♪♪	移動が広範囲なうえ、道のアップダウンも激しい
グルメ度	♪♪♪	トラステヴェレでローマ風ピッツァを味わう
ショップ度	♪♪♪	コロッセオや美術館にショップがある
ビューティー度	♪♪♪	遺跡見学で教養美人に
カルチャー度	♪♪♪	古代ローマの史跡を見学
おすすめ時間帯		8時ごろからスタート
所要時間		8時間程度
予算目安		入場料€25＋食事代€30程度

🚇Ⓜ B線COLOSSEOから徒歩10分

[満喫コース]　　　　　　　[駆け足コース]

1 ヴェネツィア広場
徒歩5分　　　徒歩8分

カンピドリオ広場もチェック

2 カピトリーニ美術館
徒歩6分

3 フォロ・ロマーノ
徒歩すぐ　　　徒歩10分

4 パラティーノの丘
徒歩5分

5 コロッセオを眺めながらランチ
徒歩3分

6 コロッセオ
徒歩30分またはタクシー5分

7 サンタ・マリア・イン・コスメディン教会
徒歩15分　　　徒歩15分

8 マルタ騎士団の館
徒歩20分

9 ティベリーナ島
徒歩10分

10 トラステヴェレでローマ風ピッツァの夕食

🚇Ⓜ B線CIRCO MASSIMO駅まで徒歩30分

1 ヴェネツィア広場 MAP 別冊P17D4
Piazza Venezia

白亜の記念堂がそびえる巨大なロータリー広場

「ローマのへそ」といわれる広場。正面には1870年にイタリア半島を統一した初代国王エマヌエーレ2世をたたえて建設された、ヴィットリオ・エマヌエーレ2世記念堂がそびえる。記念堂に向かって右手はルネッサンス様式のヴェネツィア宮殿。

DATA
🚇Ⓜ B線COLOSSEOから徒歩10分

↑白亜の建物は左右対称で美しい

View

↑ヴィットリオ・エマヌエーレ2世記念堂のテラスから街並みを一望できる

→記念堂前にはエマヌエーレ2世の騎馬像が

N
0 200m

- ① ヴェネツィア広場
Via d. Plebiscito
ジェズ教会
P.za d. Gesù ・ヴェネツィア宮殿
・フォロ・トライアーノ
・トラヤヌスの市場
Via dei Fori Imperiali
カヴール
CAVOUR
Via Cavour M
ヴィットリオ・エマヌエーレ2世記念堂
サンタ・マリア・イン・アラコエリ教会
フォロ・チェザーレ
・フォロ・アウグスト
カピトリーニ美術館
② (カピトリーニ美術館)
サン・ピエトロ・イン・
ヴィンコリ教会
カンピドリオ広場
マルチェッロ劇場
Lung. d. Vallati
Lung. dei Centi
V.d.Teatro di Marcello
② カピトリーニ美術館
(コンセルヴァトーリ宮殿)
フォロ・ロマーノ
フォロ・ロマーノへ行く
前に一度立ち止まって
上から遺跡を眺めよう
オッピオ公園 ・
オッピオ・カフェ
テヴェレ川
Ponte Fabricio
⑨ ティベリーナ島
マクセンティウスの
③ バジリカ
P.za d.Consolazione
⑤
コロッセオ
COLOSSEO
M 入口
Ponte Garibaldi
Ponte Cestio
ベッリ広場
P.za G. Belli
Via della Lungaretta
ファルネジアーニ庭園
コンスタンティヌスの凱旋門
パラティーノの丘入口
⑥
コロッセオ
L. d'Anguillara
P.za Piscinula
サンタ・マリア・イン・
トラステヴェレ広場
P.za S. Maria in Trastevere
・フォルトゥナの神殿
パラティーノの丘
④
コロッセオ広場
Piazza del Colosseo
真実の口
サンタ・マリア・イン・
コスメディン教会
ジェラートの露店
がいっぱい。水も
売っている
イーヴォ ⑩
Viale di Trastevere
Via di S. Francesco a Ripa
サンタ・チェチリア・イン・
トラステヴェレ教会
⑦
Via della
Greca
チルコ・
マッシモ
トラステヴェレ
・Piazza Mastai
文化財省 アヴェンティーノの丘
サヴェッロ公園
Lung. Tung. Aventino
・Piazzale Ugo La Malfa
Via del Circo Massimo
チェリオの丘
ポルタ・カペーナ広場
Piazza di Porta Capena
サン・フランチェスコ・ア・リーパ教会
サンタ・サビーナ教会
Via di S. Sabina
人通りが少ないので
気を張って歩こう
・Largo Vittime d.Terrorismo
ポルテーゼ門
Ponte Sublicio
サンタレッシオ教会
Piazza di Porta Portese ・
⑧ 鍵穴
マルタ騎士団の館
チルコ・マッシモ
CIRCO MASSIMO

② カピトリーニ美術館 MAP 別冊P11C1

Musei Capitolini

MAP 別冊P11C1

コンセルヴァトーリ宮殿

カンピドリオの丘にある古代アートの宝庫

ローマの7つの丘のなかで最も神聖な場所とされたカンピドリオの丘に立つ美術館。広場をはさんでカピトリーニ美術館とコンセルヴァトーリ宮殿が立つ。ギリシアに影響を受けた古代の彫刻作品群のほか、『カピトリーノの牝狼』などのブロンズ作品がみどころ。

DATA
🚇 MB線COLOSSEOから徒歩15分
☎(06)0608 🕐9時30分〜19時30分
（入場は閉館1時間前まで） 休なし
料€11.50（両館共通）、特別展開催中
は追加料金あり

「とげを抜く少年」

ここに注目

中央にあるカンピドリオ広場は16世紀にミケランジェロが新たにデザインしたもの。敷石の美しい幾何学模様に注目したい。中央にはマルクス・アウレリウス像が立つ。

View

↑『カピトリーノの牝狼』

↑カピトリーニ美術館の回廊のテラスからは、フォロ・ロマーノとコロッセオを一望できる

↑コンセルヴァトーリ宮殿と市庁舎の間の道を進んだ先の広場からフォロ・ロマーノを一望

↑フォロ・ロマーノへ向かう階段にはみやげ物売りが多い

③ フォロ・ロマーノ
Foro Romano
MAP 別冊P11C2

— フォロ・ロマーノの全景

現在も遺跡発掘が続く古代ローマの中心地

2つの丘にはさまれた窪地に広がる、古代ローマの政治、経済、文化の中心地。フォロとは公共広場を意味し、元老院や裁判所が置かれ、神殿や凱旋門が築かれた。帝国の衰退とともに荒廃し、多くの建物は建材として切り出されてしまった。

DATA
🚇MB線COLOSSEOから徒歩5分
📞(06)39967700（9〜17時）
🕐9時〜19時15分（11〜12月は〜16時30分。そのほか季節により変更あり。入場は閉場の1時間前まで）
🏖なし 💶€18（オンライン購入）

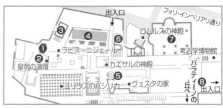

❶ セヴェルスの凱旋門
Arco di Severo
203年にセヴェルス帝の東方遠征の戦勝と即位10年を記念して建造。

❷ サトゥルヌスの神殿
Tempio di Saturno
農耕の神サトゥルヌスを祭った神殿。現在は8本の円柱が残る。

❸ クーリア（元老院）
Curia
共和政時代に最高会議が行われていた、フォロ・ロマーノの中枢。現在の建物は復元されたもの。

❹ エミリアのバジリカ
Basilica Emilia
徴税や裁判が行われていた会堂。西ゴート族のローマ侵入で焼失の際、溶けたコインの跡が残る。

❺ ヴェスタ神殿
Tempio di Vesta
火の神ヴェスタを祭った神殿。円形神殿の名残がある。

❻ アントニヌスとファウスティーナの神殿
Tempio di Antonius e Faustina
アントニヌス帝の妻ファウスティーナを偲んで141年ごろ建設。

❼ マクセンティウスのバジリカ
Basilica di Macsennzio
裁判や集会のための会堂。マクセンティウス帝からコンスタンティヌス帝に引き継がれ312年に完成。

❽ ティトゥスの凱旋門
Arco di Tito
ローマに残る最古の凱旋門。ティトゥス帝の戦勝記念として、紀元81年に建設された。

---

④ パラティーノの丘
Colle Palatino
MAP 別冊P11C2

かつて皇帝たちが暮らした緑あふれる丘

フォロ・ロマーノの南側に広がる緑豊かな丘。歴代の皇帝がここに宮殿（パラティウム）を建てたことからこうよばれる。宮殿の多くは火災などで失われたが、現在もアウグストゥス帝と妻リヴィアが暮らした「リヴィアの家」などの遺構が見られる。

DATA
🚇MB線COLOSSEOから徒歩5分
📞(06)39967700（9〜17時）
🕐9時〜19時15分（11〜12月は〜16時30分。そのほか季節により変更あり。入場は閉場の1時間前まで）
🏖なし 💶€18（オンライン購入）

⬇豊かな緑も満喫できる

↑眼下にフォロ・ロマーノの全景、右手にはコロッセオを望むことができる

ちょっと予備知識
ローマを造った7つの丘

古代ローマの街は7つの丘を中心に形成された。建国の祖ロムルスが集落を築いたパラティーノの丘をはじめ、カンピドリオ、クイリナーレ、ヴィミナーレ、エスクイリーノ、チェリオ、アヴェンティーノの丘がある。

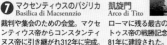

※フォロ・ロマーノ、パラティーノの丘、コロッセオはチケットが共通。2022年10月現在、窓口での販売はなくオンライン購入のみ。

コロッセオを眺めながらランチ

5 オッピオ・カフェ MAP 別冊P11D2

Oppio Caffè

↓地元の若者にも人気のカフェ

早朝から深夜まで賑わう気さくなカフェ

コロッセオの目の前にあるカジュアルなカフェ。各種ドリンクのほかに軽食メニューも用意しており、手軽なランチに利用できる。夕方から夜はライトアップされたコロッセオを眺める特等席として、多くの人が集まる。

DATA
交Ｍ B線COLOSSEOから徒歩2分 住Via delle Terme di Tito 72 ☎(06)4745262 時7時〜翌2時 休なし

←ドリンク類も充実。夜景観賞に訪れるのもおすすめ

ちょっと寄り道

コンスタンティヌスの凱旋門 MAP 別冊P11D2

Arco di Costantino

コロッセオの西側に隣接する315年建造の凱旋門。コンスタンティヌス帝が政敵・マクセンティウス帝に勝利したことを記念したものだが、資材不足から、過去の記念建造物から剥ぎ取ったレリーフで飾られている。交Ｍ B線COLOSSEOから徒歩3分

→円形のレリーフはハドリアヌス帝の建造物から転用 ←高さ25mの巨大なモニュメント

6 コロッセオ MAP 別冊P11D2

Colosseo

古代ローマ遺跡を代表する巨大な円形闘技場

ヴェスパシアヌス帝が着工し、息子のティトゥス帝が紀元80年ごろに完成させた円形闘技場。周囲527m、高さ48.5m、およそ5万人を収容したこの施設は、皇帝が市民の娯楽のために建設したもので、さまざまな死闘が見世物となった。

DATA
交Ｍ B線COLOSSEOから徒歩1分 ☎(06)39967700 (9〜17時) 時9時〜19時15分 (11〜12月は〜16時30分。そのほか季節により変更あり。入場は閉場の1時間前まで) 休なし 料€18 (オンライン購入)

チケット購入ワンポイントアドバイス

コロッセオとフォロ・ロマーノ、パラティーノの丘はチケット共通。コロッセオのみ時間指定の入場になるので、最初にコロッセオを見学するのがおすすめ。

見学のポイント

建築様式に注目する

4階 アーチのないコリント式。レンガを積み上げて柱に見立てた建築様式。日よけの天蓋を張るために、この外壁にロープを渡していた。

3階 コリント式。柱頭にアカンサスの葉をモチーフにした彫刻を施した柱が特徴。パンテオン正面の柱もここと同じ様式。

2階 イオニア式。柱頭に渦巻き模様の彫刻が付いたデザインの柱が特徴。各アーチの下には1体ずつ彫像が置かれていたという。

1階 ドーリア式。シンプルなデザインの柱で装飾はほとんどなく、上に向かって徐々に細くなるのが特徴。ドーリア人がもたらしたとされる。

かつての姿を想像する

今では外壁や内部は壊れてしまっているが、当時は円の形をしていたという。1〜3階の座席や日よけの天蓋など、かつてのコロッセオはどのような姿だったのだろう。

アレーナの床 現在、見ることはできないが、当時、アレーナの床の部分には厚い木の板を使っていた。板の上には砂を敷き水はけをよくしていた。

観客席 1階は貴族のVIP席、2階は一般席、3階は立ち見席。さらに同じ階でも既婚者、女性、軍人と分けられていた。

日よけの天蓋 外壁の一番上にロープを張り巡らせて大きな布を張った天蓋があった。日差しの強い日も観客が快適に観戦できるように造られたもの。

↞6世紀に建立された教会

7 サンタ・マリア・イン・コスメディン教会
MAP 別冊P11C3

Chiesa di Santa Maria in Cosmedin

名画のシーンがよみがえる「真実の口」の教会

8世紀に法王ハドリアヌス1世が、付近で暮らすギリシア人のために改築した教会。ギリシア人たちは教会を飾り立てたため、コスメディン（装飾）の名が付いた。古代の井戸の蓋、またはマンホールの蓋といわれる有名な「真実の口」は柱廊の端にある。

DATA
🚇Ⓜ B線CIRCO MASSIMOから徒歩10分 ☎(06)6787759 🕐9時30分〜17時50分 休なし 料無料（€1〜程度の寄付）

♪check!♪
真実の口までの道のりは行列覚悟！

⬆海神の顔がモチーフといわれている　➡柵内がいっぱいのときは約30分くらい列に並ぶ

真実の口に手を入れての記念撮影は、いまやローマ観光の定番。いつも長蛇の列ができているので30分待ちは覚悟した方がいい。比較的空いている可能性があるのは、朝一番と昼食時だ。

ちょっと寄り道

┃チルコ・マッシモ
Circo Massimo

MAP 別冊P11C3

紀元前600年ごろの古代ローマの競技場跡。市民の娯楽として戦車レースなどが行われ、最大時には25万人の観客を収容したという。現在は緑繁る野原で、市民の憩いの場となっている。
🚇Ⓜ B線CIRCO MASSIMOから徒歩すぐ

映画『ベン・ハー』の舞台になった

---

8 マルタ騎士団の館
Casa dei Cavarieli di Malta

知る人ぞ知る秘密の鍵穴そこから見えるものは!?
MAP 別冊P10B4

ローマの7つの丘の一つ、アヴェンティーノの丘にあるマルタ騎士団の館はちょっとユニークなビュースポット。敷地内に入ることはできないのだが、この館の鍵穴をのぞくと、手入れされた木々の先に、サン・ピエトロ大聖堂のクーポラが見えるのだ。

↞木々のアーチの先に大聖堂の姿が

DATA
🚇Ⓜ B線CIRCO MASSIMOから徒歩20分
➡まだあまり知られていない、ローマの穴場スポット

9 ティベリーナ島 **MAP** 別冊P10B2
Isola Tiberina

→ファブリーチョ橋から島を望む

古代から現代まで続く医学の神の小島

古代ローマ時代から残るチェスティオ橋とファブリーチョ橋で結ばれる、テヴェレ川中洲の小さな島。紀元前3世紀に医学の神アスクレピオスの神殿が建造され、病気快復を願う人々がここで祈りを捧げたという。現在も16世紀から続くファーテベネフラテッリ病院がある。

DATA
🚇サンタ・マリア・イン・トラステヴェレ教会から徒歩15分

→日光浴を楽しむ人も多い

↓チェンチ河岸通りを渡りテヴェレ川沿いを歩こう。緑いっぱいの通りは散策に最適。道路を横断するときは注意を！

トラステヴェレでローマ風ピッツァの夕食

10 イーヴォ **MAP** 別冊P10A3
Ivo

パリパリのローマ風ピッツァを伝統の下町で味わう

伝統的なピッツェリアが集まるトラステヴェレを代表する人気店。熟練の職人が焼き上げるピッツァはサクッと軽い食感で、1人1枚は楽にいけそう。真ん中に玉子を落としたカプリチョーザ€7.80や、水牛のモッツァレラを使ったバッファロー・ビル€8が人気。

DATA
🚇サンタ・マリア・イン・トラステヴェレ教会から徒歩3分 　Via S. Francesco a Ripa 158 　(06)5817082 　📅18時〜翌1時 　🏠火曜

↑トマトソースにモッツァレラとアンチョビをのせたナポリ€7
↓具だくさんのカプリチョーザ

←夜のみ営業の伝統的な店。深夜まで人が絶えない

←鍵穴にカメラのレンズをくっつけて

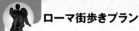

ローマ街歩きプラン

COURSE♪3

ヴァチカン市国で珠玉のアートめぐり

ローマ市内にある小さな独立国、ヴァチカン。世界有数のコレクションを誇るヴァチカン博物館や、カトリックの総本山として信仰を集めるサン・ピエトロ大聖堂など、みごたえ充分のみどころが揃う。時間に余裕をもって楽しもう。

ヴァチカンを守るスイス人の衛兵たち

コース比較リスト

街歩き度	♪♪♪	博物館内はかなりの移動距離
グルメ度	♪♪♪	周辺の小さな路地に良心的な店が点在
ショップ度	♪♪♪	ミュージアムショップは充実
ビューティー度	♪♪♪	建築、絵画、彫刻の宝庫
カルチャー度	♪♪♪	ヴァチカン収蔵の美術品は必見
おすすめ時間帯	ハイシーズンは博物館開館の30分前に到着を	
所要時間	8時間程度	
予算目安	入場料€26.50〜＋食事代€20程度＋みやげ代	

🚇ⓜA線OTTAVIANO-S.PIETROから徒歩5分

1 ヴァチカン博物館
- ●ピオ・クレメンティーノ美術館
- ●ラファエロの間
- ●システィーナ礼拝堂
- ●ピナコテカ

徒歩15分

musei Vaticani

2 サン・ピエトロ広場

徒歩すぐ

案内板に従って入口を目指そう

3 サン・ピエトロ大聖堂

徒歩15分

4 サンタンジェロ城

🚇ⓜA線LEPANTOまで徒歩15分

---

1 Musei Vaticani ヴァチカン博物館

世界屈指の美の宝庫でイタリア美術の至宝を鑑賞

MAP 別冊P6B2

ヴァチカン歴代教皇のコレクションを展示する巨大博物館。かつて教皇の住居であったベルヴェデーレ宮殿をはじめとする複数の建物と回廊に、時代やテーマ別に分類された美術館、ギャラリーが連なっている。なかでも古代ギリシア・ローマ時代の彫刻群とルネッサンス芸術のコレクションは世界屈指の規模。

DATA

🚇ⓜA線OTTAVIANO-S.PIETROから徒歩5分 ☎(06)69884676/(06)69883145 🕐9〜18時（最終日曜は〜14時）※最終入場は16時（最終日曜は12時30分） 🈺日曜（最終日曜は除く）、定められた休館日（毎年変更） 🈯€17（オンライン購入は€21）※最終日曜は無料

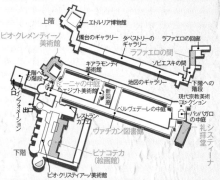

3時間でめぐる！必見作品鑑賞プラン

提供:ALBUM/アフロ

ピオ・クレメンティーノ美術館
Museo Pio Clementino　MAP 別冊P6B1

教皇ユリウス2世のコレクションや古代ギリシア・ローマ時代の彫刻を集めた美術館。クレメンス14世が創設し、ピウス6世の時代にあたる1784年にほぼ現在のコレクションが完成した。伝説や神話を題材とした彫刻は人間の筋肉や衣のひだまで細かく表現しており、ミケランジェロをはじめ多くの芸術家たちに影響を与えたという。

『ベルヴェデーレのトルソ』
Torso del Belvedere
(紀元前1世紀作)

ギリシアの新アッティカ派の作。たくましい肉体をもつ人物が岩の上に座っている像で、胴体部分のみが残っている。その肉体の表現はミケランジェロに多大な影響を与えたという。

『ラオコーン』Laocoonte
(紀元1世紀ころ作)

エスクイリーノの丘で1506年に発見された古代ギリシア彫刻の傑作。トロイアの神官ラオコーンとふたりの息子がヘビに巻き付かれている。作者はロドス島の3人の彫刻家と伝わる。

ピーニャの中庭
Cortile della Pigna　MAP 別冊 P6B1

大きなブロンズ製の松かさは、コンスタンティヌス帝が建てた旧サン・ピエトロ大聖堂にあった噴水の一部。中庭中央の『球体のある球体』も必見。

ラファエロの間はいつも大混雑

ラファエロの間　MAP 別冊P6B2
Stanze di Raffaello

ラファエロと弟子たちによって描かれた壁画や室内装飾がある4つの部屋からなる。なかでも有名なのが「署名の間」で、16世紀初めにユリウス2世の書斎兼図書館として造られた。ここには『聖体の論議』や『アテネの学堂』など、人間精神の「真、美、善」を主題としたラファエロ作の4つの壁画があり、必見。奥に進むと「ニコラウス5世の礼拝堂」があり、フラ・アンジェリコの作品を鑑賞できる。

『アテネの学堂』Scuola di Atene
ラファエロ (1508～11年作)

提供:Iberfoto/アフロ

「理性の真理」を表し、古代ギリシアの哲学者や科学者たちが議論しながら集うという構図をとっている。遠近法に基づいて描かれており、焦点となるアーチの下の2人の人物はアリストテレスとプラトン。登場人物の多くはラファエロと同時代に活躍したルネッサンスの芸術家たちがモデルとなっているので、彼らを探し出すのも作品の楽しみ方の一つ。

Ⓐ アリストテレス…中央右側。天地の間に手をかざし「確かな現実」を表現。Ⓑプラトン…ダ・ヴィンチがモデル。右手人さし指で思想の源が天にあることを示す。Ⓒヘラクレイトス…中央下で頬杖を付く人物のモデルはミケランジェロ。ひとり思索にふけっている。Ⓓディオゲネス…アリストテレスの下、画面のほぼ中央で階段で横になっている人物。Ⓔラファエロ…画面の右隅に描かれた横顔の自画像。R.V.S.M.は彼のサイン。Ⓕイル・ソドマ…ラファエロの友人だった画家。その後ろにはラファエロ自身がいる。

ヴァチカン博物館 鑑賞アドバイス

1.入場する時間帯
平日も休日も常に混雑しているため、遅くとも開館10分前に到着を。チケットのオンライン予約が可能になったため、事前にオンラインで購入をおすすめする。

2.見学できるエリアを確認
建物自体が古い博物館のため、常にどこかで修復作業が行われている。荷物検査場の先にあるテレビ画面に見学できない場所が表示されるので確認を。

3.大きな荷物は預ける
大きな荷物や傘、三脚など長い棒状のものは持ち込みができないので、荷物検査終了後、右手のクロークに預ける。貴重品は各自で持ち歩くこと。

4.オーディオガイドを利用
チケットを機械に通して入館し、エスカレーターで上ったところにオーディオガイドの貸出し所がある。日本語もあり、€7(予約なしの場合€8)。パスポートと引換えに受け取るシステム。

システィーナ礼拝堂 MAP 別冊P6B2
Cappella Sistina

シクストゥス4世により1477〜80年にかけて改築された礼拝堂で、現在も教皇選挙（コンクラーベ）などの重要な行事で使用される神聖な場。みどころはユリウス2世、パウルス3世の命を受けてミケランジェロが描いた天井と祭壇側のフレスコ画で、ルネッサンス芸術の最高傑作と謳われる。内部は写真撮影禁止。

オペラグラスを用意したい！
天井画や壁画は予想以上に高い場所にある。人物の表情など細部までじっくり鑑賞するには、小型の双眼鏡などが必需品だ。

写真:ALBUM/アフロ

ZOOM❶
『アダムの創造』
Creazione di Adamo
「神は自分のかたちに人を創造された」という旧約聖書の一場面を描いた作品。人類の創造主である神が画面左に横たわるアダムに指先を通して命を吹き込もうとするその一瞬を表現。緊張感が伝わってくる。

写真:ALBUM/アフロ

ZOOM❷
『デルフィの巫女』*Delfica*
読書の最中に突然に受けた啓示に心を奪われる、美しい巫女の姿が描かれている。巻物を持つ左腕の肉感や強い霊感を受けて戸惑う顔の表情などに注目。

ZOOM❸
『最後の審判』*Giudizio Universale*
→P11
祭壇側の壁一面に描かれており、彫刻のような肉体の表現などミケランジェロの技術や精神をすべて注ぎ込んだ円熟期の最大傑作。

写真:ALBUM/アフロ

天井画『天地創造』ミケランジェロ（1508〜12年ごろ作）

題材は旧約・新約聖書から引用され、圧倒的な迫力と色彩の美しさが際立っている。また左右の壁面に描かれた『モーセの生涯』『キリストの生涯』も、ボッティチェッリやギルランダイオといったルネッサンスの巨匠たちによる傑作。

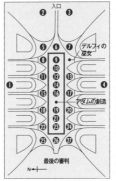

❶…キリストの生涯
❷…復活
❸…モーセの遺体をめぐる論
❹…モーセの生涯
❺…ダヴィデとゴリアテ
❻…預言者ゼカリヤ
❼…ユディトとホロフェルネス
❽…預言者ヨエル
❾…ノアの泥酔
❿…大洪水
⓫…エリュトラスの巫女
⓬…ノアの献身
⓭…預言者イザヤ
⓮…原罪と楽園追放
⓯…預言者エゼキエル
⓰…イヴの創造
⓱…クマエの巫女
⓲…ペルシアの巫女
⓳…地と水の分離
⓴…預言者ダニエル
㉑…太陽と月の創造
㉒…預言者エレミア
㉓…光と闇の分離
㉔…リビアの巫女
㉕…ハマンの懲罰
㉖…預言者ヨナ
㉗…青銅の蛇

礼拝堂から大聖堂へのショートカット
システィーナ礼拝堂には2つの出口があり、『最後の審判』を背に右側の出口を進むとサン・ピエトロ大聖堂へ出ることができる。両方を見学する場合は時間と体力を大幅に節約できる便利なルートだが、その際は絵画館を先に見学するなど、ルートのアレンジが必要。また図書館など一部見学できない個所も出てくるほか、オーディオガイドの利用にも注意。

提供:akg-images/アフロ

ヴァチカン図書館
Biblioteca　MAP 別冊P6B2

15世紀後半、シクストゥス4世によって創設された図書館。最古の聖書写本とされるヴァチカン写本をはじめ、およそ110万冊の蔵書を誇る。

←ピナコテカは非常に混雑することも。少し時間をずらす余裕をもちたい

ピナコテカ（絵画館）
Pinacoteca　MAP 別冊P6B1

11～19世紀に制作された絵画とタペストリーを展示する美術館。18ある展示室では制作年代や流派ごとに作品が整理されているので時代を追いながら鑑賞できる。第3室のフラ・アンジェリコ作『聖母子と聖ドミニクスと聖カタリナ』やフィリッポ・リッピ作『聖母戴冠』、第8室のラファエロ作『キリストの変容』、第12室のカラヴァッジョ作『十字架降架』など必見作品が多い。

『聖ヒエロニムス』San Gerolamo
レオナルド・ダ・ヴィンチ（1482年ごろ作）

負傷した獅子を聖ヒエロニムスが救ったという故事が題材で、この聖人が荒野で修行する様子を描いている。ダ・ヴィンチが28歳ごろの作品で、未完のまま残されていた。一時、頭部と胴体が切り離されて保存されていたため、修復後もその跡が分かる。

提供:ALBUM/アフロ

『キリストの変容』Trasfigurazione
ラファエロ（1520年作）

ラファエロが死の直前に完成させた作品。キリストが3人の使徒と山に登り、神の光に包まれる姿を見せたという話を描いている。弟子の手が入っていない、すべてラファエロ自身によって描かれた最晩年の傑作。

ミュージアムShopでおみやげ探し

玄関ホールをはじめ館内のあちこちにショップがあり、ポストカードやオリジナルグッズを販売している。らせん階段近くのショップが品揃え豊富でおすすめ。

⇒作品の注目ポイントを切り取った付せん

↑パズルにメッセージを書くグリーティングカード

♪ひと休みはココで！
ミュージアムカフェ

博物館内にはセルフサービス形式のレストランのほか、バールやピッツェリアがある。休憩やランチに気軽に利用したい。

↓セルフサービスのレストラン

→カフェ・ラテでひと休み

←種類豊富なコルネットやデニッシュも

2 サン・ピエトロ広場

Piazza San Pietro

ベルニーニが演出する壮麗なバロック空間 MAP 別冊P7C3

17世紀に教皇アレクサンデル7世の命によりベルニーニが設計した、サン・ピエトロ大聖堂の正面に広がる楕円形の広場。左右を囲む半円形の柱廊が大聖堂の玄関へ向かって途中からまっすぐに延びるスタイルは、ヴァチカンを訪れるすべての人々を包み込むような演出がなされている。楕円の長径は240m、最大で約10万人を収容する。

DATA
交 M A線OTTAVIANOから徒歩15分

見学のPoint

🌿 教皇の窓
大聖堂に向かって右手の建物はローマ教皇の邸宅。毎週日曜の正午、ローマ教皇が姿を見せてくれるのは、建物の4階の右から2番目の窓。

🌿 郵便局
ヴァチカン市国独自の切手や絵はがきを販売。旅の記念にヴァチカンの消印入りの便りを出すのが人気で、局内には手紙を書くスペースも設けられている。

🌿 風配図

オベリスクを囲むように地面に埋め込まれた大理石の装飾は風配図と十二宮を表している。

🌿 聖人像
柱廊上部の欄干には17～18世紀の彫刻家たちによる高さ3.2mの聖人像が全部で140体飾られている。

大聖堂への入口はココ。セキュリティチェックがあるため大行列を覚悟しよう。

🌿 オベリスク
中央に立つオベリスクは、カリグラ帝がエジプトから運ばせ、戦車競技場の旋回の目印に立てたもの。以前は大聖堂の左側にあったが、16世紀に現在の場所に移動された。

🌿 柱廊
ベルニーニ設計の柱廊は全部で284本の大理石の柱を使用。円の中心から放射状に4重に配された円柱は、角度によってさまざまな表情を見せる。

🌿 楕円の中心点
楕円形の広場は2つの円を並べて設計されている。その2つの中心点はベルニーニ・ポイントとよばれており、ここから柱廊を眺めると4重の柱が1本に見える。

3 サン・ピエトロ大聖堂
Basilica di San Pietro

カトリックの総本山で 厳かな空気とアートを堪能
MAP 別冊P6B2

皇帝ネロの迫害によって殉教したキリスト12使徒のひとり、聖ペテロの墓所があった場所に建てられた世界最大級の大聖堂。4世紀にコンスタンティヌス帝が建立し、16世紀初めに大幅な改築が行われた。改築時の設計はブラマンテからラファエロ、ミケランジェロへ引き継がれ、17世紀初めにようやく完成した。堂内はミケランジェロ作『ピエタ』をはじめ、ルネッサンスからバロック期に活躍した芸術家たちの作品で埋めつくされている。

DATA
交 M A 線OTTAVIANO-S.PIETROから徒歩15分　📞(06)69883731　時7~19時（10~3月は~18時30分）、クーポラは7時30分~18時（10~3月は~17時）※入場はそれぞれ閉館の1時間前まで　休なし　料無料（クーポラへはエレベーター€10、階段€8）

大聖堂のクーポラに登ってみよう！

←セキュリティチェックのあと、大きな荷物はクロークへ預け、クーポラ見学の列に並ぶ

←エレベーターの人もクーポラの展望台までは階段で登る。夏場はかなりの蒸し暑さだ

↑汗をかきながらクーポラを登った先にはすばらしい眺めが！広場と街並みが一望できる

↑チケットを購入する際、階段で登るか、エレベーターを使うかを伝える

←エレベーターから降りると、サン・ピエトロ大聖堂の上部を通る。通路はとても狭い

必見 『ピエタ』Pieta
ミケランジェロ（1499年作）

死せるキリストを抱く聖母マリアを表したピエタ像は、ミケランジェロが弱冠25歳で完成させた初期の傑作。マリアの左肩に掛けられたベルトにミケランジェロの名前が刻まれている。

➡城の屋上からはサン・ピエトロ大聖堂やローマの街並みを見渡せる。記念の一枚を！

4 サンタンジェロ城
Castel Sant'Angelo

大天使ミカエルが 見守る堅牢な城塞
MAP 別冊P7D2

139年にハドリアヌス帝の霊廟として建設され、後に要塞や牢獄などに転用されてきた建物。6世紀、大天使ミカエルがこの城塞に現れペストの終結を告げたという逸話から、今の名前となる。有事には法王の避難所としても使われ、現在もヴァチカンとは回廊で結ばれている。内部は城の歴史がわかる博物館として公開。

城塞前に架かる橋はベルニーニの設計で、欄干の天使像が美しい

DATA
交 M A 線LEPANTOから徒歩15分　📞(06)6819111　時9時~19時30分（最終入場は19時、チケットは18時30分まで）　休月曜　料€12（オンライン購入は€13）

COURSE♪4

憧れのブランドからキッチュな雑貨まで
コンドッティ通り周辺で
ショッピング三昧 *Via Condotti*

イタリア旅行の楽しみといえばショッピング。世界的に有名なブランド店が集まるコンドッティ通りを中心に、周辺にはセレクトショップやファッション小物、雑貨などを扱う店がいっぱい。高級感ある雰囲気を楽しみながらお気に入りを探そう。

↑ポポロ広場から延びるバブイーノ通りも要チェック

ポポロ門●

Ⓜ A線
FLAMINIOへ

ポポロ広

サンタ・マリア・デイ・
ミラーコリ教会（双子教会）

プロフームム・ローマ

Via A. Brunett

↑ブッコ

V. d. Vantag

リペッタ通り

Via A. C

Via di Ripetta

Via Ara

● アラ・パチス

アウグストゥス帝国

サン・ロッ

コース比較リスト

街歩き度	♪♪♪	移動範囲は狭いのでそれほどきつくない
グルメ度	♪♪♪	カフェやエノテカなどが点在
ショップ度	♪♪♪♪	ブランド、雑貨など店が充実
ビューティー度	♪♪♪	華やかなファッションを楽しむ
カルチャー度	♪♪♪	スペイン広場やポポロ広場がある
おすすめ時間帯	ショップの開く10時ごろからスタートを
所要時間	4時間程度
予算目安	食事代€30程度＋買物代

エノテカ

ブッコーネ
●Buccone

MAP 別冊P13C4

カウンターでワインをグラスで気軽に味わう

地元客から支持される、気さくな雰囲気のエノテカ。店へ入るとワインがずらりと並び、カウンターでつまみと一緒にワインを楽しむといった本来のスタイルを守っている。交Ⓜ A線FLAMINIOから徒歩7分 住Via di Ripetta 19 ☎(06)3612154 時10〜22時（日曜は11時〜）休なし

◀店奥のテーブル席では食事もできる

カフェ MAP 別冊P13D4

↑彫刻家カノーヴァのアトリエを利用したカフェ

カノーヴァ・タドリーニ
●Museo Atelier Canova Tadolini

優雅な空間でアペリティフを

500体もの彫刻作品が店内を埋め尽くし、まるで美術館やギャラリーにいるような感覚が楽しめるカフェ。18〜20時のアペリティフは1ドリンクおつまみ付きで€10〜（スタンディング€7〜）。交Ⓜ A線SPAGNAから徒歩8分 住Via del Babuino 150 a/b ☎(06)32110702 時8〜23時（日曜は10時〜）、レストランは12〜22時 休なし

※土・日曜のみ

カフェ

ベージュの日よけが目印

カノーヴァ
●Canova

フェリーニ監督ゆかりの ポポロ広場に面した店

映画監督のF.フェリーニが常連だったことで知られるカフェ。店内には彼の写真など、ゆかりの品が展示されている。ポポロ広場を望む屋外席で、自家製ケーキとカフェを味わおう。 交MA線FLAMINIOから徒歩5分 住Piazza del Popolo 16 (06)361223 時7～23時 休なし

ステーショナリー

ファブリアーノ・ブティック
Fabriano Boutique

大人が使える上品系 文具＆アクセサリーを

MAP 別冊P13C4

13世紀からファブリアーノ紙を作る老舗がプロデュースする文房具店。デザインのよさには定評があり、最近ではファブリアーノ紙を使ったデザイナーズ・アクセサリーが人気を集めている。そのほかグリーティングカード各種€2.80～など。

←色鉛筆24色セット€45 ●人形が抱きしめている定規€24.90（定規のみ）●イタリア各都市の地図が描かれたノート€12.90～

DATA
交MA線 SPAGNAから徒歩10分 住Via del Babuino 173 (06) 32600361 時10時～19時30分 休なし

セレクトショップ

ジェンテ
Gente

MAP 別冊P15C1

最先端ブランドの チェックはここで決まり

バブイーノ通りに店を構える、高級感あふれるセレクトショップ。ランバンやクロエなどの定番人気ブランドから、注目のマルタン・マルジェラ、フェンディッシメなど、幅広いセレクトが魅力だ。バレンシアガの限定品が入荷していることもあるので、チェック。

←ジミー・チュウのアイテムも ●個性的なウエアや小物が揃っている

DATA
交MA線 SPAGNAから徒歩7分 住Via del Babuino 77 (06)3207671 時10時30分～19時30分（日曜は11時30分～）休なし

フレグランス

プロフームム・ローマ
Profumum Roma

心を癒してくれる 多彩な香り

MAP 別冊P13C4

↑スティック付きのルームフレグランス

1996年にローマ出身のドゥランテ家4兄弟で始めたフレグランス専門店。幼い頃の記憶や絵・イラストからイメージして調香している。2サイズが基本で18ml€55～。

DATA
交MA線FLAMINIOから徒歩5分 住Via della Colonna Antonina 27 (06)6795982 時10～19時（日曜は11時～）休日曜

地図内のラベル:

- ノーヴァ ←
- ナンタ・マリア・ディ・モンテサント教会（双子教会）
- ファブリアーノ・ブティック ←
- バブイーノ通り / Via del Babuino
- コルディ・メディア・ストア
- カノーヴァ・タドリーニ
- モーツァルト H
- Via dei Greci
- ● ジェンテ
- コルソ通り
- Via del Corso
- Via Vittoria
- Via della Croce
- エトロ
- ジャンニ・ヴェルサーチ
- 地下鉄A線 SPAGNAへの地下道出入口 M
- スペイン広場
- Via delle Carrozze
- カフェ・グレコ（P45）● ● プラダ
- ジョルジオ・アルマーニ ● ● バルカッチャの泉
- サルヴァトーレ・フェラガモ ● ● クリスチャン・ディオール
- サンティ・アンブロージョ・エ・カルロ・アル・コルソ教会 コンドッティ通り ● グッチ ● バルカッチャ（P45）
- ● ブルガリ（P44）
- イル・ビゾンテ（P45）

0 100m

革手袋ブランド

セルモネータ・グローヴス
Sermoneta Gloves

ハンドメイドの
質のよい革手袋
MAP 別冊P15D2

すべて自社工場で1点1点ていねいに作られた革手袋専門店。クオリティの高さと手ごろな値段が魅力。鹿革、仔ヤギ革、イノシシの革など、素材の種類と色のバリエーションが豊富に揃う。肘まであるロングタイプやファー付き、ベルト付きなどデザインも多彩だ。

DATA
- 🚇Ⓜ️A線SPAGNAから徒歩5分
- 🏠Piazza di Spagna 61 📞(06)6791960
- 🕐10時30分～19時30分（日曜は11～19時）
- 休7・8月の日曜

↑しっくりと手になじむつけ心地
→ヤギ革の手袋€129。チェーンがポイント

• アラ・パチス

アウグストゥス帝廟

サン・ロッコ教会
サンティ・アンブロージョ・
エ・カルロ・アル・コルソ教会
サン・ジローラモ・デイ・イッリリチ教会

Via Ara Pacis

Via Vittoria

Via Belsiana

コルソ通り

カロッツェ

Via del Corso

Via Tomacelli

Via dell'Arancio

フェンディ

キコミラノ ○

マックス

ジェラテリア

チャンピーニ
●Ciampini
MAP 別冊P14B3

常時20種類以上が並ぶ
自家製ジェラートを味わおう

現オーナーの曾おじいさんが発明した、ジェラートをチョコで包んだタルトゥーフォ€3.70～が有名。自家製のジェラートは、フルーツなど新鮮な素材にこだわったフレッシュな味。テイクアウトは1フレーバー€3～。

🚇Ⓜ️A線SPAGNAから徒歩10分 🏠Piazza S. Lorenzo in Lucina 29 📞(06)6876606
🕐8時30分～23時30分（日曜は9～23時）
休なし

↑マロングラッセのフレーバー。刻んだ栗がたっぷり！

• P.za Borghese

P.za S. Lorenzo in Lucina •

○ チャンピーニ

コスメ

キコミラノ
Kiko Milano
MAP 別冊P15C2

ミラノ発の
人気プチプラコスメ

日本未上陸のコスメブランド。リップやマニキュア、アイシャドウ、チークなどカラーバリエーションに富んでおり、手ごろな価格も魅力。テルミニ駅1階にも店舗がある。

DATA
- 🚇Ⓜ️A線SPAGNAから徒歩5分
- 🏠Via del Corso Angolo 145
- 📞(06)6792167 🕐10時～20時30分
- 休なし

↑店内はいつも大勢の女性客でにぎわっている

イタリアブランド

ブルガリ
Bvlgari
MAP 別冊P15C2

時を超えて愛される
憧れのジュエリー

1884年創業の高級ジュエリーブランド。本店となるローマ店はショップスペースのほかにミュージアムを併設しており、ショーケースに並んだ一点もののジュエリーや、ブルガリ一族のコレクションを鑑賞することができる。

DATA
- 🚇Ⓜ️A線SPAGNAから徒歩5分
- 🏠Via Condotti 10 📞(06)696261
- 🕐10～19時（日曜は11時～） 休なし

↑人気のサングラ要チェック

↑充実の品揃え

ローマ・コンドッティ通り周辺

カフェ

⇒ケーキ類は€14〜

カフェ・グレコ
●Caffè Greco

MAP 別冊P15C2

世界中の芸術家に愛された老舗カフェ

創業1760年。店主がギリシア人だったことからグレコと名付けられた。以来、世界中の詩人、画家、作家、音楽家などの芸術家が集まるカフェとして歴史を刻んできた。

交MA線SPAGNAから徒歩5分　住Via Condotti 86　(06)6791700　時9〜21時　休なし

雑貨

キウラート
Chiurato

MAP 別冊P15D2

↑美しい皿が所狭しと並ぶ

フルーツを閉じ込めたおしゃれな皿が大人気

1889年創業の、家族経営の小さな店。店内にはイタリアらしいキッチュでカラフルな雑貨がずらりと並び、目移りしてしまう。特に人気なのがフルーツやパスタ、ハーブなどが入ったアクリル皿。思わず手に取りたくなるアイデアものだ。雑貨だけでなく、フィトフロップなど流行の靴が豊富に揃うのも魅力。

DATA

交MA線SPAGNAから徒歩5分　住Via Due Macelli 61　(06)6780914　時10〜19時（月・日曜、祝日は11時〜）　休なし

↑本物の果物などが閉じこめられた粋な皿

↑人気のアクリル皿は€16.50

カフェ

バルカッチャ
●Barcaccia

MAP 別冊P15D2

ショッピングの小休憩はスペイン広場を眺めながら

スペイン広場、バルカッチャの泉に面したカフェ。2階にサロン風のテーブル席があり、スペイン広場と階段を見渡せる。1階にはジェラートのカウンターとバールがある。交MA線SPAGNAから徒歩5分　住Piazza di Spagna 65　(06)6797497　時7時〜翌1時　休なし

↑2階、窓際の席からの眺めは最高

バッグ

イル・ビゾンテ
Il Bisonte

MAP 別冊P15D2

高品質の革製品デザインも多彩に揃う

フィレンツェに本店のある革製品ブランドのローマ店。ローマのほか、日本にも支店を持つ。デザインのよさは定評があり日本でもファンは多い。男性用から女性用、大きな旅行鞄から小物まで、バリエーション豊富に揃うのも魅力。

DATA

交MA線SPAGNAから徒歩4分　住Via Borgognona 13　(06)68808097　時10時30分〜19時（日曜は11時〜）　休なし

↑随時新モデルが登場する

↑日本でも人気のブランド

ほかにもあります

ブランド店

ヴァレンティノ➡P78
エトロ➡P78
グッチ➡P78
クリスチャン・ディオール➡P78
サルヴァトーレ・フェラガモ➡P78
ジャンニ・ヴェルサーチ➡P78
ジョルジオ・アルマーニ➡P78
ドルチェ&ガッバーナ➡P78
フェンディ➡P78
プラダ➡P78
マックス&コー➡P78
マックスマーラ➡P78
ミッソーニ➡P78

地図内の表記

エトロ
ジャンニ・ヴェルサーチ
クローチェ通り
Via della Croce
バブイーノ通り
Via del Babuino
地下鉄A線SPAGNAへの地下道出入口 M
スペイン広場
Via delle Carrozze
ミッソーニ
プラダ
スペイン階段
カフェ・グレコ
ジョルジオ・アルマーニ
ブルガリ
クリスチャン・ディオール
グッチ
ルヴァトーレ・フェラガモ
バルカッチャ
コンドッティ通り
Via Condotti
セルモネータ・グローヴス
マックスマーラ
グッチ
イル・ビゾンテ
ディンギルテッラ H
ボルゴニョーナ通り
Via Borgognona
Via Bocca di Leone
Via Mario de' Fiori
フラッティーナ通り
Via Frattina
Via della Vite
キウラート
中央郵便局 〒
Via della Mercede
サン・シルヴェストロ広場
P.za San Silvestro
0　　　100m

COURSE♪5
掘出し物&穴場スポットを探して
路地裏散策

憧れの有名ブランドのアイテム買いも魅力だが、ローマのショッピングは路地裏の個性的な一軒でお気に入りを探すのも楽しい。アンティークショップが並ぶコロナーリ通り、おしゃれ好きのロマーナが注目するゴヴェルノ・ヴェッキオ通り。どちらもナヴォーナ広場から徒歩10分圏内。ひと味違ったアイテムが欲しいならぜひ！

←石膏に香りをしみ込ませたもの€9。クローゼットやスーツケースなどに

↑ジャスミンの香りがするオードパフュームのManto Rosso€62 (50mℓ)

フレグランス
エッセンツィアルメンテ・ラウラ MAP 別冊P8A3
Essenzialmente Laura

46種類の香りをラインナップ

フランスやエジプトで調香を学んだラウラさんが手がけたオードパフュームやルームフレグランスが並ぶ。日本人をイメージして作ったというオードパフューム「Flora」もある。

↑いろいろ試しの香りを選ぼう

DATA......
🚶ナヴォーナ広場から徒歩5分 🏠Via dei Coronari 57 📞(06)6864224 🕐11時〜19時30分 🈂️なし

Via dei Coronari
コロナーリ通り

↑サンタンジェロ橋へ
P.za del Coronari ●

Via Banco di S. Spirito

0　　　　50m

コース比較リスト

街歩き度	♪♪♪	短い通りなので移動距離はラク
グルメ度	♪♪♪	各通りにグルメスポットあり
ショップ度	♪♪♪	各通りに個性派ショップが多数
ビューティー度	♪♪♪	ショーウインドーを楽しんで
カルチャー度	♪♪♪	新旧のローマを体感できる
おすすめ時間帯		11〜19時。昼食時閉店の店もあるので注意
所要時間		各通り2時間程度
予算目安		買物代+食事代€30程度

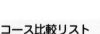

P.za S. Salvatore in Lauro
P.za del Coronari
コロナーリ通り
Via dei Coronari
アルテンプス宮
V.d Mte Giordano
V.d Banchi Nuovi
V.d Pace
ナヴォーナ広場
Piazza Navona
ヌオーヴァ教会
ゴヴェルノ・ヴェッキオ通り
Via Governo Vecchio
Via di Banchi Vecchi
● P.za d.Chiesa Nuova
ブラスキ宮 ●
0　　　100m

↑幸せなひと口。路地裏歩きの休憩に

→ピスタチオとヴェッキア・ローマ

ひと休みはココで！

ジェラテリア・デル・テアトロ MAP 別冊P7D3
Gelateria del Teatro

疲れを癒すナチュラルな甘さ

コロナーリ通りから少し路地に入った場所にあるジェラテリア。フレーバーに新鮮な素材を使用するため、シチリア産のピスタチオなどを産地から取り寄せている。2スクープで€3。🚶ナヴォーナ広場から徒歩5分 🏠Via dei Coronari 65-66 📞(06)45474880 🕐12時〜23時30分 🈂️なし

→フレーバーは常時42種。ミルクなしも用意している

➡1940年代のバレリーナ形のアンティークブローチ€200

⬆1960～1970年代の
ヴィンテージサングラス
€200

アンティーク
ブルスキーニ・タンカ・アンティキタ
MAP 別冊P16A1

Bruschini Tanca Antichità

日常で使いたいアンティーク

1962年に母親のマリサさんが店を始め、現在、娘のキアラさんが店主を務める。店内にはヨーロッパ各地で収集した1910年代から70年代までのアンティークジュエリーが中心に並んでおり、特にアール・ヌーヴォー様式の品揃えが充実。

➡イブサンローランのアンティークイヤリング€300

➡邸宅に招かれたような雰囲気のよい店内

DATA
🚇ナヴォーナ広場から徒歩5分 🏠Via dei Coronari 8 📞(06)6875634 🕐10～19時ごろ 🈺日曜（予約すれば営業）

キオストロ・デル・ブラマンテ
Chiostro del Bramante
MAP 別冊P16A1

修道院カフェで食前酒を

修道院の回廊を利用しており、回廊にテーブルが並ぶユニークなスタイル。建物は16世紀の初めに造られたもので、現在はアートギャラリーとして公開されている。🚇ナヴォーナ広場から徒歩2分 🏠Arcodella Pace 5 📞(06)68809036 🕐10～20時（土・日曜は～21時）🈺なし

⬆スプリッツ€8～など

P.za S. Salvatore
in Lauro ●

コロナーリ通り
エッセンツィアルメンテ・ラウラ
● ジェラテリア・デル・テアトロ ● コウキ ● ブルスキーニ・タンカ・アンティキタ ● ロレンツァーレ・アンティキタ

Via dei Coronari
ナヴォーナ広場へ →

Via d. Pace

通り名が付いた「Caffè Coronari」というバールがある。気さくな雰囲気の店内でエスプレッソを一杯飲んでから、また通りへ繰り出そう。

キオストロ・デル・ブラマンテ ●

ヴェネツィアン・グラス
コウキ
MAP 別冊P8A3

Kouki

美しい色味のグラスアクセを
イタリアの旅の記念に

ムラーノ島で作られたヴェネツィアン・グラスを扱う店。1階はアクセサリー中心で、地階はグラスや花瓶など小物が並んでいる。

➡色鮮やかなガラス玉が並ぶ店内

➡赤色が鮮やかなチョーカー€15

DATA
🚇ナヴォーナ広場から徒歩5分 🏠Via dei Coronari 26 📞340-3530499 🕐10～20時 🈺なし

⬆形の異なるガラスを組み合わせたネックレス€30～

➡ブレスレット€10～

アンティーク
ロレンツァーレ・アンティキタ

Lorenzale Antichità
MAP 別冊P16A1

⬆アジアのアンティークも

ヨーロッパ各地から収集された
アンティークがずらり

1950年創業。父親が始めた店を息子のジャンルーカさんが引き継ぎ、店主を務めている。19世紀のオブジェが中心で、イタリア国内で作られた年代もののランプや、イス、テーブルなどのアンティーク家具が並ぶ。小物やレトロな壁掛けの絵画などもあり、旅の思い出にしたい。

➡アンティークの写真立て€150～250
※一点ものため、料金は目安

DATA
🚇ナヴォーナ広場から徒歩5分 🏠Via dei Coronari 3 📞(06)6864616 🕐10時30分～19時 🈺日曜

グルメSPOTはこちら

ヴィヴィ・ビストロ
Vivi Bistrot
MAP 別冊P16A3

ヘルシーメニューがずらり

ローマ市立博物館の入口にある店。植物を随所に配した店内はおしゃれな雰囲気。オーガニックの野菜や肉を使った料理やドリンクを提供している。

DATA
🚇ナヴォーナ広場からすぐ
🏠Piazza Navona 2
☎(06)6833779 🕐10〜24時 休月曜

⬆屋外席からはナヴォーナ広場を眺められる

⬅ミックスフルーツのスムージー€6

グルメSPOTはこちら

➡モルタデッラハムとペコリーノチーズがのったフォッカチーナ

マストロ・チッチャ
Mastro Ciccia
MAP 別冊P16A2

オーダーが入ってから一枚一枚薪窯で焼く本格派ピッツァ

ピッツァが人気のビストロ。ピッツァは約20種類と豊富。おすすめメニューにも注目を。

DATA
🚇ナヴォーナ広場から徒歩5分
🏠Via del Governo Vecchio 76
☎(06)68802108 🕐12時30分〜23時30分 休なし

➡赤い外観がおしゃれ

● Pal. d. Governo Vecchio

● Pal. dei Filippini

Via del Governo Vecchio
ゴヴェルノ・ヴェッキオ通り

ゴヴェルノ・ヴェッキオ通り
Via del Governo Vecchio

◉ イ・ピッツィカローリ

◉ モルガーナ

◉ アルレッテ

➡カシミア混セーター€300程度〜

セレクトショップ

アルレッテ
Arlette
MAP 別冊P8A3

ゆったりとしてエレガントな高品質のファッション

自社ブランドのニットウエアArlettyを中心にしたセレクトショップ。体を締め付けず、でも緩すぎない上品なシルエット、大胆な切り替えや強烈な色遣いなど遊び心も満点のアイテムが揃う。

DATA
🚇ナヴォーナ広場から徒歩5分
🏠Via del Governo Vecchio 49
☎(06)68806837
🕐11〜14時、15時〜19時30分
休日曜、8月の2週間

⬆スタッフの対応も感じがいい

⬆ディスプレイもおしゃれ

⬆自然素材を使ったアイテムが揃う

グルメSPOTはこちら

イ・ピッツィカローリ
I Pizzicaroli
MAP 別冊P16A2

チーズとサラミで乾杯

さまざまな種類のチーズやサラミが味わえる盛合せメニューが人気。内容は日によって変わる。グラスワインは€5、ビールは€3〜6。

DATA
🚇ナヴォーナ広場から徒歩2分 🏠Via della Fossa S
☎(06)83086293 🕐11時30分〜23時 休なし

⬆店の前にも小さなテーブル席がある

⬆店内はカフェのような明るい雰囲気

⬅ミスト・ディ・サルーミエ・フォルマッジ・スペシャーレ€15。6種類のチーズと種類のサラミにブルスケッタがついてボリューム満点

ブックショップ
アルトロ・クアンド  MAP 別冊P16A2
Altro Quando

映画作品の写真集やアート本
おしゃれなステーショナリーも揃う

映画好きにとっては見逃せないブックショップ。ローマを舞台にした映画の関連グッズが豊富に揃い、スタイリッシュなステーショナリーも見つかる。地下にはパブがあり、イタリア産ビールなどが味わえる。

DATA
⊠ナヴォーナ広場から徒歩3分 🏠Via del Governo Vecchio 80/82/83 📞(06)68892200 🕐11〜24時（地下のパブは17時〜）休なし

↑明るい店内には商品がずらり

グルメSPOTはこちら
ビストロ・ワインバー・パスクィーノ
Bistrot Wine Bar Pasquino MAP 別冊P16A2

休憩や軽い食事に最適な
ロマーナ御用達の気さくなカフェ

地元住人御用達のカフェ。早朝から深夜まで営業しており、各種ドリンク類やパニーノなどの軽食が楽しめる。ドリンクは€8〜。パニーノはテイクアウトで€3.50〜。
⊠ナヴォーナ広場から徒歩4分 🏠Via del Governo Vecchio 79 📞(06)68808124 🕐8時〜翌2時ごろ 休なし

→パニーノ（小）€3.50はエビやチーズなど数種

（地図）ビストロ・ワインバー・スクィーノ／アルトロ・クアンド／ナヴォーナ広場／マストロ・チッチャ●P.za Pasquino／ヴィヴィ・ビストロ／SBU／ブラスキ宮 Pal. Braschi／P.za S. Pantaleo

ドメスティックブランド
モルガーナ MAP 別冊P8A3
Morgana

見ているだけでも楽しい
遊び心あふれるワンピース

オーナー兼デザイナーの双子のマルコさんとファビオさんの手がけるウエアが揃うショップ。素材や色の組合せ、布の切り返しなど、細部にまでこだわったワンピースはどれも一点もの。女性らしさを演出するデザインはもちろん、手ごろな価格も好評だ。親日のオーナーに会えれば割引をしてもらえることも。

花柄の長袖ワンピース€98。さまざまなワンピースが揃う

DATA
⊠ナヴォーナ広場から徒歩5分 🏠Via del Governo Vecchio 27 📞(06)6878095 🕐10〜20時ごろ 休なし

安は€50〜300

ドメスティックブランド
SBU MAP 別冊P16A3
SBU

ローマ生まれの
ハイセンスなジーンズ

ローマ発のジーンズブランド。藍染めの伝統を生かした日本製の生地を使用し、イタリアの高い縫製技術で仕上げたジーンズは世界中で評価が高い。ジーンズは€135〜195くらい。ブランドタグを表に出さず品質で勝負するのがこだわりだ。

DATA
⊠ナヴォーナ広場から徒歩3分 🏠Via di San Pantaleo 68-69 📞(06)68802547 🕐11時〜19時30分（日曜は12〜19時） 休8月の3週間

ジーンズのデザインは多彩／ジーンズ以外の商品も豊富
→ブランド名を表に出さないこだわり

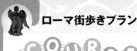

COURSE♪6

バロック都市ローマの演出家
ベルニーニの必見6作品めぐり

➡聖テレーザの法悦。肉体感など細部まで鑑賞しよう

各地の都市国家が勢力を拡大した中世において、ヴァチカンはその権威回復のために、ローマの街を宗教的ドラマに満ちたバロックの都へと変貌させた。その演出家として重用されたのがバロックの天才、ベルニーニ。彼が残した教会や噴水、彫刻をめぐれば、劇場型都市ローマの姿が見えてくる。

⬆リアルな表情が表現されている

コース比較リスト

街歩き度	♪♪♪	移動はかなり広範囲。交通機関を上手に使おう
グルメ度	♪♪♪	ナヴォーナ広場にグルメスポット多数
ショップ度	♪	特にショッピングスポットはない
ビューティー度	♪♪♪	美しい彫刻に心癒されるはず
カルチャー度	♪♪♪	ベルニーニのバロック彫刻＆建築を鑑賞
おすすめ時間帯		9時ごろからスタートを
所要時間		8時間程度
予算目安		教会入場の心付け＋食事代€20程度

🚇MA線REPUBBLICAから徒歩5分

1 聖テレーザの法悦
（サンタ・マリア・デッラ・ヴィットリア教会）

┊ 徒歩5分

2 楕円のドーム
（サンタンドレア・アル・クイリナーレ教会）

┊ 徒歩20分またはタクシーで10分

3 キージ家礼拝堂
（サンタ・マリア・デル・ポポロ教会）

┊ 徒歩30分またはタクシーで15分

4 天使
（サンタンジェロ橋）

┊ 徒歩10分

5 四大河の噴水
（ナヴォーナ広場）

┊ 徒歩20分またはタクシーで15分

6 ルドヴィカ・アルベルトーニ
（サン・フランチェスコ・ア・リーパ教会）

┗MB線CIRCO MASSIMOまで徒歩30分

1 聖テレーザの法悦
L'Estasi di Santa Teresa

天使の矢が聖女の胸を射抜くドラマチックな瞬間

主祭壇に向かって左手、ヴェネツィアの枢機卿ユルナーロの依頼で建設されたサンタ・テレーザ礼拝堂にあるベルニーニ48歳時の作。背後に神秘的な光が射し、神の愛に心を射抜かれた聖女テレーザが、恍惚の表情を浮かべる瞬間を見事に表現している。祭壇にドラマを出現させた傑作。

サンタ・マリア・デッラ・ヴィットリア教会
Chiesa di Santa Maria della Vittoria **MAP** 別冊P12A1

ボルゲーゼ枢機卿の命により1620年に建立されたカルメル修道会の教会。バロックの粋を集めた装飾がすばらしく、天井を覆うフレスコ画『異端に勝利する聖母』、クーポラの『聖母被昇天』など、みどころが多い。

🚇MA線REPUBBLICAから徒歩3分 ☎(06)42740571 🕐9～12時、15時30分～18時（日曜、祝日は15時30分～のみ、ミサ中は見学不可）🈚なし 🈯無料

⬅後陣ドームのフレスコ画にも注目

ひと足のばして

バルベリーニ広場
Piazza Barberini **MAP** 別冊P9D2

ベルニーニ設計による2つの噴水がある広場。半身半魚の神トリトンが法螺貝を吹く「トリトーネの噴水」は広場中央、バルベリーニ家紋章のハチがあしらわれた「蜂の噴水」はヴェネト通りの入口にある。
🚇MA線BARBERINIから徒歩すぐ

⬅広場にひっそりと置かれた蜂の噴水

➡トリトーネの噴水。力強い肉体美は必見

地図内の地名・施設名:
ボルゲーゼ公園
ボルゲーゼ美術館（A、B、C）
LEPANTO
FLAMINIO
サンタ・マリア・デル・ポポロ教会
OTTAVIANO
地下鉄A線
③キージ家礼拝堂
ポポロ広場
聖テレーザの法悦
サンタ・マリア・デッラ・ヴィットリア教会
CIPRO
ヴァチカン博物館
バルカッチャの泉
SPAGNA
①
共和国広場
テルミニ駅
ヴァチカン市国
サンタンジェロ城
BARBERINI
バルベリーニ広場
クイリナーレ宮殿
REPUBBLICA
TERMINI
（D）サン・ピエトロ広場
④サンタンジェロ橋
サンタンドレア・アル・クイリナーレ教会
②
サン・ピエトロ大聖堂（E、F）
天使
（G）ナヴォーナ広場⑤
楕円のドーム
四大河の噴水
CAVORE
サンタ・マリア・ソープラ・ミネルヴァ教会（H）
ヴェネツィア広場
CAVOUR
フォロ・ロマーノ
COLOSSEO
コロッセオ
地下鉄B線
トラステヴェレ
サン・フランチェスコ・ア・リーパ教会⑥
ルドヴィカ・アルベルトーニ
CIRCO MASSIMO
0　　　1km

↑神聖な空間を体感してみよう

2 楕円のドーム

空間的な制約を巧みに利用し劇的なバロック空間を演出

横に広がったドームに聖アンドレアと天使の彫刻が散りばめられた作品。ベルニーニは教会の敷地に奥行きがないことを逆に利用し、本堂をバロック様式の特徴ともいえる楕円で設計。これにより祭壇までの距離が凝縮され、本堂に入った瞬間に天上からの光が頭上に降り注ぎ、至近距離で神と対峙するという、ドラマチックな空間を造り上げた。

サンタンドレア・アル・クイリナーレ教会
Chiesa di S. Andrea al Quirinale
MAP 別冊P9D3

➡イエズス会の小さな教会

ベルニーニが「私の息子」と慈しんだ1658～78年建造の教会。奥行きのない本堂に入ると、正面に聖アンドレアの殉教を描いた画があり、その上方には天に昇ろうとする瞬間を表した聖者の像がある。
交MA線BARBERINIから徒歩10分
電(06)4819399　時9〜12時、15〜18時
休月曜　料無料

ちょっと寄り道
MAP 別冊P15D2

父ピエトロが残したバルカッチャの泉

➡観光客で賑わう

スペイン広場中央の噴水「バルカッチャの泉」はベルニーニの父ピエトロの作品。バルカッチャとはボロ船という意味で、テヴェレ川が氾濫した時に漂着した船がモデルとなった。

ほかにもあります　ベルニーニ作品

A『アポロとダフネ』
B『プロセルピーナの略奪』
C『ダヴィデ』
（ABCはボルゲーゼ美術館➡P67）
D サン・ピエトロ広場➡P40
E『聖ペテロの玉座』
F『ブロンズの天蓋』
（EFはサン・ピエトロ大聖堂➡P41）
G『ムーア人の噴水』（ナヴォーナ広場➡P29、52）
H『オベリスクを乗せた象』（サンタ・マリア・ソープラ・ミネルヴァ教会➡P66）

---

3 キージ家礼拝堂
Cappella Chigi

人気小説の舞台にもなったラファエロから引き継いだ礼拝堂

➡堂内には荘厳な空気が漂う

主祭壇に向かって左手にあるキージ家の礼拝堂。設計を担当したラファエロの死後100年経って、ベルニーニが完成させた。左右対称にある壁がんの向かって右手の彫刻『ハバククと天使』はベルニーニ自身によるもの。映画『天使と悪魔』の舞台として登場して以降、注目を集めている。

サンタ・マリア・デル・ポポロ教会
Chiesa di Santa Maria del Popolo
MAP 別冊P13C3

ポポロ門の脇に立つ教会で、市民（ポポロ）の募金によって建てられたためこの名が付いた。ベルニーニ、ラファエロによる礼拝堂のほか、チェラージ礼拝堂もみどころ。
交MA線FLAMINIOから徒歩5分　電(06)3610836　時8時30分〜12時30分、16〜18時（日曜、祝日は16時〜のみ、ミサ中は見学不可）
休なし　料無料

←中央のバラ窓が特徴

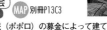

4 天使
Angelo

サンタンジェロ橋を飾る
壮麗な10天使の像

サンタンジェロ城へと続くサンタンジェロ橋の欄干を飾る10体の天使像。ベルニーニのデザインをもとに8体は彼が指名した弟子に彫らせ、『とげの花冠を持つ天使』『カルティーリョを持つ天使』の2体をベルニーニ自身が担当した。現在その2体はレプリカ。

↑城塞へと続くサンタンジェロ橋

サンタンジェロ橋 **Ponte S. Angelo** MAP 別冊P7D3

ハドリアヌス帝の時代に架けられた橋を、17世紀に法王クレメンス9世の命によりベルニーニが改築。この橋をサンタンジェロ城へと続く参道としてとらえ、天使像を据えることで巡礼者たちを神の世界へ導くような演出をした。
区M A線LEPANTOから徒歩15分

本物はココにあるよ！

ベルニーニによる2体の天使像の本物は、サンタンドレア・デッレ・フラッテ教会（→P64）で見ることができる。これは時の法王があまりのできのすばらしさに感動し、風雨にさらすのが忍びないとしてここに移したからだ。
←『とげの花冠を持つ天使』
→『カルティーリョを持つ天使』

5 四大河の噴水
Fontana dei Quattro Fiumi

躍動感にあふれる
ベルニーニの代表作

ナヴォーナ広場の中央に立つ、数あるベルニーニ作品のなかでも代表作といわれる噴水。1648〜51年に手がけたもので、ナイル、ガンジス、ドナウ、ラプラタの、世界の四大河の寓意像を配置し、今にも動き出しそうな劇的な動きを表現している。

↑光の角度で彫刻の印象が変わる

ナヴォーナ広場 **Piazza Navona** MAP 別冊P16A2

古代の競技場跡地を利用した楕円形の広場。17世紀に祝祭用の会場として利用するため、ベルニーニが噴水の設計を担当した。3つある噴水のうち、中央の四大河の噴水と、南側にあるムーア人の噴水がベルニーニ設計によるもの。
→P29

→トラステヴェレの小さな教会にある
↓彫刻やフレスコ画で飾られた美しい教会

6 ルドヴィカ・アルベルトーニ
Ludovica Albertoni

大理石でシルクを表現した
ベルニーニ最晩年の傑作

1671〜74年に手がけた、ベルニーニ最晩年の傑作。ルドヴィカ・アルベルトーニは15世紀初期に生きた実在の人物で、献身的に貧者を助けて福者に列せられた女性。ベルニーニはルドヴィカが神に召される喜びに包まれ、至福の最期を迎える様子をドラマチックに表現した。

サン・フランチェスコ・ア・リーパ教会 **Chiesa di San Francesco a Ripa** MAP 別冊P10A3

起源は10世紀建立のベネディクト派修道院で、1210年にアッシジの聖者フランチェスコが宿泊したという記録も残っている。現在の建物は1701年に再建されたもので、設計はベルニーニの弟子が担当。ベルニーニの彫刻は主祭壇に向かって左手の礼拝堂にある。区サンタ・マリア・イン・トラステヴェレ教会から徒歩15分 ☎(06)5819020 圏7時30分〜12時30分、16時30分〜19時30分 ㊡なし 圏無料

オペラ

How To 鑑賞ガイド

フィレンツェが発祥とされるイタリア・オペラ。悲恋・不倫・復讐などをテーマにしたものが多く、人間の喜怒哀楽を情熱的に表現するメロディアスな歌と、臨場感たっぷりのオーケストラが、多くの人々をとりこにする。劇場そのものの優雅さも必見。

イタリア・オペラの特徴

16世紀末、フィレンツェで上演されたギリシア神話をモチーフとした音楽劇が、オペラの発祥といわれる。17世紀になると優れた音楽家が続々と登場し、ローマやヴェネツィアに広まっていった。滑らかな声の響きを重視する歌唱法の「ベル・カント」はイタリア独特のもの。

オペラのシーズンとマナー

シーズンは10〜6月。紳士・淑女の社交的なイメージが強いが、最近は服装も簡略化されてきており、初日を除けばスーツやワンピースなどで問題ない。オペラの開演は20時ごろが一般的。観劇中の私語は慎もう。

チケット入手方法

有名な演目は入手が困難なので、お目当てのチケットは事前に日本で手配をしたい。劇場の公式サイトから予約できる。現地の劇場窓口へ直接行って入手することもできるが演目によって残席はまちまち。当日ならガレリア（天井桟敷）が、空いていることもある。

劇場はコチラ 総席数約1600の歌劇場

ローマ・オペラ座
Teatro dell'Opera di Roma　MAP 別冊P12A3

1880年に開かれた、歴史ある劇場。プッチーニの名作『トスカ』が初演された場所。第二次世界大戦中も、休まず上演されたというエピソードも。オペラのほか、バレエも上演されている。ローマオペラ座のシーズンは9〜6月。※7・8月はカラカラ浴場で上演がある。

DATA

🚇 M・B線TERMINIから徒歩5分　🏠Piazza Beniamino Gigli 7
※チケットオフィス　🕙10〜18時（日曜は9〜13時）
🎌祝日　予約☎(06)48160255/4817003

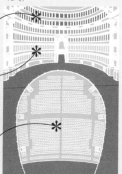

ガレリア Galleria
天井桟敷席。スペースは狭いが、料金が安く若者や常連客が多い。料金は、オペラ€22〜、バレエ€20〜

パルコ Palco
ボックス席。4〜6人で1ボックスを埋める。個人の購入も可能。後ろのほうは、舞台が見えにくい。料金は、2階席がオペラ€35〜、バレエ€25〜。3階席がオペラ€25〜、バレエ€17〜

プラテア Platea
平土間席。どの席からも鑑賞でき、華やかな雰囲気が味わえる。料金は、オペラ€65〜、バレエ€40〜

※料金は2022年の目安

代表演目

イタリア・オペラの演目は、誰もが一度は耳にしたことのある曲が多い。ここでは、初心者でも親しみのある有名演目を紹介。

『セビーリャの理髪師』
Il Barbiere di Siviglia
ジョアキーノ・ロッシーニ作曲
…1816年…

フランスの劇作家であるカロン・ド・ボーマルシェが書いた戯曲を基に、ロッシーニが作曲。モーツァルト作『フィガロの結婚』の前編にあたる。アルマヴィーヴァ伯爵が、理髪師であるフィガロに知恵を借り、愛する女性と結婚するという傑作。ロッシーニの名を広めた傑作。現在も、人気の高いオペラの一つで、上演も多い。

『椿姫』
La Traviata
ジュゼッペ・ヴェルディ作曲
…1853年…

イタリアオペラの巨匠、ヴェルディの代表作かつ人気作。原作は、フランスのアレクサンドル・デュマ・フィスが書いた小説。題目のイタリア語の意味は「道を踏み外した女」。初演はヴェネツィアで行われた。19世紀のパリを舞台に社交界の華、ヴィオレッタと青年アルフレードとの恋を描く。代表曲は『ああ、そはかの人か』。

『アイーダ』
Aida
ジュゼッペ・ヴェルディ作曲
…1871年…

古代エジプトを舞台にし、カイロで初演された。こちらもヴェルディの作品。エジプトの将軍ラダメスと、敵国のエチオピア王アモナズロの娘、アイーダとの悲劇的な恋愛物語。豪華な衣装や、スケールの大きなセットが人気。高らかに鳴る華麗なトランペットが有名な主題1は、サッカー日本代表の応援曲でおなじみ。

『蝶々夫人』
Madama Butterfly
ジャコモ・プッチーニ作曲
…1904年…

ミラノのスカラ座で初演された、プッチーニの傑作オペラ。舞台は、明治時代の長崎。没落武士の娘・蝶々と、アメリカ海軍士官の夫・ピンカートンとの恋愛劇を描く。全3幕からなり、蝶々夫人が第2幕で歌うアリア『ある晴れた日に』が有名。そのほか『さくらさくら』『君が代』など、日本の曲もたびたび登場する。

ローマ市内交通

まわり方のポイント

9つの丘があるローマ

ローマ市内には建国当初に集落が築かれたパラティーノの丘、カンピドリオの丘、クイリナーレの丘、ヴィミナーレの丘、エスクイリーノの丘、チェリオの丘、アヴェンティーノの丘の7つの丘に加え、ジャニコロの丘とピンチョの丘の合計9つの丘が広がる。街の規模はコンパクトだが、通りが複雑な場所が多く、アップダウンが険しい道も多い。

建物や周辺地域を説明する看板をあちらこちらで見かける

ヴァチカン周辺の歴史ある街並み

通り名と番地が大切

ローマ市内は通り名と番地が分かれば目的地に行くことができる。通りや広場の名前は、交差点のコーナーにある建物の2階部分に表示されていることが多い。番地は門やドアの横に表示されており、通りの片側に奇数番号、反対側に偶数番号が数字順に並んでいるので分かりやすい。

自動車やバイクに要注意

慢性的な交通渋滞のローマ。運転マナーも決してよいとはいえず、荒い運転が目立つ。また狭い通りが多いローマだが、そんな道にも自動車やバイクはそれほどスピードを落とさずに走っている。観光途中に路地裏を歩く際は充分に気を付けること。

アクセス早見表

便利な行き方がすぐ分かる！

	スペイン広場まで	ナヴォーナ広場まで
スペイン広場から (→P26、69)	スペイン広場の最寄り駅 A線SPAGNA	徒歩で20分ほど。
ナヴォーナ広場から (→P29、52)	徒歩で20分ほど。	ナヴォーナ広場の最寄りバス停 40番 Corso V. Emanuele
コロッセオから (→P6、33)	地下鉄B線COLOSSEOからTERMINIまで5分、A線に乗り換えSPAGNAまで8分。	タクシー利用が便利。10分ほど。
ヴァチカン博物館から (→P36)	地下鉄A線OTTAVIANOからSPAGNAまで7分。	徒歩20分ほど。
テルミニ駅から MAP別冊P12B3	地下鉄A線TERMINIからSPAGNAまで8分。	バス64番のStaz. Terminiから乗車、Via Torre Argentinaまで20分。
ヴェネツィア広場から (→P30)	タクシー利用が便利。10分ほど。	バス64番のPiazza Veneziaから乗車、Via Torre Argentinaまで5分。
トラステヴェレから MAP別冊P10A3	タクシー利用が便利。15分ほど。	トラム8番(※2)のTrastevere/Min. P. Istruzioneから乗車、Argentina下車、5分。ナヴォーナ広場までは徒歩6分ほど。

主な交通機関

目的に合った交通機関を選ぼう

交通機関	料金	運行時間	避けたい時間帯
地下鉄	100分間有効の1回券は全線一律€1.50。1日券€7、2日券€12.50、3日券€18、1週間券€24。	A線（※）、B線、C線ともに5時30分～23時30分（金・土曜は～翌1時30分）。	朝夕の通勤時間は混雑している。ホームに人が少なくなる夜間の利用は避けたい。
バス	100分間有効の1回券は全線一律€1.50。地下鉄、トラムのチケットと共通。	5時30分～24時。主要路線は夜間バスが運行。	朝夕の通勤時間は混雑している。利用者が少ない早朝や夜間の利用は避けたい。
タクシー	基本料金は平日の6～22時€3、走行距離や時間で加算れる。1kmごとに€1.14～。	24時間運行。	道路が渋滞する朝夕のラッシュ時は利用を避けたい。
トラム	100分間有効の1回券は全線一律€1.50。地下鉄、バスのチケットと共通。	5時30分～24時ごろ。	旅行者が利用する頻度は少ないが、夜間の利用は避けたい。

※工事のため2023年12月までA線は日～木曜5時30分～21時。21時～23時30分は代替バス運行。

コロッセオまで	ヴァチカン博物館まで	テルミニ駅まで	ヴェネツィア広場まで	トラステヴェレまで
地下鉄A線SPAGNAからTERMINIまで8分、B線に乗り換えCOLOSSEOまで5分。	地下鉄A線SPAGNAからOTTAVIANOまで7分。	地下鉄A線SPAGNAからTERMINIまで8分。	タクシー利用が便利。10分ほど。	タクシー利用が便利。15分ほど。
タクシー利用が便利。10分ほど。	徒歩20分ほど。	バス64番のVia Torre Argentinaから乗車、Staz. Terminiまで20分。	バス64番のVia Torre Argentinaから乗車、Piazza Veneziaまで5分。	ナヴォーナ広場から徒歩6分ほどのトラム8番（※2）のArgentinaから乗車、Trastevere/Min. P. Istruzioneまで5分。
コロッセオの最寄り駅 B線COLOSSEO	タクシー利用が便利。20分ほど。	地下鉄B線COLOSSEOからTERMINIまで5分。	徒歩15分ほど。	タクシー利用が便利。15分ほど。
タクシー利用が便利。20分ほど。	**ヴァチカン博物館の最寄り駅 A線OTTAVIANO**	地下鉄A線OTTAVIANOからTERMINIまで15分。	バス81番のRisorgimentoから乗車、Ara Coeli/Piazza Veneziaまで20分。	バス23番のCrescenzio/Risorgimentoから乗車、Pincherle/Parravanoまで10分。
地下鉄B線TERMINIからCOLOSSEOまで5分。	地下鉄A線TERMINIからOTTAVIANOまで15分。	**テルミニ駅の最寄り駅 A・B線TERMINI**	バス40、64番のStaz. Terminiから乗車、Piazza Veneziaまで10分。	バスH番のStaz. Terminiから乗車、Gioacchino Belliまで20分。
徒歩15分ほど。	バス81番のAla Coeli/Piazza Veneziaから乗車、Risorgimentoまで20分。	バス40、64番のPiazza Veneziaから乗車、Staz. Terminiまで10分。	**ヴェネツィア広場の最寄りバス停 64番 Piazza Venezia**	トラム8番（※2）のVeneziaから乗車、Belliまで10分。
タクシー利用が便利。15分ほど。	バス23番のPincherle/Parravanoから乗車、Crescenzio/Risorgimentoまで10分。	バスH番のGioacchino Belliから乗車、Staz. Terminiまで20分。	トラム8番（※2）のBelliから乗車、終点Veneziaまで10分	**トラステヴェレの最寄りトラム駅、バス停 トラム8番（※2）Belli H番 Belli**

※1 所要時間は目安です。乗り換え時の移動時間は含みません。道路の混雑状況や乗り換えの接続時間などにより変わります。
※2 2022年10月現在、トラム8番は修復工事中で利用不可。代替バスが運行しています。

地下鉄 （メトロ Metro）

テ　ルミニ駅を中心にAとBの2路線、一部開通したC線が運行している。A・B線は市内の北、南、東を走り、運行本数も多く、主要なみどころを網羅しているので利用しやすい交通手段といえる。A線はオレンジ色の表記、B線はブルーの表記、C線は緑色の表記が目印で、A線とB線の乗り換えはテルミニ駅。ハイシーズンは時間を問わず混雑しているので、スリなどに注意したい。

●路線の種類

A 線		ヴァチカン方面と市の南東部を結ぶ。スペイン広場、ボルゲーゼ公園、テルミニ駅、ヴェネト通り、共和国広場など、主要地を通り、観光やショッピングなど利用価値が高い。
B 線		市の北東部と南側のエウルを結ぶ。コロッセオ、フォロ・ロマーノ、カラカラ浴場、チルコ・マッシモといった古代ローマ時代の遺跡観光をする際に便利。
C 線		A線との乗り換えが可能なサン・ジョヴァンニ駅まで開通（→ P58）※2022年10月現在

●自動券売機での切符の買い方

❶言語を選ぶ

LINGUA と書かれた下に表示された言語を選ぶ。日本語はなく、イタリア語、英語、フランス語、ドイツ語、スペイン語から選択。ボタンを押さなければ自動的にイタリア語表示になる。

❷切符の種類を選ぶ

BIGLIETTO と書かれた下の1回券 B.I.T.、1日券 ROMA 24H、2日券 ROMA48H、1週間券 C.I.S. などから選ぶ。ボタンを押すと、画面に料金が表示される。

> 途中で操作を
> 取り消したいときは
> 取り消しボタンANNULLA
> （Annullamento）を
> 押せばOK

❸料金を入れる

画面に表示された金額を入れる。コインは上部の画面横に投入口があり、使用できるのは €2、1、0.50、0.20、0.10。紙幣は下に投入口があり、使用できるのは €5、10、20、50のみ。釣り銭が不足している場合が多いので、なるべく小銭を用意しておこう。

❹切符を受け取る

料金を入れたら、下から切符と釣り銭が出てくるので、受け取る。

おすすめ便利 MAP

地下鉄、バス、トラムの路線図が網羅されたローマの地図をテルミニ駅前タクシー乗り場横の売店で購入できる。地図のほかに主な観光名所の解説と最寄りの地下鉄駅とバスの路線番号を記載。特にバスは路線番号ごとにバス停が記載されているので、分かりやすい。地下鉄とうまく組み合せて効率よくまわれるプラン作りに役立つ。

●地下鉄に乗ってみよう

1 駅を探す

地下鉄駅の目印は改札へ降りて行く階段付近に立っている「M」マークの標識。階段を降りる際に、正面に表示された駅名と路線番号を確認しよう。

テルミニ駅は、鉄道駅もあるので、表示を見間違えないように!

2 路線を確認する

2つの路線が交差するテルミニ駅とサン・ジョヴァンニ駅以外では、路線を確認する必要はない。テルミニ駅は構内が広く、A線とB線の乗り場はかなり離れており、間違えると時間のロスが大きいので、駅構内の表示を確認しながら歩くようにしよう。

3 切符を買う

タバッキでの購入は意外にスムーズ

地下鉄駅の自動券売機や窓口で購入するほかに、駅周辺のタバコ店(タバッキ Tabacchi)でも切符を買える。1枚買う場合は「ウン・ビリエット ベル・ファヴォーレ」と言えばOK。待ち時間もなく、券売機の操作をする手間も省ける。

乗車券は自動券売機か駅付近のタバッキ Tabacchi や構内の窓口 Biglietteria で購入する。自動券売機を利用する場合、使用できるのは€2、1、0.50、0.20、0.10のコインと、€5、10、20、50の紙幣。購入時には、小銭を用意しておくとよい。

滞在日数に合わせて賢く選ぼう
切符の種類

●1回券

通常の1回券 B.I.T.(Biglietto Integrato Tempo)は€1.50。1回の乗車のみ有効で、刻印後の有効時間は100分。時間内ならバスやトラムにも乗り継げる。

●1日券・2日券・3日券

1日券 ROMA 24H は€7、2日券 ROMA 48H は€12.50、3日券 ROMA 72H は€18。有効期間内ならバスやトラムにも利用できる。

●1週間券

1週間券C.I.S.(Carta Integrata Settimanale)は€24。有効期間内ならバスやトラムにも利用できる。公共交通機関でたくさんの移動を考えている人におすすめ。

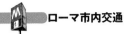

4 改札を通る

乗車券を差し込み口に入れると切符はいったん飲み込まれ、刻印されて出てくる。自動でドアが開くので、改札を通る。刻印のない切符が駅員に見つかると、罰金を払うことになるので刻印を忘れずに。1日券、2日券、3日券、1週間券は最初に刻印したら、後は駅員のいる窓口で乗車券を提示するだけでよい。刻印機に通してもOK。

> 緑の矢印が出ていれば、改札を通れる

> 黄色の差し込み口に乗車券を入れる

5 ホームに出る

> ホームの案内板には停車駅の近くの名所も記入されている

ai treni（乗り場へ）の表示に従ってホームを目指す。方面によってホームが異なる場合が多いので、階段手前にある停車駅が表記された路線図の看板で確認してからホームへ降りよう。ホームは狭く、人が多いときは危険なので、できるだけ後方で待つようにしたい。

6 乗車する

ドアは自動で開き、発車前にドアはかなり勢いよく閉まるので、身体や荷物をはさまれてケガをしないように充分注意をしよう。

乗車時の注意点

●スリや置き引きに注意
地下鉄車内、ホームなどで観光客を狙った貴重品のスリや置き引きが多い。特にA線のTERMINI〜SPAGNA間やB線のTERMINI〜COLOSSEO間で被害が多発している。荷物はできるだけコンパクトにまとめ、注意を怠らないようにしよう。

●地下鉄でのマナー
車内には優先席が設けられているので、お年寄りや妊婦、身体の不自由な人を見かけたら席をゆずろう。また公共の交通機関はすべて禁煙になっており、地下鉄のホームや車内はもちろん禁煙。ルールを守って気持ちよく乗車しよう。

地下鉄C線、ただいま工事中！

2路線しかなかったローマの地下鉄だが、3本目となるC線が2014年に一部開通した。Monte Compari/Pantano駅〜Colosseo/Fori Imperiali駅のうち、San Giovanni駅が2018年に開通したことで、San Giovanni駅で地下鉄A線との乗り換えが可能になった。C線のColosseo/Fori Imperiali駅が完成すると、そこで地下鉄B線と乗り換えできることとなる。Colosseo/Fori Imperiali駅までの開通は現時点では未定。

7 下車する

車内では次の停車駅が近づくと、駅名とどちら側のドアが開くのかアナウンスされる。イタリア語のみのアナウンスなので、目的の駅が近づいてきたらホームに表示されている駅名をチェックしよう。下車する際は、ドアのボタンを押す。

ドアに付いた緑のボタンを押せば扉が開く

8 改札を通る

ホームに降りたらUSCITA（出口）の表示に従う。改札のレバーを押して通る。出口付近に駅員がいるが、切符を提示する必要はない。

駅構内は薄暗いので、人通りの少ない時間の利用は避けよう

9 地上に出る

改札から出ると、最寄りの通り名や主要観光名所が表示されているので、目的地に近い場所から出るとよい。

テルミニ駅利用術

A線、B線の2つの路線が交差し、鉄道駅もあるテルミニ駅は、ほとんどの旅行者が利用する巨大ステーション。広い構内には旅行者にとって便利なサービスが整っている。ただし、ジプシーが多いので注意が必要だ。

❶待ち時間も退屈しない

駅構内は地下階、1階、中2階の3階建て。1階は切符売り場やインフォメーションのほかに、レストランやバールがある。地下階はショッピングモールになっており、スーパーのほか、書店、ファッションブティックなど、100を超える専門店が集まっている。銀行もあるので、両替の際も役立つ。中2階はフードコートになっており、駅以外の利用にも便利だ。

❷地下のスーパーを利用する

意外と利用価値の高いスーパーマーケット。駅構内の地下通路にあり、簡易食材や軽食を販売している。営業時間は6〜24時（店舗により異なる）と長く、みやげを買い忘れたときにも役立つ。列車移動の際に軽食などを購入するのにも便利だ。

建築物としての視点から
テルミニ駅を見る

テルミニ駅が建設されたのは1867年。当時は木造だった。その後、駅が改築されたのがムッソリーニのファシズムの時代。都市改造計画のひとつとして着手された。この時代に造られたのはホームがある部分で、外から見るとアーチの連続モチーフになっているのがよく分かる。正面のコンコース部分は、第二次世界大戦に入り、工事の中断を経て、1950年に完成。モダニズム建築の駅舎は側面からも見学してみよう。

タクシー タクスィ Taxi

テルミニ駅のタクシー乗り場

白 の車体で、上に TAXI と表示されているのが正規のタクシー。大きな荷物を持っているときや、夜間の移動、地下鉄路線が通っていないナヴォーナ広場周辺やトラステヴェレへの観光に利用するといいだろう。ただし、流しのタクシーは走っていないので、テルミニ駅や観光名所のそばにあるタクシー乗り場から乗車するのが一般的。

●タクシーに乗ってみよう

ホテルや利用したレストランで呼んでもらうのもひとつの方法

1 タクシーを探す

流しのタクシーはないので、「TAXI」の看板がある乗り場から乗る。乗り場はテルミニ駅のほか、主な観光名所周辺に多い。看板のところでタクシーが客待ちをしている場合もあるが、朝夕の通勤時間や雨が降ったときなどはかなり待つこともある。空車の場合、手を挙げると止まってくれることも。

2 乗車する

日本とは異なり、ドアは手動なので自分で開閉する。行き先を告げる際は、英語が通じないことが多いので、目的地の住所を書いたメモを運転手に手渡すと確実だ。発車したらメーターが動いているか必ずチェックすること。

空車の場合は屋根のTAXIが赤く点灯している

3 支払う

レシートは手書き。必要な場合は「リチェヴータ ベル ファヴォーレ」と言おう

目的地に到着したらメーターに表示された金額を支払う。基本的にチップは必要ないが、料金に端数があった場合はお釣りをもらわず済ませてもいいだろう。例えば料金が€6.80のところを€7を渡して済ませるなど。お釣りが必要な場合はその旨を伝えること。

客待ちをして並ぶタクシーに乗るときは、一番前のタクシーに乗車をしよう

4 下車する

運転の荒いタクシーが多いので、大切な荷物はトランクに入れず持って乗ったほうが無難

忘れ物がないかチェックしてからタクシーから降りること。ドアを閉める際に「グラーツィエ（ありがとう）」とひと言、あいさつを忘れずに。

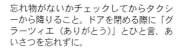

料金システムについて

基本料金は€3、以降走行距離や時間で加算される。1kmごとに€1.14〜。22時〜翌6時は日曜、祝日に限らず深夜料金として初乗りが€7、日曜・祝日の6〜22時の初乗りが€5になる。また、35×25×50cm以上の大きな荷物については2個目から€1加算される。

タクシー利用の注意点

正規タクシーの車体は基本的に白。まれに黄色い車体があり、屋根にTAXIと全面が白抜きで表示されている。それ以外は違法タクシーとなる。テルミニ駅では到着した旅行者を狙った白タクがいて、法外な料金の請求や、強盗などのトラブルが多いので、充分注意をしよう。

歩くほうが早い？ローマの渋滞

ローマ市内は朝夕のラッシュ時はもちろん、日中でも交通渋滞がひどい。タクシーで早く移動しようと思ったのにかえって時間がかかってしまうことも多い。時間に余裕をもって、タクシーを利用するか、歩ける距離なら徒歩で移動することも考えたほうがよいだろう。

バス

<ruby>Autobus<rt>アウトブス</rt></ruby>

市内をくまなく網羅しているバスは、路線はやや複雑だが、使いこなせれば便利な交通手段となる。各路線にはバス番号と行き先が記されており、バスの正面上部に表示されている。車体は白地に上部と下部が赤色、緑色など、路線によって異なる。切符は地下鉄と共通なので、上手に使いこなして、効率よくまわれるようにしたい。ターミナルはテルミニ駅前やヴェネツィア広場、サン・シルヴェストロ広場など。

利用者の多い路線ではスリに注意

●バスに乗ってみよう

1 バス停を探す

待ち時間が表示される電光掲示板。自分のいるバス停は赤い線で囲まれている

バス停は白色の案内板が目印。停留所を通るバスの番号とそのバスが停まる停留所名が表示されているので、乗車前に目的地とバスの番号を確認しておこう。主要道路には電光掲示板に到着するバス番号と待ち時間が表示されるバス停があるところもある。

2 乗車する

乗車するバスが来たら手を挙げて停める。乗車は前方、後方どちらからでもOK。料金は100分間有効の1回券は全線一律€1.50。乗車をしたら、切符を車内なかほどにある黄色の刻印機に入れ、乗車した時刻を刻印する。刻印を忘れると罰金が科せられるので、気を付けよう。切符は自動券売機を備えたバス以外は車内購入できないので、乗車前にキオスクやタバッキ（タバコ店）で購入を。

バスが来たら、前方上のバス番号と行き先を確認

3 降車のリクエストをする

ボールに付いているボタンを押す

車内では次に停車するバス停を知らせるアナウンスはないので、窓の外を眺めて通り名などをチェックしながら自分で降りる場所を確認する。降りるときは車内の窓枠にある赤色のボタンを押せばよい。路線に不案内なら運転手に目的地を伝えて、近くのバス停で降ろしてもらうのもひとつの方法だ。

4 降車する

降車は基本的に中央のドアから。混雑しているときや目的地が終点の場合はどこから降りても問題ない。

混雑しているときはボタンを押すのもひと苦労

観光に便利な路線

●64番 テルミニ駅～サン・ピエトロ駅
ヴェネツィア広場、ヴィットリオ・エマヌエーレ2世通りなどを経由。テルミニ駅方面からナヴォーナ広場周辺へ行くのに便利。ただしジプシーが多いので要注意。

●40番（急行）テルミニ駅～サンタンジェロ城
64番と同様、共和国広場、ヴェネツィア広場、ヴィットリオ・エマヌエーレ2世通りなどを経由。ナヴォーナ広場周辺やサンタンジェロ城への観光に使える。

●H番 テルミニ駅～カバッソ通り
ヴェネツィア広場、マルチェッロ劇場、トラステヴェレ通りなどを経由。トラステヴェレへ行くときに利用したい。

ローマ市内交通

トラム
トラム
Tram

ローマのトラム（路面電車）は中心街を取り囲むような形で、主に郊外へ向かう路線が多い。切符は地下鉄、バスと共通で100分間有効の1回券は全線一律 €1.50。乗降方法や停留所の案内表示はバスと同じ。スペイン広場などの中心部は走っていないが、車内はバスより比較的空いているので、ボルゲーゼ公園やトラステヴェレ、サッカー観戦にオリンピコ・スタジアムへ行く際に利用してみるといいだろう。

↑トラステヴェレへ
向かうトラム
←テルミニ駅近く、
カヴール通り裏手の
停留所

市内交通 キホン フレーズ

●地下鉄編

地下鉄の路線図をもらえますか
Avete una cartina delle line e della metropolitana？
アヴェーテ ウナ カルティーナ デッレ リーネ エ デッラ メトゥロポリターナ

地下鉄の切符はどこで買えますか
Dove si comprano i biglietti della metropolitana？
ドヴェ スィ コンプラノ イ ビッリエッティ デッラ メトゥロポリターナ

スペイン広場へ行くのは何線ですか
Che linea devo prendere per andare a Piazza di Spagna？
ケ リーネア デーヴォ プレンデレ ペル アンダーレ ア ピアッツァ ディ スパーニャ

ヴァチカン市国へ行くには
どこで降りればいいですか
A quale stazione devo scendere per andare a Citta del Vaticano？
ア クアーレ スタツィオーネ デーヴォ シェンデレ ペル アンダーレ ア チッタ デル ヴァティカーノ

●タクシー編

この住所に行ってください
Mi porti a questo indirizzo, per favore.
ミ ポルティア クエスト インディリッツォ ペル ファヴォーレ

タクシーを呼んでください
Può chiamarmi un tassì？
プオ キャマールミ ウン タッスィ

○○ホテルまでお願いします
Al ○○ Hotel, per favore.
アル ○○ オテル ペル ファヴォーレ

レシートをください
Mi da la ricevuta, per favore？
ミ ダ ラ リチェヴータ ペル ファヴォーレ

街歩き便利単語

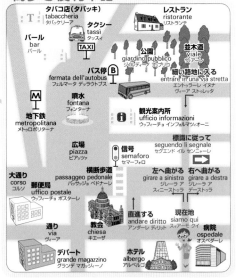

タバコ店（タバッキ）
tabaccheria
タバッケリーア

レストラン
ristorante
リストランテ

タクシー
tassi
タッスィ

バール
bar
バール

公園
giardino pubblico
ジャルディーノ プブリコ

並木道
viale
ヴィアーレ

バス停
fermata dell'autobus
フェルマータ デッラウトブス

細い路地に入る
entrare in una via stretta
エントラーレ イ ナ ウナ ヴィーア ストレッタ

噴水
fontana
フォンターナ

観光案内所
ufficio informazioni
ウッフィーチョ インフォルマツィオーニ

地下鉄
metropolitana
メトゥロポリターナ

広場
piazza
ピアッツァ

標識に従って
seguendo li segnale
セグエンド イル センニャーレ

信号
semaforo
セマーフォロ

横断歩道
passaggeo pedonale
パッサッジョ ペドナーレ

大通り
corso
コルソ

郵便局
uffico postale
ウッフィーチョ ポスターレ

左へ曲がる
girare a sinistra
ジラーレ ア スィニーストラ

右へ曲がる
girare a destra
ジラーラ ア デーストラ

直進する
andare diritto
アンダーレ ディリット

現在地
siamo qui
スィアーモ クイ

病院
ospedale
オスペダーレ

通り
via
ヴィーア

教会
chiesa
キエーザ

デパート
grande magazzino
グランデ マガッジーノ

ホテル
albergo
アルベルゴ

セリエA

How To 鑑賞ガイド

日本でも人気のイタリアプロサッカーリーグ、セリエA。世界の一流プレーヤーが集うその舞台は、レベルの高さやファンの熱狂ぶりなど、まさに世界最高峰のリーグ。白熱する試合をライブで楽しもう！

シーズンには
国中が熱狂する

セリエAとは？

イタリアプロサッカーリーグ。セリエA、B、Cがあり、その頂点に君臨しているのが一部リーグであるセリエA。毎年8月下旬〜翌年5月中旬までのシーズンに、全20チームがリーグ優勝をかけて競う。

チケットの入手方法

基本的にチケットの発売は、試合当日の数週間前から。各チームの公式サイトでのオンライン購入が便利。スタジアムの窓口（座席の種類によって売り場が異なるので注意）でも購入できるが、身分証明書の提示が必要。残り座席の保証はなく、また、優勝決定戦やダービーマッチなど、特別な試合の当日券購入はまず無理と思ってよい。オンライン購入をおすすめする。

観戦の注意点

熱狂的なサポーター同士による、トラブルや喧嘩が多いことでも有名なセリエA。アウェイチームの応援グッズを身に着けるのは、熱狂的なサポーターの標的になりやすいので避けよう。また、入場前にアルコールを摂取しているようなサポーターには近づかないように。手荷物の管理にも、気を引き締めて。

ココで観戦！
スタジオ・オリンピコ
Stadio Orimpico　　　MAP 別冊P4A1

収容人数約8万人、ASローマとラツィオのホームスタジアム。

DATA

🚉テルミニ駅から910番バスまたは、Ⓜ️A線FLAMINIOの目の前のフラミニオ広場から2番トラム、どちらも終点PIAZZA MANCINI下車、徒歩7分　🏠Viale dei Gladiatori

	トゥリブナ tribuna	
ディスティンティ distinti		ディスティンティ distinti
クルヴァ curva		クルヴァ curva
ディスティンティ distinti	トゥリブナ tribuna	ディスティンティ distinti

●座席の種類

トゥリブナ
メインとバックスタンド。メインスタンドだと、料金は€40〜80前後と高額だが安全に観戦できる。

ディスティンティ
アウェイ (Ospiti) のサポーター席になることが多いのでトラブルに巻き込まれやすく危険。料金€40前後。

クルヴァ
ゴール裏の席。盛り上がるが、熱狂的なファンが集まるので避けたほうがよい。料金€35前後。

※座席料金は試合によって異なるため、上記の料金は参考程度に

いざ、
スタジアムへ！

←入場時には
荷物とIDのチェックがある

ここで買えます！

ローマ・ストア AS Roma Store　　MAP 別冊P17C1

ASローマのホームゲームチケットとグッズ販売。

🚉Ⓜ️A線SPAGNAから徒歩15分　🏠Piazza Colonna 360　📞06)69781232　🕐10〜20時　休なし

ラツィオ・スタイル Lazio Style　　MAP 別冊P4B1

ラツィオのホームゲームチケットとグッズ販売。

🚉Ⓜ️A線FLAMINIOから徒歩30分　🏠Via Guglielmo Calderini 66/C　📞(06)32541745　🕐10〜20時（日曜は試合のある日のみ営業で〜17時）休日曜（試合日は営業）

スペイン広場〜テルミニ駅

ローマ観光のハイライトが集まるエリア。

特集もcheck♪

スペイン広場周辺 MAP 別冊P15D1

トリニタ・デイ・モンティ教会
Chiesa della Trinità dei Monti

スペイン階段の上にそびえる

16世紀にフランス王の命により建立された教会。現在もフランス人神父によるミサが行われている。2本の鐘楼が印象的なバロック様式で、ダニエーレ・ダ・ヴォルテッラの『降架』などがみどころ。

DATA ⏱〜30分
🚇Ⓜ A線SPAGNAから徒歩4分 📞(06)6794179 🕐10〜20時（水曜は12時〜、日曜は9時〜） 休月曜 料無料

コルソ通り周辺 MAP 別冊P14B1

アラ・パチス
Ara Pacis

ギリシア美術の粋を見る

皇帝アウグストゥスがガリア（現在のフランス）、スペインへの遠征で勝利したことを記念し、紀元前9年ごろに建造された平和の祭壇。大理石の壁のレリーフは見事。

DATA ⏱〜30分
🚇Ⓜ A線SPAGNAから徒歩15分 📞(06)0608 🕐9時30分〜19時30分（入場は〜18時30分）、12月24・31日は〜14時 休なし 料€10.50（特別展込みは€19）

ヴェネト通り周辺 MAP 別冊P9D1

骸骨寺
Santa Maria della Concezione

骸骨が並ぶ納骨堂が有名

バルベリーニ家出身の枢機卿により17世紀に再建された教会。教会の下に修道士たちの骸骨で覆い尽くされた納骨堂があり、骸骨の数は4000体にもおよぶ。

DATA ⏱〜30分
🚇Ⓜ A線BARBERINIから徒歩3分 📞(06)88803695 🕐納骨堂10時〜18時30分 休なし 料€8.50

ヴェネト通り周辺 MAP 別冊P9D2

国立絵画館（バルベリーニ宮殿）
Galleria Nazionale d'Arte Antica (Palazzo Barberini)

壮麗なバロック建築で名作を鑑賞する

名門バルベリーニ家の館を利用した美術館。ラファエロが愛人を描いたとされる『ラ・フォルナリーナ』、フィリッポ・リッピの『受胎告知』、カラヴァッジオの『ユディットとホロフェルネス』、ティツィアーノの『フィリップ2世の肖像』などを展示。宮殿の建設にはカルロ・マデルノ、ベルニーニ、ボッロミーニらが携わり、1633年に完成した。

➡内部の階段など建物自体もみどころ
➡13〜18世紀の絵画を展示

DATA ⏱30〜120分
🚇Ⓜ A線BARBERINIから徒歩3分 📞(06)4814591（予約専用） 🕐10〜18時（入館は〜17時） 休月曜 料€12（コルシーニ宮殿 MAP 別冊P4A3と共通）

スペイン広場周辺 MAP 別冊P15D3

サンタンドレア・デッレ・フラッテ教会
Chiesa di Sant'Andrea delle Fratte

ベルニーニの2体の天使像

ベルニーニの『十字架を持つ天使』『とげの花冠を持つ天使』で知られる。サンタンジェロ橋の欄干にあったが、1729年に移された。

DATA ⏱〜30分
🚇Ⓜ A線SPAGNAから徒歩5分 📞(06)6793191 🕐7時30分〜13時、16〜19時（日曜は〜20時、ミサ中は入場不可） 休なし 料無料

クイリナーレの丘周辺 MAP 別冊P9C3

クイリナーレ宮殿
Palazzo del Quirinale

衛兵の交替式が人気

クイリナーレの丘に立つ大統領官邸。かつては歴代の法王や国王の住まいだった。宮殿前広場では、約15分間かけて衛兵交替式が行われる。

DATA ⏱〜30分
🚇Ⓜ A線BARBERINIから徒歩10分 ※要予約（5日前までに）のツアーのみ内部と庭園を見学可能 📞(06)39967557 🕐1時間20分コース€1.50、2時間30分コース€10

クイリナーレの丘周辺 MAP 別冊P9D3

サンタンドレア・アル・クイリナーレ教会
Chiesa di S. Andrea al Quirinale

ベルニーニ作の神聖な空間

イエズス会の教会でベルニーニの代表作。色大理石や金色を配した色彩豊かな空間が見事。アントニオ・ラッジによる聖アンドレアの彫像と、美しいドームを飾る天使像がみどころ。

DATA ⏱〜30分
🚇Ⓜ A線BARBERINIから徒歩10分 📞(06)4819399 🕐9〜12時、15〜18時 休月曜 料無料

ヴェネツィア広場周辺　MAP 別冊P9C4

ヴァレンティーニ宮殿の
ローマ式ドムス
Le Domus Romane di Palazzo Valentini

ローマ人の生活様式を垣間見る

ローマ県庁の地下にある古代の家
屋の遺跡を「映像と音」で案内し
てくれる。約
90分のガイド
付きツアー（1
回15人程度、
英語）で回る。

DATA.............................. 🕐30〜120分
🚇MB線COLOSSEOから徒歩15分
📍Via Foro Traiano 85　📞(06)87165343
🕐10〜19時（入場は18時まで）
休火曜　€12（予約料は＋€1.50）

ヴェネツィア広場周辺　MAP 別冊P9C4

コロンナ美術館 (コロンナ宮殿)
Galleria Colonna (Palazzo Colonna)

ルネッサンス期の絵画が充実

17〜20世紀に収集されたコロンナ
家のコレクションを展示する美術
館。ヴェネツィア派絵画のほか、ル
ネッサンス絵
画やブロンツ
ィーノの作品
を見ることが
できる。

DATA.............................. 🕐30〜120分
📞(06)6784350　🕐土曜の9時15分〜13時
15分（最終入場）※金曜は予約制のガイドツ
アー（10〜12時）　休日〜木曜　€15〜

テルミニ駅周辺　MAP 別冊P12A2

共和国広場
Piazza della Repubblica

イタリア統一を記念して建設

ディオクレティアヌス帝の浴場跡
にあった広場を、1861年イタリ
ア統一を機に現在の姿に変更。4
人の妖精がたたずむナイアディの
噴水が目印。
古い呼び名で
「エゼドラ広
場」ともいわ
れる。

DATA.............................. 🕐〜30分
🚇MA線REPUBBLICAから徒歩す
ぐ

テルミニ駅周辺　MAP 別冊P12B3

マッシモ宮 (ローマ国立博物館)
Palazzo Massimo(Museo Nazional Romano)

ローマ時代の彫刻を展示

ローマ内外で
発掘された共
和制時代や帝
政時代の貴重
な彫刻を展示
している。

DATA.............................. 🕐30〜120分
🚇MA・B線TERMINIから徒歩3分
📞(06)480201　🕐11〜18時（入館は
〜17時）休月曜　€12（ディオク
レティアヌス帝の浴場跡、アルテンプス
宮、バルビ納骨堂と共通、1週間有
効、オンライン購入は＋€2）

テルミニ駅周辺　MAP 別冊P12A2

サンタ・マリア・デリ・アンジェリ教会
Chiesa di Santa Maria degli Angeli

ミケランジェロ晩年の教会

ディオクレティアヌス帝時代に築
かれた、一度に3000人を収容で
きたという広大な浴場跡を利用し
た教会。設計
は最晩年を迎
えていたミケ
ランジェロが
担当した。

DATA.............................. 🕐〜30分
🚇MA線REPUBBLICAから徒歩1分
📞(06)4880812
🕐7時30分〜18時30分　休なし
無料

テルミニ駅周辺　MAP 別冊P12B2

ディオクレティアヌス帝の浴場跡
Terme di Diocreziano

古代の石碑コレクションが充実

298〜306年の間に造られたローマ
帝国時代最大の公衆浴場跡。さら
に遡ったエト
ルリア文明時
代の発掘品も
展示。

DATA.............................. 🕐〜30分
🚇MA・B線TERMINIから徒歩3分
📞(06)477881　🕐11〜18時（入館は
〜17時）休月曜　€12（マッシモ
宮、アルテンプス宮、バルビ納骨堂と
共通、1週間有効、オンライン購入は
＋€2）

ラテラーノ地区　MAP 別冊P5C3

サン・ジョヴァンニ・イン・ラテラーノ教会
Basilica di San Giovanni in Laterano

堂内のモザイクがみどころ

ローマの司教座が置かれる格式の
高い大聖堂。起源は4世紀初め。
コンスタンティヌス帝が寄進した
土地に、メル
キアデ教皇に
より建立。壁
がんと壁面装
飾に注目。

DATA.............................. 🕐30〜120分
🚇MA線SAN GIOVANNIから徒歩2
分　📞(06)69886433　🕐7時〜18時
30分、回廊は9時〜16時30分（入場は
〜16時）休なし　無料　回廊は€3

テルミニ駅周辺　MAP 別冊P12B4

サンタ・マリア・
マッジョーレ教会
Basilica di Santa Maria Maggiore

高さ75mの鐘楼が目印の
奇跡の地に立つ教会

「真夏のエスクイリーノの丘で雪
が降る場所に教会を建てよ」とい
う聖母マリアのお告げどおり、
356年8月に雪が降ったという奇
跡の地に立つ。1000年以上にも
わたり修復と増築が繰り返され、
各時代の芸術様式を見ることがで
きる。旧約聖書の36場面を描い
た5世紀作のモザイクは初期キリ
スト教時代の貴重な遺産だ。後陣
ドームの金色のモザイクも必見。

⬆鐘楼はローマ
一の高さ
➡格子天井が身
廊を覆う、典型
的な教会建築を
残す

DATA.............................. 🕐〜30分
🚇MA・B線TERMINIから徒歩10分
📞(06)69886800
🕐7時〜18時30分、ミサ中は見学不可
休なし　無料

🎵サンタ・マリア・マッジョーレ教会は夜になるとLEDの光に包まれ、その壮大な建築が浮かび上がる。ローマ
には夜景も楽しめるスポットが目白押し。夜景ツアーなども開催されているので参加してみては。

ナヴォーナ広場周辺〜フォロ・ロマーノ周辺

北はナヴォーナ広場やパンテオン、南はフォロ・ロマーノやコロッセオと、ヴェネツィア広場を中心に広がるみどころ盛りだくさんなエリア。ナヴォーナ広場周辺は中世の面影を残す。遺跡見学はフォロ・ロマーノ周辺のコロッセオなどをまわろう。

特集もcheck♪

ナヴォーナ広場周辺　MAP 別冊P17C3

サンタ・マリア・ソープラ・ミネルヴァ教会
Basilica di Santa Maria Sopra Minerva

芸術作品が集まる教会

13世紀建造のゴシック建築教会。教会前のオベリスクを支える象の彫像はベルニーニの案。ミケランジェロと弟子による『十字架を持つキリスト像』などは必見。

DATA 〜30分

🚇ナヴォーナ広場から徒歩7分
📞(06)69920384　🕐11〜13時、15〜19時（ミサ中は見学不可）　🈳なし　💰無料

ナヴォーナ広場周辺　MAP 別冊P16B2

サン・ルイジ・デイ・フランチェージ教会
Chiesa di San Luigi dei Francesi

カラヴァッジョの三部作

十字軍を指揮したルイ9世に捧げるために16世紀に建造。みどころはバロックを代表するカラヴァッジョの3部作『聖マタイと天使』『聖マタイの召命』『聖マタイの殉教』。

DATA 〜30分

🚇ナヴォーナ広場から徒歩9分　📞(06)688271　🕐9時30分〜12時45分、14時30分〜18時30分（土曜は9時30分〜12時15分、14時30分〜18時30分、日曜は11時30分〜12時45分、14時30分〜18時30分）　🈳なし　💰無料

ナヴォーナ広場周辺　MAP 別冊P16B1

サンタゴスティーノ教会
Chiesa di S. Agostino

知る人ぞ知る重要作品が終結

聖アウグストゥスに捧げるため14世紀に創設。内部には『ロレートの聖母』をはじめとするカラヴァッジョ作品のほか、ラファエロやサンソヴィーノの作品が揃う。

DATA 〜30分

🚇ナヴォーナ広場から徒歩3分
📍Piazza di S. Agostino
📞(06)68801962　🕐7時15分〜12時、16時〜19時30分　🈳なし　💰無料

ナヴォーナ広場周辺　MAP 別冊P16B3

サンタンドレア・デッラ・ヴァッレ教会
Chiesa di S. Andrea della Valle

高くそびえるドームが目印

17世紀初頭に創建されたバロック様式の教会。内部にはベルニーニ作『洗礼者ヨハネの像』、ドメニキーノのフレスコ画『聖アンドレア伝』『福音史家』などが。

DATA 〜30分

🚇ナヴォーナ広場から徒歩5分
📞(06)6861339　🕐15時〜19時30分（日曜は8時30分〜、ミサ中は見学不可）　🈳なし　💰無料

ヴェネツィア広場周辺　MAP 別冊P9C4

トラヤヌスの市場
Mercati di Traiano

古代ローマ人の生活を見る

紀元2世紀にトラヤヌス帝が建てた市民への穀物配給所。のちにローマの市場として大変な賑わいを見せた。遺跡はトラヤヌス帝時代の原型をよくとどめている。

DATA 〜30分

🚇ヴェネツィア広場から徒歩5分
📞(06)6790048
🕐9時30分〜19時30分（入館は〜18時30分）　🈳なし　💰€13

コロッセオ周辺　MAP 別冊P5C3

サン・クレメンテ教会
Basilica di S. Clemente

3つの時代の教会を見学

12世紀初めに建てられたバロック様式の教会。地下に、4世紀の教会跡やローマ時代の住居や寺院など貴重な遺構が残る。要予約。

DATA 30〜120分

🚇ⓂB線COLOSSEOから徒歩8分
📞(06)7740021　🕐10時〜12時30分、15時〜17時30分（日曜は12時〜17時30分、最終入場は17時まで、ミサ中は見学不可）　🈳なし　💰無料・地下遺跡は€10

コロッセオ周辺　MAP 別冊P5C4

カラカラ浴場
Terme di Caracalla

1600人を収容した大浴場

217年にカラカラ帝が建造した娯楽施設跡。敷地総面積約16万㎡を誇り、敷地内には浴場のほか、図書館や劇場などがあった。

DATA 〜30分

🚇ⓂB線CIRCO MASSIMOから徒歩10分　📞(06)5717451　🕐9時〜19時15分（季節により異なる）　※チケット売り場は閉館1時間前まで　🈳月曜　💰€8（オンライン購入は€10）

🌍世界遺産　👀必見！　📷眺望抜群
〜30分 所要時間30分程度　30〜120分 所要時間30〜120分　120分以上 所要時間120分以上

ボルゲーゼ公園周辺

ローマ北部にある緑豊かな憩いのエリア。公園は広いので、園内の目的地に応じて地下鉄の最寄り駅を選ぼう。

特集もcheck♪

サンタ・マリア・デル・ポポロ教会‥‥ P51

ボルゲーゼ公園周辺　**MAP** 別冊P13D2

ボルゲーゼ公園
Villa Borghese
眺め

緑に包まれた複合公園で
ローマっ子気分で散策

教皇パウルス5世を叔父にもつ、シピオーネ・ボルゲーゼ枢機卿が1613年にフランス人建築家ファン・ザイスに依頼し造営させたローマ最大の公園。現在は市民の憩いの場で、休日のひとときや朝の散歩を楽しむローマっ子たちの姿が見られる。広大な園内には美術館、博物館、動物園、乗馬場などのほか、バイロン、ロッシーニら歴史に名を残す偉人の彫像が点在している。

⬆自然の木々を生かした園内
➡アトラクションも楽しめる

DATA ⌛120分以上
🚇Ⓜ A線FLAMINIOから徒歩10分、Ⓜ SPAGNAから徒歩15分 ※Ⓜ FLAMINIOからは、ポポロ広場へ出てダヌンツィオ通りの坂道を進めば、ピンチョの丘に出る。ボルゲーゼ美術館に出たい場合は、Ⓜ A線BARBERINIからヴェネト通りを抜けてピンチャーナ門から入園するほうが近い

ボルゲーゼ公園周辺　**MAP** 別冊P5C1

ボルゲーゼ美術館
Galleria Borghese

ベルニーニの傑作は必見

17世紀初めに建てられた、ボルゲーゼ枢機卿のバロック様式の別荘を利用した美術館。ベルニーニ作『アポロとダフネ』は必見。

DATA ⌛30~120分
🚇Ⓜ A線SPAGNAから徒歩20分 📞(06)8413979/(06)32810(予約専用) 🕘9~19時(入場は~17時45分) ※2時間毎の完全予約入替制
休月曜 ￥€13(予約は+€2)

ボルゲーゼ公園周辺　**MAP** 別冊P13C1

ヴィッラ・ジュリア博物館
Museo Nazionale di Villa Giulia

エトルリアの歴史を知る

教皇ユリウス3世の別荘だった建物を利用した博物館。紀元前8~6世紀ごろ、イタリアに都市文明を築いた先住民族、エトルリア人が残した美術工芸品を展示。

DATA ⌛30~120分
🚇Ⓜ A線FLAMINIOから徒歩15分 📞(06)3226571 🕘9~20時(チケット売り場は~19時)
休月曜 ￥€10

ボルゲーゼ公園周辺　**MAP** 別冊P13D1

国立近代美術館
Galleria Nazionale d'Arte Moderna

モダンアートの世界へ

19世紀以降の絵画や彫刻作品を展示する美術館。デ・キリコ、ジャコメッティなどイタリア人の作品のほか、モネ、ゴッホ、セザンヌ、ユトリロなどの作品も。

DATA ⌛30~120分
🚇Ⓜ A線FLAMINIOから徒歩20分 📞(06)32298221 🕘9~19時(入館は~18時15分) 休月曜 ￥€10(特別展示は別途)

ポポロ広場周辺　**MAP** 別冊P13C3

ポポロ広場
Piazza del Popolo

双子教会の前に立つ
ローマ入都を象徴する門

かつてローマの北の表玄関であったポポロ門の南側に広がる広場。ポポロ門の内側は、1655年にスウェーデン女王を迎えたときにベルニーニによって装飾が施された。この門はミケランジェロやダ・ヴィンチ、ラファエロがローマ入都の際にくぐったものだ。広場中央には初代皇帝アウグストゥスがエジプトから持ち帰った高さ36mのオベリスクが立つ。

⬆ピンチョの丘から望むポポロ広場
➡コルソ通りをはさんで立つ2つの教会は双子教会とよばれる

DATA ⌛30分
🚇Ⓜ A線FLAMINIOから徒歩3分

ポポロ広場周辺　**MAP** 別冊P13C3

ピンチョの丘
Monte Pincio
眺め

ローマの街が一望のもと

ボルゲーゼ公園の端にある展望テラス。西に立つサン・ピエトロ寺院の背後に日が沈む時が最もロマンティック。暗くなってからはスペイン階段からの道がおすすめ。

DATA ⌛30~120分
🚇Ⓜ A線FLAMINIOから徒歩8分

🎵教会への心付けは気持ち次第だが、€1程度を目安に。教会内に箱が設けてある。寄付はイタリア語でContributoまたはOfferta。また、教会は厳粛な場所。大声を出したりしないように。

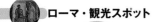

トラステヴェレ

テヴェレ川西のエリアで下町情緒たっぷり。観光はタクシーか徒歩が基本。

特集もcheck♪

サンタ・マリア・イン・トラステヴェレ教会
Chiesa di S. Maria in Trastevere

内部を彩る黄金のモザイク画

創建は教皇カリクストゥスの時代の紀元221年といわれ、その後、12世紀初めに教皇インノケンティウス2世により現在の姿に再建された。公式の教会堂としてはローマで最も古いといわれている。ファサード上部のモザイク画は『玉座の聖母子』を中央に、ランプを奉献する10人の聖女を描いた12世紀の作品だ。古代の円柱が連なって梁を支える身廊は、初期キリスト教時代の教会の構造を伝える。

→ロマネスク様式の教会
→黄金に輝くモザイク画。床の幾何学模様も美しい

DATA ⏰~30分
🚌バスH番TERMINIから30分、バス停SONNINO/S.GALLICANO下車、徒歩5分 📞(06)5814802 🕐7時30分~21時（金曜は9時~、8月は変更あり）ミサ中は見学不可 🈳なし 💴無料

サンタ・チェチリア・イン・トラステヴェレ教会
Chiesa di Santa Cecilia in Trastevere

後陣ドームのモザイクが見事

3世紀にキリスト教徒迫害を受け、殉教した聖女チェチリアの名を冠した教会。法王パスカリス1世が神のお告げを受け、共同墓地に埋葬されていたチェチリアの墓を発見し、遺骨を葬るため、古代ローマ時代の住居跡に9世紀に建立した。教会に向かって右手の鐘楼は11世紀に加えられたもの。アルノルフォ・ディ・カンビオによる主祭壇上の天蓋、後陣のドームを覆うモザイクが主なみどころ。

↑古典様式の教会内部
→教会前には噴水と緑が美しい庭園がある

DATA ⏰~30分
🚌サンタ・マリア・イン・トラステヴェレ教会から徒歩10分 📞(06)5899289 🕐9時30分~13時、16~19時、フレスコ画は10時~12時30分、16~18時（祝日は11時30分~）🈳日曜（フレスコ画）💴フレスコ画€2.50、地下聖堂€2.50

サン・クリソーゴノ教会
Basilica di San Crisogono

帝政ローマの面影を残す

初期キリスト教時代の聖堂上に、12世紀に創建された。地下には帝政ローマ時代の聖堂が残る。祭壇右にはベルニーニ作の礼拝堂も。

DATA ⏰~30分
🚌サンタ・マリア・イン・トラステヴェレ教会から徒歩5分 🕐7時~11時30分（土・日曜、祝日は8~13時）、16~18時（土・日曜、祝日は~19時30分）※地下は~19時 🈳なし 💴無料、地下遺跡€3

ポルタ・ポルテーゼの市
Mercato di Porta Portese

ローマ最大の日曜市

ポルテーゼ門を起点に、トラステヴェレ通りまで全長1kmを超える通りに続くノミの市。洋服や靴、アンティーク、アクセサリー、キッチン雑貨などが並ぶ。

DATA ⏰~30分
🚌Ⓜ️B線PIRAMIDEから徒歩20分 🕐7~14時ごろ※店により異なる 🈳月~土曜

ジャニコロの丘
Colle Gianicolo

丘の上からローマを一望

トラステヴェレ西側の小高い丘。ジャニコレンセ公園の一部で、入口付近に「ローマか死か」と刻まれた、イタリア統一を目指した兵士たちの記念碑がある。頂上のガリバルディ広場から眺望を楽しめる。

DATA ⏰30~120分
🚌サンタ・マリア・イン・トラステヴェレ教会から徒歩20分

ファルネジーナ荘
Villa Farnesina

室内の見事なフレスコ画

1511年に建造された銀行家、アゴスティーノ・キージの別荘。みどころは室内を飾る、ラファエロのフレスコ画『ガラテア』など。

DATA ⏰~30分
🚌サンタ・マリア・イン・トラステヴェレ教会から徒歩8分 📞(06)68027268 🕐9~14時（毎月第2日曜は~17時）🈳毎月第2を除く日曜 💴€10

名画 の舞台となった スポットへ

ローマでは名画が数多く撮影されている。
なかでも老若男女、古今東西問わずファンの多い
代表的な2作の名シーンにまつわる場所を紹介。

ローマの休日

1953年公開。いわずと知れた、ローマの観光名所を舞台に繰り広げられるラブ・コメディ。オードリー・ヘプバーンの輝くような美しさも魅力。

『ローマの休日』
デジタル・リマスター版 ブルーレイ・コレクターズ・エディション
価格:5,280円(税込)
発売元:NBCユニバーサル・エンターテイメント
© 1953, 2020 Paramount Pictures.

ロケ地 1
スペイン広場 P26
Piazza di Spagna
MAP 別冊P15D1

オードリー・ヘプバーン演じるアン王女が、スペイン階段でジェラートを食べていたところへ、ブラッドリーが再登場。思い出作りに出かけることを決めた。

ロケ地 2
真実の口 P34
Bocca della Verità
MAP 別冊P10B3

バイクで暴走して捕まった際、とっさに「結婚式に向かう途中」と嘘をついてしまった2人。その後、サンタ・マリア・イン・コスメディン教会内のこの真実の口に手を入れるが…。

ロケ地 3
コロンナ宮殿 P65
Plazzo Colonna
MAP 別冊P9C4

感動のラストシーンはコロンナ宮殿の大広間。ここで記者会見を開いた王女は、ローマでの休日の記念写真を受け取りブラッドリーと握手を交わす。美しくも物悲しい場面に宮殿の豪華さがよく映えている。

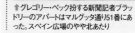
👆グレゴリー・ペック扮する新聞記者ブラッドリーのアパートはマルグッタ通り51番にあった。スペイン広場のやや北あたり

ここも登場!
●コロッセオ➡P33
●ヴェネツィア広場➡P30
●フォロ・ロマーノ➡P32
●バルベリーニ宮殿➡P64
●共和国広場➡P65

甘い生活

1960年公開。フェデリコ・フェリーニ監督作品。カンヌ国際映画祭バルム・ドールをはじめ数々の賞を受賞。ゴシップ新聞記者のマルチェロ(マルチェロ・マストロヤンニ)を追いつつ1950年代上流階級の退廃的な暮らしぶりを描いた。

ロケ地 1
トレヴィの泉 MAP 別冊P17D1 P27
Fontana di Trevi

映画『甘い生活』といえば真っ先にトレヴィの泉のシーンを思い出す人も多いはず。マルチェロとシルヴィア(アニタ・エクバーグ)が泉で戯れる映像はセクシーで美しい。

ロケ地 2
ウェスティン・エクセルシオール MAP 別冊P9D1 P84
The Westin Excelsior, Rome

ローマの最高級ホテルで、豪遊の限りを尽くすマルチェロ。ホテル内のレストラン「ドネイDoney」や「カフェ・ドネイ」も映画に登場する。ホテルが面するヴェネト通りは今もおしゃれで高級なエリア。

ローマ・グルメ

ローマ料理

トラステヴェレなどのトラットリアがおすすめ。

特集もCheck♪

ダ・オイオ・ア・カーザ・
ミア ……………… P12
マッケローニ ……… P28
トリトーネ ………… P12
ラ・カバーナ ……… P12

テスタッチョ　MAP 別冊P4B4

ケッキーノ・ダル1887
Checchino dal 1887

正統派を守り続ける
ローマ料理の老舗

創業1887年のローマ料理の有名店。特に臓物料理や、季節の野菜を取り入れた料理が得意。アーティチョークをミントの葉や白ワインで蒸し煮したカルチョーフィ・アッラ・ロマーナ（11〜4月のみ€9）、オックステールを煮込んだコーダ・アッラ・ヴァッチナーラ€24など、郷土の味覚がメニューに並ぶ。ワインはフランス産など約400種類。チーズは25種類が揃う。ディナーは要予約。

伝統的なローマ料理が味わえる
→夜は必ず予約をしよう

DATA
🚇Ⓜ B線PIRAMIDEから徒歩15分　🏠Via Monte Testaccio 30　📞(06)5743816
🕐12時30分〜15時、20〜24時（日曜は〜14時）
休月・火曜、8月

ヴァチカン市国周辺　MAP 別冊P4A1

オステリア・デル・アンジェロ
Osteria dell'Angelo

ローマっ子御用達の
気さくな食堂へ!

シンプルなメニュー設定は、ディナーが1人€25。前菜、プリモ、セコンド、コントルノ、デザートという設定。料理はそれぞれ数種類が用意され、そのなかからチョイスする。コースのなかでも特に、ローマ風トリッパと、うどんに似たローマ名物トンナレッリは絶品。ランチはパスタなど軽食が€10から楽しめる。英語メニュー、日本語メニューともに揃うのもうれしい。

臓物を煮込んだ唐辛子の利いたローマ風トリッパ（手前）
→毎夜込み合う人気店

DATA
🚇Ⓜ A線OTTAVIANO-S.PIETROから徒歩5分　🏠Via Giovanni Bettolo 24/32
📞(06)3729470　🕐12時30分〜14時30分、20〜23時　休月曜

トラステヴェレ　MAP 別冊P10A2

ナンナレッラ
Nannarella

活気あるローマ料理の店

伝統ローマ料理が味わえる店。得意料理はフライと、好みの調理で食べさせてくれる魚介メニュー。

DATA
🚇サンタ・マリア・イン・トラステヴェレ教会から徒歩3分　🏠Piazza di S. Calisto, 5
📞(06)5815378
🕐12〜23時　休なし

ティベリーナ島　MAP 別冊P10B2

ソラ・レッラ
Sora Lella

ティベリーナ島で伝統料理

ティベリーナ島にある唯一のレストラン。ローマ風の肉料理が中心。店独自のアレンジを加えたオリジナルも揃う。

DATA
🚇サンタ・マリア・イン・トラステヴェレ教会から徒歩15分　🏠Via Ponte Quattro Capi 16　📞(06)6861601
🕐12時〜14時30分、19時30分〜22時50分　休日曜※平日の予約は2週間前、金・土曜の予約は1ヶ月前まで

テスタッチョ　MAP 別冊P4B4

ダ・オイオ・ア・カーザ・ミア
Da Oio a Casa Mia

アットホームな空間で
昔ながらのローマ料理を食す

厨房も接客もすべて親族でこなす家族経営のトラットリア。奥のテーブルでは店のおばあちゃんや子供が食事をするなど、普通の家庭を訪れたような雰囲気が味わえる。店一番のおすすめはローマ風トリッパ€14や、ローマの名物パスタ、トンナレッリ€13、牛の尾を煮込んだコーダ・アッラ・ヴァッチナーラ€18など。人気のカルボナーラはクリームを使用しない正統派だ。

↑ローマ名物のパスタ、トンナレッリ
→室内のほか、外にテラス席もある

DATA
🚇Ⓜ B線PIRAMIDEから徒歩10分　🏠Via Galvani 43/45
📞(06)5782680
🕐12時30分〜15時、19〜23時　休なし

ヴェネツィア広場周辺 MAP 別冊P17D3
ラ・カバーナ
La Cabana
ローマっ子が集う隠れ家

40年以上の歴史をもつ家庭的な店。カルボナーラ€15など定番のローマ料理がおいしいと地元での評価が高い。ムール貝とアサリのソテー€16など、魚料理も充実。

DATA
MA線BARBERINIから徒歩15分
Via del Mancino 9
(06)6791190
12～15時、18～23時 休日曜

ナヴォーナ広場周辺 MAP 別冊P14A3
ラ・カンパーナ
La Campana
ローマ生粋の素朴な豆料理が味わえるローマ最古の老舗

1518年の地図にすでに記録があり、開業は1450年にさかのぼるという。メニューはズッキーニの花のフライ、ローマ風またはユダヤ風アーティチョーク、アバッキオなど、伝統的なローマ料理。なかでも地元産の豆をメインに、ハムやアーティチョーク、レタス、タマネギと素材ごとに別々の方法で茹でて最後に和えたヴィニャローラ€10は、スタッフも胸を張る一品。

↑夜は予約がおすすめ
→奥が名物料理のヴィニャローラ

DATA
ナヴォーナ広場から徒歩8分
Vicolo della Campana 18 (06)6875273
12時30分～15時、19時30分～23時
休月曜、8月

トラステヴェレ MAP 別冊P10A2
ケッコ・エル・カレッティエレ
Checco Er Carettiere
著名人に愛された名店

1935年創業の老舗イタリアンレストラン。映画界の巨匠といわれる故フェリーニ監督も行き付けだった名店。クラシックなローマ料理が並び、ショーケースから選べる魚料理や野菜のアンティパストなど気軽に注文できる。ディナーは要予約。

↑どこか懐かしい味わいのパスタ
→店内の壁には映画関係者の写真が多く飾られている

DATA
サンタ・マリア・イントラステヴェレ教会から徒歩5分 Via Benedetta10-13 (06)5817018 12時30分～14時30分、19時30分～23時 休なし

クイリナーレの丘周辺 MAP 別冊P9C2
トリトーネ
Tritone
古代遺跡のなかでディナーを

かつてワイン酒場だった店を、1875年に現オーナー一族がレストランとしてオープンした歴史ある老舗。地下には古代ローマ時代の遺構も発掘されており、風情たっぷりの空間で食事を楽しむことができる。ローマ風アーティチョークやアマトリチャーナなどのローマ料理が揃うほか、毎日港から届けられる魚介類も自慢のひとつ。

→居酒屋（ボッティリエリア）時代の看板も残る

↑アバッキオ・スコッタディート

テスタッチョ MAP 別冊P4B4
ダ・ブカティーノ
Da Bucatino
ローマ弁が飛び交うなか豪快にブカティーニを

テスタッチョ市場に近い、旅行者にも人気のトラットリア。店名は名物のパスタからとったもので、店一番のおすすめはやはりブカティーニ・アマトリチャーナ€13だ。塩漬け牛肉の生ハム、たっぷりのルッコラとパルミジャーノをかけたブレザオラ€14は人気の前菜で、赤白どちらのワインにもよく合う。席はいつも満席状態なので、早めの時間に行くか、予約をするのがベター。

↑仔羊のグリルにポテトを添えたアバッキオ・コン・パターテ
→早めの時間に行くのがおすすめ

DATA
MB線PIRAMIDEから徒歩12分
Via Luca della Robbia 84/86
(06)5746886
12～15時、19～24時 休月曜

DATA
MA線BARBERINIから徒歩5分
Via dei Maroniti 1
(06)6798181 12～23時
休なし

支払いはテーブルで行うことがほとんど。1.担当の給仕に声をかけて、テーブルに勘定書を持ってきてもらう→2.勘定に間違いがないか確認し、テーブルに代金を置く→3.給仕がレジで会計をして、お釣りを持ってくる→4.チップを渡す場合はテーブルに置く。

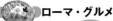

イタリア料理

伝統的なローマ料理にシェフのアイデアを盛り込んだ創作料理をはじめ、イタリア各地の味を楽しめる店がローマには点在している。おしゃれなローマっ子に支持される、新スタイルのレストランやカフェも急増中。

特集もCheck♪
イーヴォ ………… P35
マストロ・チッチャ … P48
ブッコーネ ………… P42

コロッセオ周辺 MAP 別冊P9D4

ラ・カルボナーラ
Hostaria La Carbonara

発祥といわれる店で名物パスタを

1906年創業。カルボナーラを初めて作った石炭店の妻（カルボナーラ）が開いたといわれる。カルボナーラのほか、約15種類のパスタメニューが揃う。メインは€10～と手ごろな価格も魅力。

➡スパゲッティ・アッラ・カルボナーラ €11

DATA
MB線CAVOURから徒歩7分
Via Panisperna 214
(06)4825176　12時30分～14時30分、19～23時　休日曜、8月

ナヴォーナ広場周辺 MAP 別冊P14A4

イル・コンヴィヴィオ
Il Convivio

美食家たちも注目する斬新な食の世界

シェフのアンジェロ氏と2人の兄との3兄弟で経営する隠れ家風のリストランテ。伝統的なイタリア料理をベースに、新しい食材を取り入れた創造的な料理で、グルメ本でも高い評価を得ている。季節の素材をふんだんに使ったメニューは頻繁に替わり、いずれも四季折々の味が堪能することができる。アラカルトのほか、コース料理5品€115～も用意。少しドレスアップして出かけたい。

⬆遊び心を盛り込んだ料理が楽しめる
➡食事が楽しめるように店内にはさりげない演出が

DATA
ナヴォーナ広場から徒歩2分
Vicolo dei Soldati 31　(06)6869432
19時30分～23時　休日曜、8月の3日間

テルミニ駅周辺 MAP 別冊P12B3

サンティ
Santi

ボリューム満点のセットで大満足

1918年から現オーナーのサンティ家が営む。プリモ、セコンド、付合せ、レモンシャーベットがセットになったメニューがあり、肉系は€10、魚介系は€15とお得。プリモとセコンドは数種類から選べるのもうれしい。

←シーフードがメインのセットメニュー €18

⬆店の目の前をトラムが行き交う

DATA
MA・B線TERMINIから徒歩3分
Via Daniele Manin 55/57
(06)51600180　12～15時、17～23時　休日曜

ナヴォーナ広場周辺 MAP 別冊P16B1

ラ・ロゼッタ
La Rosetta

素材にこだわる魚介を堪能

オーナーシェフはシチリア出身。自ら素材の鮮度を見極め、調理もオーダーが入ってからと徹底。素材の旨みが生きた味付けが魅力。

DATA
ナヴォーナ広場から徒歩5分
Via della Rosetta 8
(06)6861002
12時～22時45分
休月曜、8月の2週間

テスタッチョ MAP 別冊P4B4

アグスタレッロ・ア・テスタッチョ・ダル1957
Agustarello a Testaccio dal 1957

伝統を受け継ぐ下町の実力店

ローマ料理発祥の地テスタッチョで60年の歴史を誇る名店。代々受け継がれるレシピに研究を重ね、現代の嗜好に合う料理を提供し続けている。

DATA
MB線PIRAMIDEから徒歩10分
Via Giovanni Branca 98　(06)5746585　12時30分～15時、19時30分～23時　休日曜

日本語スタッフ　日本語メニュー　英語スタッフ　英語メニュー　ドレスコード　要予約

トレヴィの泉周辺 MAP 別冊P9D2

レ・コッリーネ・エミリアーネ
Le Colline Emiliane

エミリア地方の料理を堪能

1967年にローマで創業し、今もイタリア中部エミリア地方の料理を提供するレストラン。トルテリーニ・イン・ブロード€15〜はエミリア地方を代表する一品で、この肉詰めパスタのスープが美味。要予約。

↑人気メニューのトルテリーニ・イン・ブロード

←予約の取りにくい人気店には、多くのファンが通う

DATA
🚇Ⓜ A線BARBERINIから徒歩5分
📍Via degli Avignonesi 22
📞(06)4817538 🕐12時45分〜14時45分、19時30分〜22時45分 🈺日・月曜

トラステヴェレ周辺 MAP 別冊P4A3

アンティーコ・アルコ
Antico Arco
質の高い味とサービスが自慢

ローマ市内を一望できるジャニコロの丘にあるリストランテ。入口はウェイティングバーで、ワインや食前酒を楽しめる。メニューは伝統的なローマ料理など。

DATA
🚇サンタ・マリア・イン・トラステヴェレ教会から徒歩15分 📍Piazzale Aurelio 7 📞(06)5815274 🕐12〜24時 🈺なし

コンドッティ通り周辺 MAP 別冊P15C1

リストランテ'34'
Ristorante'34'
味は地元客のお墨付き

観光エリアにありながら、地元の常連も多い。オマール海老のリングイネ€27など、ボリュームの割に価格は手ごろ。ローマの伝統料理も味わえる、気さくな一軒。

DATA
🚇Ⓜ A線SPAGNAから徒歩1分
📍Via Mario de' Fiori 34
📞(06)6795091 🕐12時〜23時
🈺なし

ナヴォーナ広場周辺 MAP 別冊P10A1

ロショーリ
Roscioli
ローマーのカルボナーラ

世界中から集めた厳選素材を使用した料理を提供する食材店併設のトラットリア。イタリアのグルメ誌でローマ第1位の評価を得たラ・カルボナーラ€15は必食！

DATA
🚇ナヴォーナ広場から徒歩10分 📍Via dei Giubbonari 21 📞(06)6875287 🕐12時30分〜16時、19〜24時（食材販売は8時30分〜24時）🈺日曜

テルミニ駅周辺 MAP 別冊P12B3

アメデオ
Amedeo
季節のシーフードがおいしい

ローマ料理を中心にイタリア各地の料理にアレンジを加えたメニューが楽しめる。毎日届く新鮮な魚介料理がおすすめ。グラスワイン€6.50〜は赤・白ともに5〜6種類を用意。

DATA
🚇Ⓜ A・B線TERMINIから徒歩3分 📍Via Principe Amedeo 16/18 📞(06)4817632 🕐12〜23時 🈺なし

テスタッチョ MAP 別冊P4B4

フェリーチェ・ア・テスタッチョ
Felice a Testaccio
下町の老舗トラットリア

創業者のフェリーチェさんの伝統レシピが受け継がれる老舗。チーズと黒コショウのみで作られる郷土パスタ、トンナレッリ・カーショ・エ・ペペ€14がおすすめ。要予約。

DATA
🚇Ⓜ B線PIRAMIDEから徒歩7分
📍Via Mastro Giorgio 29
📞(06)5746800 🕐12時30分〜15時30分、19時〜23時30分 🈺8月14〜16日

サン・ロレンツォ地区 MAP 別冊P5D2

トラム・トラム
Tram Tram
気取らない雰囲気と味のよさで一躍有名店に

料理が上手な母ロザンナさんと2人の娘でゼロからスタートした店。得意とするのは出身地であるイタリア南部、プーリア地方の郷土料理。カジキを巻いて煮たインポルティーニ・ディ・ペッシェスパーダ€20〜や、アンチョビとエンダイブを重ねたトルティーノ€16など、魚料理が充実している。ワインやグラッパも種類豊富。店名どおり、店の目の前をトラムが走っている。

↑カジキのロール
→店の目の前をトラムが走る

DATA
🚇Ⓜ A・B線TERMINIから車で10分 📍Via dei Reti 44-46 📞(06)490416 🕐12時30分〜15時、19時30分〜23時 🈺月曜、7・8月の日曜ランチ、8月中旬の2週間

🎵 すべてコースどおりに注文する必要はない。前菜→セコンド→カフェ、前菜→プリモ→ドルチェ→カフェなど、食べたいものを食べられるだけ注文すればよい。また、料理によっては順番を入れ替えて出してもらうことも可能だが、高級店では嫌がられることもあるので、注文時に相談を。

テルミニ駅周辺 MAP 別冊P12B1

トリマーニ・イル・ワインバー
Trimani il Wine Bar

グラスワインを気軽に

カウンターのほか、テーブル席も用意。月ごとに替わるグラスワイン€5〜のリストがあり、イタリア各地のワインを気軽に試せる。

DATA
交M B線CASTRO PRETORIOから徒歩5分 住Via Cernaia 37B
☎(06)4469630 時12〜15時、18〜23時 休日曜、6〜9月の土曜の昼、8月の2週間

トラステヴェレ MAP 別冊P10B2

ラ・ジェンソラ
Osteria La Gensola

15世紀の旅籠の名を受け継ぐ

かつてトラストヴェレ周辺にあった旅籠の1軒の名をそのまま引き継ぎ、同じ場所で営業している歴史あるシーフード料理店。

DATA

交サンタ・マリア・イン・トラステヴェレ教会から徒歩15分 住Piazza della Gensola 15 ☎(06)5816312
時12時45分〜14時30分、20〜23時 休なし

ヴァチカン市国周辺 MAP 別冊P7C1

リゾラ・デッラ・ピッツァ
L'isola della Pizza

ピッツァと炭火焼が自慢

ヴァチカン周辺で評判の高いピッツェリア＆トラットリア。庶民的な雰囲気で、夜は地元客で賑わう。窯焼きピッツァは40種類以上。

DATA
交M A線OTTAVIANO-S.PIETROから徒歩2分 住Via degli Scipioni 41/51 ☎(06)39733483
時12時30分〜15時、19時30分〜24時 休水曜、8月

トラステヴェレ MAP 別冊P10A2

エノテカ・フェッラーラ
Enoteca Ferrara

料理とサービスに定評あり

トリルッサ広場の一角に立つ食事処。パスタやピザなどのカジュアルメニューが選べる。深夜遅くまで営業しており、ゆっくりワインも楽しめる。

DATA

交サンタ・マリア・イン・トラステヴェレ教会から徒歩5分 住Piazza Trilussa 41 ☎(06)58333920 時19〜23時(エノテカは18時〜翌2時) 休なし

ナヴォーナ広場周辺 MAP 別冊P14B4

オビカ・モッツァレラ・バール
Obicà Mozzarella Bar

イタリア各地の厳選素材を

DOP（原産地保護名称）の認可を受けたカンパニア州の水牛モッツァレラのみを使用する店。メニューは工房から直送される最高級のモッツァレラや生ハムなど。

DATA
交ナヴォーナ広場から徒歩9分 住Piazza di Firenze 1 ☎(06)6832630
時10時〜23時30分（土・日曜は11〜24時） 休なし

テスタッチョ MAP 別冊P4B4

ピッツェリア・レーモ
Pizzeria Remo

豪快なローマ風ピッツァ

ピッツァ職人たちの活気が充満する人気店。ローマ風の薄い生地ながら手ごねで適度に空気を含ませ、ふっくら感を出している。イチ押しはピッツァ・レーモ€8.50。

DATA
交M B線PIRAMIDEから徒歩18分 住Piazza Santa Maria Liberatrice 44 ☎(06)5746270 時19〜24時 休日曜

サンタンジェロ城周辺 MAP 別冊P7D1

アルカンジェロ
Ristorante L'Arcangelo

肉料理中心のリストランテ

狩猟肉や内臓を使った力強いイタリア料理は、伝統的なレシピにオリジナルの工夫をプラスした味わい。ローマ伝統料理のコースディナー€60、ランチ€30。

DATA

交M A線LEPANTOから徒歩10分 住Via Giuseppe Gioacchino Belli 59-61 ☎(06)3210992 時19時30分〜22時45分 休日曜

クイリナーレの丘周辺 MAP 別冊P15D4

ナナー
Nana

本格的なナポリ料理を堪能

トレヴィの泉近くにあるナポリ料理店。毎日仕入れる新鮮な魚介類と伝統のラグー（煮込み）料理が評判。バラエティ豊富な南イタリアのワインが並んでいる。

DATA

交M A線BARBERINIから徒歩8分 住Via della Panetteria 37 ☎(06)69190750 時12時30分〜15時、19〜23時 休月曜

ポポロ広場周辺 MAP 別冊P13C4

ピッツァ・レ
Pizza Rè

フワフワのナポリ風を賞味

ピッツァ€8〜は約40種類。ふっくらとした生地にとろけそうな具が特徴だ。人気はトマトと水牛のモッツァレラのピッツァ・レ。

DATA
交M A線FLAMINIOから徒歩8分 住Via di Ripetta 14 ☎(06)3211468 時12時〜23時30分（金・土曜は〜24時、日曜は19時〜） 休8月中旬の昼

日本料理
&各国料理

店舗数は多くないが、テルミニ駅を中心に、アジア系のレストランが点在している。地元の人々からも人気を集めているが、ローマ料理を出すトラットリアなどと比べると料金は高め。

コンドッティ通り周辺　MAP 別冊P15D3

濱清
Hamasei

イタリア食材を使った和食

浅草にある「濱清」のローマ支店。イタリア産の新鮮な食材を使用し、地元客にも絶大な人気を誇る。セットメニューも豊富。

DATA
🚇A線BARBERINIから徒歩8分
🏠Via della Mercede 35
📞(06)6792134　⏰12時～14時30分、19時15分～22時45分
🛌月曜、8月の2週間

ヴェネツィア広場周辺　MAP 別冊P9D4

支倉
Hasekura

すしから丼物まで何でも

地元のグルメ本にも紹介記事が載る評判の日本料理店。人気はすしや刺身などの鮮魚。予約がベター。

DATA
🚇B線CAVOURから徒歩5分
🏠Via dei Serpenti 27　📞(06)483648
⏰13時～14時30分、19時45分～23時　🛌月曜の昼、日曜、8月の3週間、クリスマスとイースターの期間の各3日間ほど

テルミニ駅周辺　MAP 別冊P12B3

アリラン
Arirang

テルミニ駅近くの韓国料理店

カルビ€17、ビビンバ€15はもちろん、クッパ、チヂミ、冷麺などの定番韓国料理のほか、すき焼や餃子などのメニューも揃っている。日本語メニューがあるのは安心。

DATA
🚇A・B線TERMINIから徒歩3分
🏠Via Massimo D'Azeglio 3F
📞(06)4740020　⏰12～15時、18～22時　🛌日曜

サンタンジェロ城周辺　MAP 別冊P8A1

滝
Taki

日本の味が恋しくなったら

ワインに合う和食をテーマにする、地元イタリア人に人気の日本料理店。黒を基調としたモダンな内装が、落ち着いた大人の雰囲気を醸し出す。上質なにぎり寿司、天ぷらなどの和食のほか、和洋折衷メニューが揃い、リコッタチーズなど斬新な食材をアレンジしたオリジナルメニューが食卓を華やかに彩る。おすすめは、すし刺身デラックス€70ほか。サンタンジェロ城にほど近いロケーションで、カフェも隣接している。

↑極上の寿司をワインとともに

DATA
🚇A線LEPANTOから徒歩10分
🏠Via Marianna Dionigi 56/60
📞(06)3201750　⏰12時30分～15時、19時30分～23時　🛌月曜

モンティ地区　MAP 別冊P11D1

シタール
SITAR

辛さが選べるインド料理店

フォロ・ロマーノからほど近いモンティ地区にあるこぢんまりとした店。伝統的インド料理のほか、ベジタリアン、インド風ケバブなど、メニューも豊富でお手ごろ。

DATA
🚇B線CAVOURから徒歩1分
🏠Via Cavour 256/a　📞(06)89026710
⏰12～14時30分（LO14時）、19～23時（LO22時30分）　🛌月曜

テルミニ駅周辺　MAP 別冊P12A3

望郷楼
Wang Xiang Lou

家庭的ムードの中華料理など

テルミニ駅のほど近くにある、アットホームな雰囲気で気軽に立ち寄れる一軒。キムチや焼き肉のタレなどはすべて自家製のものを使用。日本人観光客からは、酢豚€6、エビチリ€8.50、麻婆豆腐€5などが人気だという。また、中華料理のほか南米料理も提供している。長期間の滞在で、イタリア料理以外の味が恋しくなったときに利用したい。

↑アジア料理は長期滞在時におすすめ

DATA
🚇A・B線TERMINIから徒歩3分
🏠Via del Viminale 5/A
📞(06)4821487/(348)6420258
⏰11～23時　🛌火曜

レストランではワインと水を注文するのが一般的だが、アルコールがダメな人は無理して頼む必要はない。ビールを飲む場合は食前に一杯というのが普通だ。イタリア料理の食中酒としてはワインがベスト。

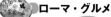
ローマ・グルメ

カフェ＆バール＆ジェラテリア

カフェやバールは市内に点在。カフェでありながら、おいしい料理を自慢とする店も多い。ジェラテリアは観光地を中心にこだわりのフレーバーを置く店も多い。

特集もCheck♪

クイリナーレの丘周辺　MAP 別冊P15D4

サン・クリスピーノ
San Crispino

オーガニック素材のジェラート

ローマに数店舗を構える老舗ジェラテリア。季節ごとの新鮮なフルーツや食材を使用したジェラートには、食感が楽しいメレンゲ入りなども。人気はカフェ、ピスタッキオ、クレーマなど。サイズは5種あり€2.70～。

DATA
交MA線BARBERINIから徒歩5分
住Via della Panetteria 42
☎(06)6958915　時11時～翌0時30分
（金・土曜は～翌1時30分）　休なし

ナヴォーナ広場　MAP 別冊P16A1

カフェ・ベルニーニ
Caffè Bernini

ナヴォーナ広場のカフェ

ローマ風料理がメニューの中心で、デザートも評判のカフェ。チーズケーキや、ティラミスなどのドルチェ€7.50～。散策途中のひと休みにはもちろん、ランチやディナーにもおすすめ。

DATA
交ナヴォーナ広場から徒歩すぐ
住Piazza Navona 44　☎(06)68192998
時11時30分～23時30分　休なし

コンドッティ通り　MAP 別冊P14B3

ヴィッティ
Vitti

自家製ジェラートの名店

1898年創業の老舗ジェラテリアがオープンしたカフェ。ジェラートをはじめドルチェはすべて自家製で、カンノーロ€6やザッハートルテ€8が人気。ジェラート3種盛りは€8～。

DATA
交MA線SPAGNAから徒歩10分
住Piazza S. Lorenzo in Lucina 33
☎(06)6876304　時6～24時　休なし

カンポ・デ・フィオーリ周辺　MAP 別冊P16B4

コローナ
Corona

野菜フレーバーも人気

合成着色料を使わず、自然の素材にこだわるジェラテリア。セロリのジェラートや、木イチゴとジンジャーのジェラートなど、季節ごとのメニューも取り揃える。

DATA
交カンポ・デ・フィオーリ広場から徒歩5分　住Largo Arenula 27
☎(06)68080054　時12～23時（夏季は遅くまで営業）　休なし

ポポロ広場周辺　MAP 別冊P13C3

バベッテ
Babette

マルグッタ・アーケード内にある

フレンチトーストやパンなどの手軽な朝食から豪華なディナーまで楽しめる店。洗練されたイタリアンキュイジーヌのひと皿もある。

DATA
交MA線FLAMINIOから徒歩3分
住Via Margutta 1D　☎(06)3211559
時バール9～12時、16～20時。レストラン12～15時、19～23時
休月曜、8月の3週間

スペイン広場周辺　MAP 別冊P15C1

ポンピ・ストア
Pompi Store

ティラミスなら断然ココ！

ティラミスで知られる有名カフェ「ポンピ」が出店したドルチェの店。評判のティラミス€5は6種類取り揃える。テイクアウトで楽しもう。

DATA
交MA線SPAGNAから徒歩2分
住Via della Croce 88
☎(06)24304431
時10～22時
休なし

ナヴォーナ広場周辺　MAP 別冊P16B2

サンテウスタキオ・イル・カフェ
Sant'Eustachio il Caffè

ローマらしさ漂うカフェ

1938年創業の観光客からVIPまで、狭い店内が賑わうバール。コーヒー豆をブラックチョコでコートしたお菓子や、コーヒーリキュールなど、コーヒー商品も販売。

DATA
交ナヴォーナ広場から徒歩2分
住Piazza S. Eustachio 82
☎(06)68802048　時7時30分～翌1時（金・土曜は～翌2時）　休なし

日本語スタッフ　日本語メニュー　英語スタッフ　英語メニュー　ドレスコード　要予約

時間がなくてもしっかりおいしい！

クイックランチ

ローマの人気の観光スポット周辺で、素早くリーズナブルに、そしておいしい食事にありつくのは意外と難しい。そこで、忙しい旅行者でも安心して楽しめる、「早・安・旨」の三拍子揃ったおすすめ店をご紹介。

スペイン広場から徒歩3分

ジンジャー　Ginger　MAP 別冊P15C2

新鮮食材を用いたパニーノ

コンドッティ通りを中心とするブランド街の一角にある店。種類豊富なパニーノとフレッシュジュースが自慢で、明るい店内には食材となるハムや野菜がずらりと並んでいる。テイクアウトの場合はレジで先払いして、レシートを持ってカウンターへ。

➡石畳の通りに面したテラス席もある

Total €16〜

DATA

交M A線SPAGNAから徒歩5分　住Via Borgognona 43-44　電(06)96036390　時10〜24時　休なし
パニーノ以外にも食事メニューがあり、パスタ€12〜、セコンド€16〜

生ハム、イチジク、ルッコラを挟んだルンガレッタLungarettaなど約20種あるパニーノは€8〜（テイクアウト€6.80〜）。パッションフルーツ、イチゴ、リンゴのスムージー、アレッシオAlessio€7.50（€5）とともに

ナヴォーナ広場から徒歩5分

ダル・フィレッターロ・ア・サンタ・バルバラ　MAP 別冊P10A1
Dar Filettaro a Santa Barbara

食堂風のタラフライ専門店

1916年ごろに創業したというタラのフライ専門店。メニューはタラのフライのみで、そのほかは前菜とサイドメニューにサラダが数種用意されている。テイクアウトもOK。ビール€2.50〜、ワイン€5〜。

Total €16〜

サクサク食感のタラのフライ、フィレット・ディ・バッカラ6はボリューム満点。アンチョビペーストとニンニクがのったサラダ€5やワイン€5〜も一緒に。

⬇夜は店の前のテラス席が賑わう

DATA

交ナヴォーナ広場から徒歩5分　住Lagro dei Librari 88　電(06)6864018　時17時30分〜23時　休日曜

真実の口から徒歩3分

サンテオ
Santeo　MAP 別冊P11C3

スモールサイズのフード＆スイーツ

小ぶりサイズのかわいらしいスイーツで人気の店。ベーグルサンドやパニーノ、ミニサイズのサラダも数多くあり、指さしでオーダーしてから支払いなので待ち時間も少ない。椅子はないがイートイン用のカウンターがあり店内で食べられる。

➡地元の人にならって気軽に利用したい

Total €10

DATA

交M B線COLOSSEOから徒歩15分　住Via di San Teodoro 88　電(06)69920945　時7〜19時　休なし

⬅おしゃれで清潔な店内。トイレもあるので安心

パニーノ€5、イチゴとオレンジのフルーツジュース€3。食後はプチケーキ€1.20を

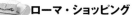

ブランドショップ

ローマのブランド店は、スペイン広場から延びるコンドッティ通り周辺に集中している。

特集もCheck♪
ブルガリ…………… P44

コンドッティ通り周辺　MAP 別冊P14B2

フェンディ
Fendi

高級毛皮店の代名詞
世界最大のローマ本店

「ダブルF」のモノグラムで知られる、1925年創業のファッションブランド。エドアルドとアデーレのフェンディ夫妻が毛皮とバッグを扱う店舗をローマのプレビシート通りに開いたのが始まり。確かな職人技に裏打ちされた商品は、当時、ハリウッドの女優たちにキツネの襟巻きが流行したこととあいまって、絶大な支持を受ける。1、2階がショップ、残りがプライベートホテルとオフィス。

→外壁にはめこまれたショーウインドー
→創業80周年を記念して、2005年にオープンした新本店

DATA
交Ⓜ A線SPAGNAから徒歩10分　住Palazzo Fendi Largo Goldoni.420　☎(06)33450896
時10時～19時30分(日曜は10時30分～)　休なし

コンドッティ通り周辺　MAP 別冊P15D2
グッチ
Gucci
レディス、メンズのフルアイテムが充実。Via Borgognona 7Dの店はファッション小物が揃う。　交Ⓜ A線SPAGNAから徒歩5分　住Via Condotti 8　☎(06)6790405　時10時～19時30分(日曜は～19時)　休なし

コンドッティ通り周辺　MAP 別冊P15D2
プラダ
Prada
シンプルに徹したデザインが人気のブランド。バッグ以外では、レディスウエアが充実。　交Ⓜ A線SPAGNAから徒歩5分　住Via Condotti 92/95　☎(06)6790897　時10時～19時30分(日曜は～19時)　休なし

コンドッティ通り周辺　MAP 別冊P15C2
サルヴァトーレ・フェラガモ
Salvatore Ferragamo
レディスの靴とウエアを扱い、同じ通りの66番地がメンズ専門店。　交Ⓜ A線SPAGNAから徒歩6分　住Via Condotti 73/74　☎(06)6791565　時10時～19時30分　休なし

コンドッティ通り周辺　MAP 別冊P15C2
ジョルジオ・アルマーニ
Giorgio Armani
1階はアクセサリーと小物。2階がメンズで、3階がレディス。ローマ唯一の店舗。　交Ⓜ A線SPAGNAから徒歩6分　住Via Condotti 77　☎(06)6991460　時10時～19時30分(日曜は～19時)　休なし

コンドッティ通り周辺　MAP 別冊P15D2
クリスチャン・ディオール
Christian Dior
レディスのウエア、バッグ、靴、ベルト、アクセサリーまで最新のコレクションが揃う。　交Ⓜ A線SPAGNAから徒歩5分　住Via Condotti 1-4　☎(06)69924489　時10時～19時　休なし

コンドッティ通り周辺　MAP 別冊P15C2
マックスマーラ
Max Mara
気品漂うドレス、オフィス仕様のシャープなデザインともに豊富。靴やバッグなども充実。　交Ⓜ A線SPAGNAから徒歩6分　住Via Condotti 17-19　☎(06)69922104　時10時30分～19時30分　休なし

コンドッティ通り周辺　MAP 別冊P15D1
ジャンニ・ヴェルサーチ
Gianni Versace
シンプルなデザインのなかに、独創的な発想を感じさせるレディスウエアを中心に扱う。　交Ⓜ A線SPAGNAから徒歩2分　住Piazza di Spagna 12　☎(06)6780521　時10～19時(日曜は10時30分～)　休なし

コンドッティ通り周辺　MAP 別冊P15C1
エトロ
Etro
スカーフ、ウエア、小物類が奥行きのある店内に豊富に揃う。ローマ唯一の店舗。　交Ⓜ A線SPAGNAから徒歩6分　住Via del Babuino 102　☎(06)6788257　時10～19時　休なし

コンドッティ通り周辺　MAP 別冊P15C2
ミッソーニ
Missoni
美しい色使いのニットウエアが充実。レディス、メンズとも豊富。　交Ⓜ A線SPAGNAから徒歩4分　住Via Borgognona 5B-6-6A　☎(06)6792555　時10時30分～19時30分　休なし

スペイン広場周辺　MAP 別冊P15D2
ヴァレンティノ
Valentino
女性らしさを追求した、気品あふれるデザインのバッグや財布が並ぶ。　交Ⓜ A線SPAGNA駅から徒歩1分　住Piazza di SPAGNA 35/38　☎(06)94515710　時10時～19時30分(日曜は～19時)　休なし

コンドッティ通り周辺　MAP 別冊P15C2
ドルチェ&ガッバーナ
Dolce&Gabbana
ワンフロアにメンズ、レディス、キッズまで揃う。カラフルな色使いのウエアが魅力。　交Ⓜ A線SPAGNAから徒歩5分　住Via Condotti 51　☎(06)69924999　時10時30分～19時30分　休なし

コンドッティ通り周辺　MAP 別冊P15C2
マックス&コー
Max & Co.
マックスマーラのヤングライン。落ち着いた雰囲気を基本に、流行色の強いデザインも。　交Ⓜ A線SPAGNAから徒歩9分　住Via Condotti 46　☎(06)6787946　時10時30分～20時　休なし

　🔵日本語スタッフ　🟢英語スタッフ

ファッション&
ファッション小物

おしゃれに敏感な若者に人気なのがゴヴェルノ・ヴェッキオ通り(→P48)や地下鉄カヴール駅の西側に位置するモンティ地区(MAP別冊P9D4)。

特集もCheck♪

アルレッテ	P48
SBU	P49
ジェンテ	P43
スペルガ31	P19
ボルサリーノ	P19
モルガーナ	P49

デ・フィオーリ広場周辺 MAP 別冊P10A1

ベック
Be C
シックなアイテムが中心

上質な雰囲気が人気の大人のセレクトショップ。店内は白を基調とした落ち着いた空間でゆっくり買い物ができる。20〜40代の幅広い年代の女性に支持されているブランドアイテムが並び、やさしい色合いの夏物ワンピース€79〜などが揃う。

DATA
🚇カンポ・デ・フィオーリ広場から徒歩5分 🏠Piazza B. Cairoli 11 📞(06)68806035 🕐10時〜19時30分(土曜は〜20時、日曜は10時30分〜19時30分) 休なし

ポポロ広場周辺 MAP 別冊P13C3

ボルサリーノ
Borsalino
伝統が息づいたエレガントな帽子が魅力

1857年創業の老舗帽子店。アラン・ドロン、ジョニー・デップ、政治家の麻生太郎氏など著名人のファンも多い。メンズはパナマ帽、ベレー帽、キャップなどバラエティ豊かに揃い、値段は€200〜1000程度。小さくたたんでポケットに入れても元の形にきれいに戻る、便利なタイプの帽子もある。レディスは夏場は麦わら帽、冬場はフェルト地の帽子を中心に揃える。男女ともフェルト地のみオーダーメイド可能。

↑定番商品のパナマ帽€950〜
←世界中に多くのファンをもつ

DATA
🚇Ⓜ️A線FLAMINIOから徒歩5分 🏠Piazza del Popolo 20 📞(06)3233353 🕐10時〜19時30分(日曜は11〜19時) 休なし

スペイン広場周辺 MAP 別冊P15C1

ニア
Nia
欧州ブランド+オリジナルデザインも

界隈に2店舗を展開する人気セレクトショップ。エレガントな品揃えの本店の向かいに、若者向けラインを扱う店舗があり、異なるコンセプトを楽しめる。

DATA
🚇Ⓜ️A線SPAGNAから徒歩5分 🏠Via Vittoria 48 📞(06)3227421 🕐10時30分〜19時(月曜は15時〜、土曜は10〜14時、日曜は11〜18時) 休8月中旬の数日

ナヴォーナ広場周辺 MAP 別冊P10A1

104パンデモニウム
104 Pandemonium
注目のイタリアブランドが集合

地元の若者に人気のセレクトショップ。ドンダップやゴールデングースなど近年注目されているイタリアブランドが揃う。1階はレディス、2階はメンズと靴が並ぶ。

DATA
🚇ナヴォーナ広場から徒歩10分 🏠Via del Giubbonari 104 📞(06)6868061 🕐10時〜19時30分 休8月の日曜

テルミニ駅周辺 MAP 別冊P12A2

オッティカ・ヴァザーリ
Ottica Vasari
定番から個性派まで多彩なメガネ

1860年に写真店として創業し、現在はメガネ店に。サングラスも幅広い品揃えで、グッチなどスタイリッシュなデザインのブランドや遊び心あふれたフレームが揃う。

DATA
🚇Ⓜ️A線REPUBBLICAから徒歩1分 🏠Piazza della Repubblica 61 📞(06)4882240 🕐10時〜19時30分(月曜は15時〜) 休日曜

パンテオン周辺 MAP 別冊P17C3

フェデリコ・ポリドーリ
Federico Polidori
上質な革バッグの数々

革職人になって45年というローマ出身のフェデリコ氏がひとつひとつ手作りしたバッグや小物を扱う店。ほとんどの商品にトスカーナ州でなめし加工を施した牛革を使用している。

DATA
🚇パンテオンから徒歩5分 🏠Via Piè di Marmo 7/8 📞(06)6797191 🕐9〜13時、14時30分〜19時(月曜は14時30分〜のみ) 休日曜(12月は営業)

高級ブランド店や専門店の場合、店に入ったら挨拶をしよう。また、商品を手に取って見たい場合は、必ずスタッフに申し出ること。商品に勝手にさわるのはNGだ。

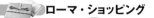**ローマ・ショッピング**

靴&アクセサリー&コスメ

靴やアクセサリーは個性的なデザインが多い。

特集もCheck♪
イル・ビゾンテ …… P45
セルモネータ・
　グローブス …… P19,44

ヴェネツィア広場周辺　MAP 別冊P9D4

ファビオ・ピッチョーニ
Fabio Piccioni

宝箱のようなアクセサリー店

小さな路地に佇むアクセサリーショップ。6畳ほどの小さな店内に、1900年代を中心にしたアンティークのアクセサリーが所狭しと並ぶ。

DATA
交MB線CAVOURから徒歩5分
住Via del Boschetto 148
☎(06)4741697
時10時30分～13時、14～20時
休日・月曜の午前、夏期の土曜

コンドッティ通り　MAP 別冊P14B3

ミケーレディロコ
Michelediloco

若者向き個性派靴が勢揃い

地元職人の手作り靴から個性派ブランドをセレクト。アヴァンギャルドな靴は流行に敏感な若者たちに人気。€100くらいから揃う。

DATA
交MA線SPAGNAから徒歩7分
住Via del Leone 7　☎(06)45479103
時10時30分～19時30分（月曜は15時30分～、日曜は11時～）
休夏期の日曜、8月の3週間

コロッセオ周辺　MAP 別冊P9D3

ペルレイ
Perlei

現代アートのような個性派アクセサリーが勢揃い

シルバーを中心にエトナ山の溶岩やシルクなど、異なる素材を組み合わせてアレンジした、オリジナリティあふれる手作りアクセサリーが揃う。ピアス€50前後～、ネックレス€100前後～。

DATA
交MB線CAVOURから徒歩10分
住Via del Boschetto 35
☎(06)48913862
時10～20時（日曜は11～19時）
休なし

↑カラーリングが印象的なピアス€89

↑イエローゴールドのピアス€219。シルバーもある

➡遊び心あふれるカラフルなアクセサリーがずらりと並ぶ

スペイン広場周辺　MAP 別冊P15C3

バッレレッテ
Ballerette

女性の足元を彩るシューズ

ステファニアさんとカルロッタさんでデザインを手がけるローマ発シューズブランド。バレエシューズがモチーフのスタンダードモデル€85～のほか、布製シューズも揃う。

DATA
交MA線SPAGNAから徒歩8分
住Via del Gambero 22
☎(06)69310372　時10～20時　休なし

トラステヴェレ　MAP 別冊P10A2

ローマ・ストア
Roma Store

洗練された香水専門店

世界の香水と自然派化粧品をセレクトしたショップ。香水はメンズ、レディス合わせて100種類以上もの品揃え。イタリアで人気の商品は男女兼用のオーデコロンなど。

DATA
交サンタ・マリア・イン・トラステヴェレ教会から徒歩4分　住Via della Lungaretta 63　☎(06)5818789　時10時～13時30分、15時30分～19時30分　休日曜

スペイン広場周辺　MAP 別冊P15D2

スペルガ31
Superga31

履き心地抜群のスニーカー

1911年にイタリア北部のトリノで創業して以来、100年以上の歴史を刻んできたシューズブランド。ラバーソールのスニーカーが定番アイテムとして知られ、カラーや素材も種類豊富に揃う。期間限定のコラボアイテムは気に入ったら即買いを。

↑お店では限定モデルも要チェック

➡カラーバリエーションも豊富

DATA
交MA線SPAGNAから徒歩5分
住Via della Vite 86/87
☎(06)6787654　時10時30分～19時30分（日曜は11時30分～）　休なし

雑貨&キッチン用品

スタイリッシュなデザインから伝統の技が息づく逸品まで、バラエティ豊かなアイテムが揃う。自分の好みやみやげを贈る相手によって店選びをするとよいだろう。

特集もCheck♪

`コルソ通り周辺` MAP 別冊P14B3

カンポ・マルツィオ
Campo Marzio

ローマ発の老舗文具ブランド
品質の良さとデザイン性に注目

1933年創業のデザイン文具メーカーの本店。もともと万年筆メーカーとしてスタートしたが、現在は手帳やカバンなどの革製品や文房具全般を扱っている。上質なスエードを用いた手帳は、長く愛用したくなる一品。

DATA
🚇Ⓜ線SPAGNAから徒歩12分
🏠Via Campo Marzio 41
📞(06)68807877
🕙10時〜19時30分 🈶なし

⬆カラフルなデザインが目を引くボールペン各€22

⬆ビビッドなカラーの文房具が並ぶ店内

`スペイン広場周辺` MAP 別冊P15C4

ビアレッティ
Bialetti

老舗のモカメーカーをゲット

アルフォンソ・ビアレッティが創業した、モカメーカーのトップブランド。機能性とデザイン性を合わせ持つモカエキスプレスが種類豊富に揃う。

DATA
🚇Ⓜ線SPAGNAから徒歩10分
🏠Largo Chigi 4
📞(06)89276836
🕙10〜20時 🈶なし

`スペイン広場周辺` MAP 別冊P15C1

クチーナ
Cucina

スタイリッシュなキッチン用品

アレッシなどイタリアのブランドを中心に、世界各国のキッチング ッズを扱う。随時新商品が入荷されるので、商品のラインアップは時期により異なる。

DATA
🚇Ⓜ線SPAGNAから徒歩5分
🏠Via Mario de'Fiori 65
📞(06)88797774 🕙10時30分〜19時30分（日・月曜は11時30分〜）🈶なし

`コルソ通り周辺` MAP 別冊P6A2

キッチン
Kitchen

手ごろなキッチン雑貨

1945年創業の人気のキッチン雑貨店。店内にはカラフルでポップなデザインの雑貨がぎっしりと並ぶ。特に、ルクエやシリコマートなど、日本でもおなじみのシリコン型調理器具が大小充実。食品をかたどったマグネットなどはみやげにも◎。

DATA
🚇Ⓜ線CIPRO駅から徒歩7分
🏠Viale degli Ammiragli 10
📞(06)3974059706/(06)39740950
🕙10時〜13時30分、15時〜19時30分
🈶日曜、8月の2週間

`ナヴォーナ広場周辺` MAP 別冊P16A2

ムラーノ・ピュウ
Murano Piu'

本場の名品を取り揃える

ナヴォーナ広場近くにあるヴェネツィアン・グラスの専門店。伝統的なグラスからお手頃価格のネックレスまで、自分用にもおみやげ選びにもぴったりな品揃え。

DATA
🚇ナヴォーナ広場から徒歩1分
🏠Corso del Rinascimento43/45
📞(06)68808038 🕙10〜20時
🈶なし

`コンドッティ通り周辺` MAP 別冊P15C3

スティルヴェトロ
Stilvetro

ユニークでかわいい器を

アレッシィやジノリなど一流メーカーのテーブルウエアを扱っているが、普段使いできる商品が豊富でうれしい。ユニークなデザインの陶器も多く、一見の価値大だ。

DATA
🚇Ⓜ線SPAGNAから徒歩10分
🏠Via Frattina 5 📞(06)6790258
🕙10時30分〜19時30分（月曜は15時〜）🈶なし

 イタリアではブランド店やデパートはもちろんのこと、個人経営の専門店でも値切り交渉はあまり一般的ではない。たくさん購入した際に少しまけてもらったり、おまけをもらったりすることはできるかもしれない。

ローマ・ショッピング

その他

帰国前のみやげ探しに役立つのが食材店やワインショップなどの専門店。イタリアならではの商品が見つかるので、のぞいてみよう。

特集もCheck♪

アルトロ・クアンド … `P29`
イータリー …… `P15`
カストローニ ……… `P15`
ブルスキーニ・タンカ・
　アニティキタ …… `P47`
ロレンツァーレ・
　アンティキタ …… `P47`

テルミニ駅周辺 MAP 別冊P12A2

エセドラ・カルチョ・イタリア
Esedra Calcio Italia

公式サッカーグッズが
多彩に揃う人気のスポーツ店

セリエAのチームや、各国ナショナルチームのオフィシャルグッズを揃えているスポーツ店。選手の名前が入ったゲームシャツ€70〜はもちろん、マフラー€18〜など、バラエティ豊かな応援アイテムも並んでいる。なかでも地元ASローマとラツィオの応援グッズは人気の商品。サッカーグッズのほかに、フェラーリグッズも扱う。

DATA
🚇MA線REPUBBLICAから徒歩すぐ
🏠Via Nazionale 251b　📞(06)483463
🕐10時15分〜19時15分（土曜は11〜14時、15時45分〜19時15分）　🈳日曜

ピラミデ MAP 別冊P4B4

イータリー
Eataly

イタリアの特選食材が
一堂に

イタリア産の優れた食材のみを集めた食のデパート。広い店内にはワインやパスタ、お菓子などがジャンルごとにまとめられ、生産者の紹介展示もある。食事処もあり、ランチスポットとしても楽しめる。

⬆️イタリアの食材みやげを探すならまずはここへ

➡️観光の中心エリアから少し離れたところにある

DATA
🚇MB線PIRAMIDEから徒歩10分
🏠Piazzale XII Ottobre 1492
📞(06)90279201　🕐9〜24時
🈳なし

ヴァチカン市国周辺 MAP 別冊P7C1

カストローニ
Castroni

選び抜かれた食材がずらり

イタリア全土から取り寄せた厳選食材が手に入る。オリーブオイルやバルサミコ酢、パスタ、お菓子類など、とにかく品数が多い。食材メーカーとのコラボ商品にも注目。

DATA
🚇MA線LEPANTOから徒歩10分
🏠Via Cola di Rienzo 196
📞(06)6874383　🕐8〜20時（日曜は9時30分〜）　🈳なし

テルミニ駅構内 MAP 別冊P12B3

サポリ・エ・ディントルニ・コナード
Sapori & Dintorni Conad

お買得みやげがいっぱい

イタリア全土に展開する大手スーパーマーケット。お菓子やパスタ、オイル、インスタント食品など、ばらまきみやげにぴったりのリーズナブルな商品が多数揃う。

DATA
🚇MA・B線TERMINI直結
🏠テルミニ駅地下1階
📞(06)87406055　🕐5時30分〜23時30分　🈳なし

テルミニ駅周辺 MAP 別冊P12B1

トリマーニ
Trimani

老舗のワインショップ

テルミニ駅に近いワインの専門店。創業は1821年、世界各国のワインが産地ごとに並ぶ。店の隣には、同じオーナーが経営するしゃれた雰囲気のワインバーがある。

DATA
🚇MA・B線TERMINIから徒歩10分
🏠Via Goito 20
📞(06)4469661
🕐9時〜20時30分　🈳日曜・祝日

パンテオン周辺 MAP 別冊P14B3

エノテカ・アル・パルラメント
Enoteca al Parlamento

厳選ワインならココ

1本€10程度の手ごろな値段のものからヴィンテージものまで、イタリア全土の厳選ワインが揃う。店で販売するワインを味わえるミシュラン星付きレストランも併設。

DATA
🚇パンテオンから徒歩5分
🏠Via dei prefetti 15
📞(06)6873446　🕐10時30分〜24時（月曜は〜20時）　🈳日曜

🇯🇵日本語スタッフ 🇬🇧英語スタッフ

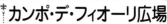

街の素顔に出合える♪
メルカート

新鮮な野菜や果物、ユニークな日用品。ローマで開かれるメルカート（市場）は
元気なイタリア人が迎えてくれる街の素顔に出合える場所。地元の人に混じって、
メルカート探索を楽しもう。

＊カンポ・デ・フィオーリ広場
Piazza Campo de Fiori

ローマっ子の胃袋を支える青空市場 **MAP** 別冊P16A4

庶民的な雰囲気が漂うカンポ・デ・フィオーリ広場では、
日曜を除いて毎日朝から市場が立つ。野菜や果物が中
心だが、加工品やキッチン雑貨、みやげ物などの露店も
並び、地元客や旅行者で大賑わい。パスタやオリーブ
オイルなど、みやげにちょうどいい商品も多いので、店を
まわっていろいろ探してみよう。価格は表示されており、
値段交渉する必要がなく明朗会計なところもうれしい。

DATA
交ナヴォーナ広場から徒歩10分
時7～14時ごろ　休日曜

➡パテを売る露店の横
には試食コーナーもある

こんなおみやげGET!

➡さまざまな種類
のパスタはみやげに
ぴったり

←オリーブオイル
はノーマル、チリ
入り、レモン風味
が並ぶ

←乾燥パンチェ
ッタ（ベーコンの
一種）はパスタ
と和えて

←イタリア柄の缶入
りオリーブオイル

←アンチョビの
パテはパンに
塗ったり、料理
の仕上げに

↑香りのよいトリュフ
入りの乾燥パスタ

➡トラットリアで見か
ける粉チーズを入れ
る陶製の器

➡モカメーカー
とコーヒーはセ
ットで販売

➡ベスパをモチ
ーフにしたイタリ
アンカラーのマグ
カップ

＊ポルタ・ポルテーゼの市 **MAP** 別冊P10A4
Mercato di Porta Portese

掘り出し物が見つかるノミの市

毎週日曜、ポルテーゼ門を起点に、全長1km
以上にわたって露店が並ぶローマ最大のノミ
の市。アンティークや中古品が多いが、洋服
や靴、キッチン雑貨など、ありとあらゆる商品
が揃う。両手いっぱいに荷物を持った人たち
が行き交うため、すれ違うのも大変。スリが多
いので荷物には充分注意を。

DATA→P68

➡買物途中の食べ歩きに
ぴったりのパニーノも

↓さまざまなデザインの靴が並ぶ

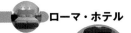

ローマ・ホテル

最高級ホテル

スペイン広場からヴェネト通り周辺に格式ある老舗高級ホテルが集まっている。値段は高いが、最高級の施設とサービスが用意され、すべてが最高のクオリティ。落ち着いたステイを楽しめるのが魅力だ。

スペイン広場周辺 MAP 別冊P15D1

ハスラー
Hotel Hassler
スペイン広場を望む好立地

スペイン階段の上という絶好の立地を誇る高級ホテル。客室のインテリアにはアンティークを配し、優雅な造りが魅力。ホテル内にある地中海料理のレストランも人気。

DATA ....
交 Ⓜ A線SPAGNAから徒歩5分
住 Trinità dei Monti 6
☎ (06)699340 料 ⑤ Ⓣ €852～　87室　★★★★★L

共和国広場周辺 MAP 別冊P12A2

セント・レジス・グランド
St. Regis Grand
クラシックな豪華ホテル

ローマ中心部に位置し、観光や買物にも便利なラグジュアリーホテル。24時間バトラーサービスを導入するなど卓越したホスピタリティと、充実した設備を誇る。

DATA ....
交 Ⓜ A線REPUBBLICAから徒歩3分
住 Via Vittorio E. Orlando 3
☎ (06)47091 料 ⑤ Ⓣ €1430～ 161室
★★★★★L

ヴェネト通り周辺 MAP 別冊P9D1

ウェスティン・エクセルシオール
The Westin Excelsior, Rome
ヴェネト通りのランドマーク

高級ホテルの連なるヴェネト通りでも随一の格式を誇る。1904年の創業以来、世界中の名士たちの定宿となってきた。ピアノバーやレストラン「ドネイ」がある。

DATA ....
交 Ⓜ A線BARBERINIから徒歩8分
住 Via Vittorio Veneto 125
☎ (06)47081 料 ⑤ Ⓣ €1210～ 316室
★★★★★L

共和国広場周辺 MAP 別冊P12A2

アナンタラ・パラッツォ・ナイアディ・ローマ
Anantara Palazzo Naiadi Rome
荘厳な構えの歴史あるホテル

共和国広場に面して立つ歴史あるホテル。クラシックかつモダンな造りで、インテリアも重厚感あふれる。シャンパンバーやテラスレストランなど施設も充実している。

DATA ....
交 Ⓜ A線REPUBBLICAから徒歩1分
住 Piazza della Repubblica 47
☎ (06)489381 料 要確認
★★★★★

ヴェネト通り周辺 MAP 別冊P9D1

レジーナ・ホテル・バリオーニ
Regina Hotel Baglioni
多くの文化人も宿泊

1902年創業のホテルで、かつてマルゲリータ王女が住んでいた建物を改装している。作家ダヌンツィオが1室をサロンに使うなど、文化人に愛されてきたことで有名。

DATA ....
交 Ⓜ A線BARBERINIから徒歩7分
住 Via Vittorio Veneto 72
☎ (06)421111 料 要確認　116室
★★★★★

ヴェネト通り周辺　MAP 別冊P9C1 **エデン** Hotel Eden ★★★★★L	ボルゲーゼ公園そばの小高い丘の上に立つ高級ホテル。ローマの絶景を一望できる。交 Ⓜ A線SPAGNAから徒歩10　住 Via Ludovisi 49　☎ (06)478121 料 ⑤ Ⓣ €1089～　98室	
スペイン広場周辺　MAP 別冊P9D1 **ソフィテル・ローマ・ヴィラ・ボルゲーゼ** Sofitel Roma Villa Borghese	館内はゴージャスで優雅なホテル。トレヴィの泉にも近く観光拠点に便利な立地。交 Ⓜ A線SPAGNA駅から徒歩5分　住 Via Lombardia 47　☎ (06)478021 料 ⑤ Ⓣ €400～　79室	
ヴェネト通り周辺　MAP 別冊P9D2 **ベルニーニ・ブリストル** Hotel Bernini Bristol ★★★★★	アンティーク家具を配したインテリアは高級感漂う。テラス付きスイートも優雅。交 Ⓜ A線BARBERINIから徒歩1分　住 Piazza Berberini 23　☎ (06)488931 料 要確認　167室	
ローマ北西部　MAP 別冊P4A1 **ローマ・カヴァリエリ** Rome Cavalieri ★★★★★L	マリオの丘の緑豊かな公園に立つ。ビューティー＆フィットネスセンターなど施設が充実。交 サン・ピエトロ広場から車で5分　住 Via Alberto Cadlolo 101　☎ (06)35091 料 ⑤ Ⓣ €875～　370室	

高級ホテル

家庭的なサービスをウリにするホテルや歴史ある邸宅を改装したプチホテルなど、このランクにはさまざまなホテルが揃っている。基本的な設備は整っており快適に過ごせる。旅の目的に合わせて立地を選ぼう。

コンドッティ通り周辺　**MAP** 別冊P15C2

ディンギルテッラ
Hotel d'Inghilterra

貴族の館に滞在する気分になれる5つ星ホテル

コンドッティ通りの近くに立つ高級ホテル。160年にもわたる長い歴史を誇っている。正面玄関に一歩足を踏み入れると、すぐに豪華な内装に目を奪われる。客室にはアンティークの調度品が配されており、まるで貴族の館のような趣だ。ゴージャスな気分がたっぷり味わえること間違いなし。壁画が施されたレストランも雰囲気がよく、ムード満点だ。立地も抜群で、スペイン広場までは数百mしかない。

↑落ち着いた雰囲気のエントランス。細部の装飾が美しい
→ロビーも豪華絢爛だ

DATA
交Ⓜ A線SPAGNAから徒歩8分
🏠Via Bocca di Leone 14　📞(06)699811
💰Ⓢ Ⓣ €380〜　88室　★★★★★

サンタンジェロ城周辺　**MAP** 別冊P4B1

ジュリオ・チェーザレ
Hotel Giulio Cesare

落ち着いた住宅街に立つ

地下鉄駅に徒歩3分の住宅街にあるホテル。シックな内装の客室は心安らぐ雰囲気。コンチネンタル式の朝食はバラエティ豊かで、テラス席のあるバーもある。

DATA
交Ⓜ A線LEPANTOから徒歩3分
🏠Via degli Scipioni 287
📞(06)3210751　💰要確認　77室
★★★★

パンテオン周辺　**MAP** 別冊P17C2

アルベルゴ・デル・ソーレ・アル・パンテオン
Albergo del Sole al Pantheon

パンテオン前のプチホテル

1467年創業の歴史あるホテル。白壁にテラコッタをアクセントにした館内はさわやかな印象。スイートのアネックス（別館）には正面にパンテオンを望む部屋もある。

DATA
交ナヴォーナ広場から徒歩8分
🏠Piazza della Rotonda 63
📞(06)6780441　💰Ⓢ €190〜Ⓣ €200
〜　25室　★★★★

共和国広場周辺　**MAP** 別冊P12A2

クイリナーレ
Hotel Quirinale

オペラ座近くの優雅な館

オペラ座への直通通路があり、音楽家の宿泊者も多い。ゴールドをアクセントにしたインテリアは高級感漂う。レストランはワインが豊富で、夏場は中庭席も用意。

DATA
交Ⓜ A線REPUBBLICAから徒歩2分
🏠Via Nazionale 7　📞(06)4707
💰要確認　210室
★★★★

テルミニ駅周辺　**MAP** 別冊P12B3

ベットーヤ・ホテル・メディテラーネオ
Bettoja Hotel Mediterraneo

アールデコ調の優雅な館

客室はエレガントな雰囲気が漂うクラシック調。全室にバスタブやエアコンが付く。最上階のルーフ・ガーデン「ラ・テラッツァ」は、ローマを見渡す絶好の場所。

DATA
交Ⓜ A・B線TERMINIから徒歩2分
🏠Via Cavour 15　📞(06)4884051
💰Ⓢ Ⓣ €160〜　251室
★★★★

ナヴォーナ広場周辺　**MAP** 別冊P16A1

ラファエル
Hotel Raphaël

おしゃれな隠れ家ホテルでお忍びステイ気分

ホテル前の石畳やツタが生い茂るファサードが趣深い。この隠れ家的な雰囲気に魅せられて、ファンになる人も多いとか。各部屋ごとに異なった雰囲気の客室にはアンティークの調度品が配され、とても居心地がよい。各部屋の設備も充実している。レストランとして利用されているテラスからは、ローマ市内を眺めることができる。また、ナヴォーナ広場からすぐ近くにあるため、ローマ市内観光にも便利だ。

↑落ち着いたシックな内装
→建物にはツタが絡まり密やかな雰囲気を醸し出している

DATA
交ナヴォーナ広場から徒歩2分
🏠Largo Febo 2　📞(06)682831　💰Ⓢ €408
〜Ⓣ €460〜　50室　★★★★★L

ローマ市内に宿泊する場合、最長10泊分までの滞在税が徴収される。1つ星1泊につき一人€3から5つ星L1泊につき€7までランクに応じて課税される。10歳未満の子供は免税。

ローマ・ホテル

テルミニ駅周辺 MAP 別冊P12B3

ベットーヤ・ホテル・マッシモ・ダゼリオ
Bettoja Hotel Massimo D'Azeglio

歴史あるホテル空間と
洞窟風のレストランが魅力

創業1875年の歴史あるホテル。テ
ルミニ駅から徒歩3分という好立
地ながら、エントランスに一歩足
を踏み入れると、外の喧噪が嘘の
ような静けさで、落ち着いた滞在
を楽しむことができる。重厚な家
具を配した客室は、シックな色調
で落ち着ける空間。ひととおりの
設備も整い、快適性や利便性も確
保されている。歴史を感じさせる
洞窟風のレストランも雰囲気がよ
く、おすすめ。

↑100年を超え
る歴史を誇る
←イベントなど
に利用される人
気の洞窟風レス
トラン

DATA...................
交MA・B線TERMINIから徒歩3分
住Via Cavour 18 ☎(06)4870270
料⑤①€130〜　185室 ★★★★

アヴェンティーノの丘 MAP 別冊P10B4

サンタンセルモ
Hotel S. Anselmo

別荘のような寛ぎの空間

アヴェンティーノの丘にあるホテ
ル。バスタブ付き（一部シャワー）
の客室など、4つ星にふさわしい
豪華さだ。最
上階の客室か
らは、トラス
テヴェレを一
望。

DATA...................
交MB線CIRCO MASSIMOから徒
歩15分 住Piazza S. Anselmo 2
☎(06)570057 料⑤①€221〜　39
室 ★★★★

ヴェネト通り周辺 MAP 別冊P9D2

バロッコ
Hotel Barocco

優雅な隠れ家ホテル

バルベリーニ広場を見下ろす絶好
の立地。アールデコ調の内装や大
理石のバスルームの客室は優雅な
雰囲気だ。気
品漂う朝食ル
ームでは充実
したメニュー
を用意。

DATA...................
交MA線BARBERINIから徒歩1分
住Via Purificazione 4
☎(06)4872001 料⑤€230〜①€300
〜　37室 ★★★★

スペイン広場周辺 MAP 別冊P9D1

サヴォイ
Hotel Savoy

エレガントで洗練されたホテル

豪壮なロビーが格式を物語る。客
室は機能的で使い勝手がよい、ま
た、屋上に備わるテラスレストラ
ンバーも好評
で、永遠の都・
ローマの街並
みを見晴らせ
る。

DATA...................
交MA線BARBERINIから徒歩7分
住Via Ludovisi 15
☎(06)421551 料⑤€130〜①€170
〜　120室 ★★★★

ポポロ広場周辺 MAP 別冊P13C4

ヴァラディエ
Hotel Valadier

現代的なサービスを約束

大理石にゴールドを配したロビー
が印象的。スタッフは物腰が柔ら
かく洗練された対応だ。設備はレ
ストランほか
ルーフガーデ
ン、ワインバ
ー＆ピッツェ
リアと充実。

DATA...................
交MA線FLAMINIOから徒歩7分
住Via delle Fontanella 15
☎(06)3611998 料⑤€600〜①€
800〜　84室 ★★★★

テルミニ駅周辺 MAP 別冊P12A3 **スターホテル・メトロポール** Starhotel Metropole ★★★★	広々とした客室は使い勝手がよく評判。オペラ座までは徒歩5分。 交MA・B線TERMINIから徒歩5分 住Via Principe Amedeo 3 ☎(06)4774 料要確認 236室
サンタンジェロ城周辺 MAP 別冊P7C2 **アトランテ・スター** Hotel Atlante Star ★★★★	ジャクジー付きのスイートや眺望が抜群のレストランなどが魅力。 交MA線OTTAVIANO-S.PIETROから徒歩10分 住Via Vitelleschi 34 ☎(06)6873233 料⑤€150〜①€190〜　63室
サンタンジェロ城周辺 MAP 別冊P6B3 **スターホテルズ・ミケランジェロ** Starhotels Michelangelo ★★★★	ビジネスユースにも対応した設備が整っている。機能的で過ごしやす い。交サン・ピエトロ広場から徒歩5分 住Via della Stazione di S. Pietro 14 ☎(06)398739 料要確認 179室
ヴァチカン市国周辺 MAP 別冊P4B2 **チチェローネ** Cicerone Hotel ★★★★	ナヴォーナ広場やスペイン広場など主要スポットが徒歩圏内。落ち着 いたレストランやバーも備わる。交MA線LEPANTO駅から徒歩7分 住Via Cicerone 55/C ☎(06)3576 料要確認 175室
テルミニ駅周辺 MAP 別冊P12A3 **ベスト・ウエスタン・プラス・ ホテル・ウニヴェルソ** Best Western Plus Hotel Universo ★★★★	オペラ座近くの大型ホテル。近代的な設備で快適な滞在が期待できる。 交MA・B線TERMINIから徒歩5分 住Via Principe Amedeo 5B ☎(06)476811 料⑤€150〜①€180〜　198室

 日本語スタッフ　英語スタッフ　レストラン　プール　フィットネスジム

その他の おすすめホテル

交通の要衝テルミニ駅近くには大型ホテルから家族経営の小さな宿まで、あらゆるタイプのホテルが揃い、価格も比較的安い。滞在費をなるべくおさえてグルメや買物を満喫したい人にはおすすめ。

ポポロ広場周辺 **MAP** 別冊P14B1

モーツァルト
Hotel Mozart

スペイン広場近くの好立地

細い通りにあり静かな環境。全室にミニバー、テレビ、セーフティボックスにズボンプレッサーまである。2階のサロンには英字新聞や雑誌も用意されている。

DATA
🚇Ⓜ A線SPAGNAから徒歩5分
🏠Via dei Greci 23B
📞(06)36001915 ㊟要確認 56室
★★★★

ヴェネツィア広場周辺 **MAP** 別冊P9C4

ボリヴァル
Hotel Bolivar

最上階の朝食室が快適

ヴェネツィア広場近くの高台にあり、古代ローマの遺跡観光に便利な立地。小ぢんまりとしているが、コネクティング・ルームやトリプル・ルームも用意されている。

DATA
🚇Ⓜ B線CAVOURから徒歩12分
🏠Via della Cordonata 6
📞(06)6791614 ㊟要確認 30室
★★★★

テルミニ駅周辺 **MAP** 別冊P12A4

ベスト・ウエスタン・ラファエロ
Best Western Raffaello

主な見どころと近い便利なロケーションが魅力

19世紀の建物を改装したというホテルは、サンタ・マリア・マッジョーレ協会やコロッセオなどの主な観光名所が徒歩圏内。テルミニ駅までも徒歩7〜8分ほどと、好立地にあるのが魅力だ。エントランスや客室などはクラシックで落ち着いた雰囲気。ブレックファストを客室に備わる開放的なバルコニーでいただく、優雅なひとときも楽しめる。

↑バルコニー付きの客室

→館内には気品感じるクラシックな雰囲気が漂う

DATA
🚇Ⓜ B線CAVOURから徒歩6分
🏠Via Urbana 3/5 📞(06)4884342
㊟Ⓢ€105〜Ⓣ€150〜 41室 ★★★

ナヴォーナ広場周辺 **MAP** 別冊P14A4

ポルトゲージ
Hotel Portoghesi

観光の中心に立つ好立地

ナヴォーナ広場近くの便利なロケーション。花柄のファブリックやアンティークの家具を配した客室は明るい雰囲気が漂う。優雅なラウンジやルーフテラスもある。

DATA
🚇ナヴォーナ広場から徒歩6分
🏠Via dei Portoghesi 1
📞(06)6864231 ㊟要確認 28室
★★★

ナヴォーナ広場周辺 **MAP** 別冊P16B3

アルベルゴ・サンタ・キアラ
Albergo Santa Chiara

パンテオン裏にある隠れ家

隠れ家風ホテル。彫像や絵画を配したロビーは、外の雰囲気とは一変し、優雅で落ちつきのある空間が広がる。最上階のアパートメント・タイプの客室（キッチンなし）は、グループ客に人気。

DATA
🚇ナヴォーナ広場から徒歩5分 🏠Via Santa Chiara 21 📞(06)6872979
㊟Ⓢ€155〜Ⓣ€280〜 100室 ★★★

クイリナーレの丘周辺 **MAP** 別冊P9C3

フォンタナ
Fontana Hotel

トレヴィの泉をひとり占め

トレヴィの泉の正面に位置。客室は、小ぢんまりとしていながら友人宅に招かれたような心地よさだ。噴水の眺めを楽しめるのは10室のみなので、予約時にリクエストを。

DATA
🚇Ⓜ A線BARBERINIから徒歩5分
🏠Piazza di Trevi 96
📞(06)6791056 ㊟Ⓢ€120〜370
25室 ★★★

ヴァチカン市国周辺 **MAP** 別冊P7C2

サンタンナ
Hotel S. Anna

壁画が個性的な客室

ヴァチカン市国に近い。テラス付きや壁一面にフレスコ画が描かれた部屋など、個性的なインテリアだ。全室にセーフティボックス、ドライヤーが備えられている。

DATA
🚇Ⓜ A線OTTAVIANO-S.PIETRO
から徒歩10分 🏠Borgo Pio 133
📞(06)68801602 ㊟Ⓢ€130〜Ⓣ€190
〜 20室 ★★★

🎵 たいていのホテルではチェックアウトを済ませた後でも荷物を預かってくれる。その際は貴重品は必ず持っていくこと。預ける荷物の中にこわれ物がある場合はひと言その旨を伝えておくといい。

ローマ・ホテル

テルミニ駅周辺 MAP 別冊P12B3
ベットーヤ・ホテル・アトランティコ
Bettoja Hotel Atlantico
ローマの歴史的ホテル

テルミニ駅から歩いて100mほどのところに位置するホテル。歴史感じる1930年代の建物のなかはエレガントかつ親近感もある雰囲気。ルーフガーデンのレストランも備わる。

DATA
🚇MA線TERMINI駅から徒歩3分
🏠Via Cavour 23
📞(06)485951 🛏️S T€121～ 65室
★★★★

ナヴォーナ広場周辺 MAP 別冊P17C2
アルベルゴ・デル・セナート
Albergo del Senato
パンテオンをひとり占め

19世紀の建物を改築した、石造りのホテル。内装もクラシカルなインテリアでまとめられ、上品な雰囲気。屋上テラスからはパンテオンとロトンダ広場を一望できる。

DATA
🚇ナヴォーナ広場から徒歩5分
🏠Piazza della Rotonda 73
📞(06)6784343 要確認 56室
★★★

コンドッティ通り周辺 MAP 別冊P15C1
コンドッティ
Hotel Condotti
クラシックスタイルの内装

スペイン広場から徒歩2分。ローマの観光やショッピングにとても便利。客室内装はクラシックでエレガント。別館にはリラックス効果の高い照明が備わる客室もある。

DATA
🚇MA線SPAGNAから徒歩2分
🏠Via Mario de' Fiori 37
📞(06)6794661 🛏️S T€250～ 17室 ★★★

テルミニ駅周辺 MAP 別冊P12B2
ミラーニ
Hotel Milani
他都市への移動が便利な立地

客室は新しくはないが、きちんと手入れをされており清潔だ。ロビーにあるパソコンは自由に使用することができるが、インターネットは有料。テルミニ駅へ至近。

DATA
🚇MA・B線TERMINIから徒歩3分
🏠Via Magenta 12 📞(06)69759751
要確認 75室
★★★

テルミニ駅周辺 MAP 別冊P12B2
ピエモンテ
Hotel Piemonte
スタッフの対応が温かい居心地のよい宿

テルミニ駅北東に集まっている、手ごろなホテルのうちの一つ。小ぢんまりとした狭めの客室が多く、設備も必要最低限のものが揃っているだけだが、改装を終えており清潔だ。フロントスタッフの親切な対応に定評があり、観光情報や他都市へのアクセス情報などを丁寧に教えてくれる。ただし、ホテル周辺のエリアは、夜の遅い時間にひとりで歩かないようにしたい。

⬆手ごろ価格のホテルのなかではおすすめ
➡客室の広さは期待できないが清潔

DATA
🚇MA・B線TERMINIから徒歩2分
🏠Via Vicenza 32/c 📞(06)4452240
要確認 40室 ★★★

共和国広場周辺 MAP 別冊P12A2		
ジェア・ディ・ヴルカーノ Gea di Vulcano ★★★	便利なナツィオナーレ通りにある手ごろな値段の、快適なプチホテル。美しい中庭も。🚇MA線REPUBBLICAから徒歩3分 🏠Via Nazionale 243 📞(06)4884996 要確認 15室	
ヴェネト通り周辺 MAP 別冊P9D2 **キング** Hotel King ★★★	シンプルでクリーンな客室は快適な滞在を約束。屋上のガーデンテラスも気持ちいい。🚇MA線BARBERINIから徒歩3分 🏠Via Sistina 131 📞(06)4880878 🛏️S€120～ T€160～ 72室	
共和国広場周辺 MAP 別冊P12B1 **リリウムホテル** Liliumhotel ★★★	スタッフがフレンドリーで親切。部屋は全室異なるカラーリング。🚇MA線REPUBBLICAから徒歩5分 🏠Via Venti Settembre 58A 📞(06)4741133 🛏️S€70～ T€120～ 14室	
コンドッティ通り周辺 MAP 別冊P15C1 **ピアッツァ・ディ・スパーニャ** Hotel Piazza di Spagna ★★★	買物に便利なプチホテル。最上階にある専用のジャクジー付きの2室が人気。🚇MA線SPAGNAから徒歩6分 🏠Via Mario de' Fiori 61 📞(06)6793061 🛏️S€96～ T€139～ 20室	
ポポロ広場周辺 MAP 別冊P13C3 **ロカルノ** Hotel Locarno ★★★★★	1920年代の調度品で統一されたアンティークな雰囲気。正午まで中庭で朝食がとれる。🚇MA線FLAMINIOから徒歩5分 🏠Via della Penna 22 📞(06)3610841 🛏️S T€450～ 44室	
コンドッティ通り周辺 MAP 別冊P15D2 **オムズ** Hotel Homs ★★★★	高級ブティック街にありながら料金は手ごろ。シャワーのみの部屋も多いので確認を。🚇MA線SPAGNAから徒歩2分 🏠Via della Vite 71-72 📞(06)6792976 要確認 53室	

(88) 日本語スタッフ 英語スタッフ レストラン プール フィットネスジム

Area2

フィレンツェ

Firenze

ルネッサンス文化の発祥地フィレンツェ。

美しい赤レンガの街並みを楽しみながら

伝統工芸品に触れトスカーナ料理を満喫しよう。

街が見えてくる！

フィレンツェ エリアNAVI

ルネッサンスの華やかさを今に伝える街、フィレンツェ。
観光の拠点となるドゥオーモを中心に、街はコンパクトにまとまって
いるので、主なみどころは徒歩で充分まわることができる。
古都の風情を味わいながら街歩きを楽しもう。

① サンタ・マリア・ノヴェッラ
Santa Maria Novella

14世紀に建てられたサンタ・マリア・ノヴェッラ教会を中心としたエリア。教会の裏手は中央駅で、一帯は地元の人々に人気のトラットリアでいつも賑わう。

MAP 別冊P20A2 最寄駅サンタ・マリア・ノヴェッラ(S.M.N.)中央駅

CHECK!
☑ サンタ・マリア・ノヴェッラ教会····P113

② トルナブォーニ通り周辺
Via de' Tornabuoni

トルナブォーニ通り周辺はフィレンツェに本店をもつフェラガモほか、数々の有名ブランド店が軒を連ねるショッピングが楽しいエリア。

MAP 別冊P20B4 最寄駅サンタ・マリア・ノヴェッラ(S.M.N.)中央駅

CHECK! ☑ サルヴァトーレ・フェラガモ博物館····P100

③ ウッフィッツィ美術館〜ヴェッキオ橋周辺
Galleria degli Uffizi~Ponte Vecchio

ルネッサンスの巨匠の作品が並ぶウッフィッツィ美術館ではアート鑑賞を満喫できる。ヴェッキオ橋はアルノ川に架かる街で最も歴史ある橋。フィレンツェの主なみどころが集まっている。

MAP 別冊P23C2~3 最寄駅サンタ・マリア・ノヴェッラ(S.M.N.)中央駅

CHECK!
☑ ウッフィッツィ美術館····P96
☑ シニョリーア広場····P94
☑ ヴェッキオ橋····P95
☑ ヴェッキオ宮殿····P112

フィレンツェ

中央市場 ⑤

STAZ. CENTRALE DELLA S.M.NOVELLA

メディチ家礼拝堂

サンタ・マリア・ノヴェッラ教会♦
サンタ・マリア・ノヴェッラ地区

① サンタ・マリア・ノヴェッラ

Via della Vigna Nuova

Pescaia di S. Rosa

② トルナブォーニ通り

Lungarno Soderini

Lungarno Acciaioli

③ ヴェッキオ橋

サント・スピリト地区

Lunge Torrig

Borgo Tegolaio

Via Romana

Viale Francesco Petrarca

Via de' Serragli

④ ピッティ宮殿

④ ピッティ宮殿周辺
Palazzo Pitti

メディチ家最大の宮殿であるピッティ宮殿と緑豊かなボボリ庭園を中心とするエリア。周辺のサント・スピリト地区には職人の工房や地元で人気のレストランが多い。

MAP 別冊P18B3~4 最寄駅サンタ・マリア・ノヴェッラ(S.M.N.)中央駅

CHECK! ☑ ピッティ宮殿····P113
☑ ボボリ庭園····P113

⑤ 中央市場周辺
Mercato Centrale

中央市場は2階建ての大きな建物にトスカーナの食材を扱う店が並ぶ。周辺には革製品を扱う屋台や庶民的な食堂が多い。メディチ家ゆかりのみどころも集中しているエリア。

MAP 別冊P21C1　最寄駅 サンタ・マリア・ノヴェッラ(S.M.N.)中央駅

CHECK!
- ☑ メディチ・リッカルディ宮…P111
- ☑ メディチ家礼拝堂…P111
- ☑ 中央市場…P112

⑥ ドゥオーモ周辺
Duomo

ドゥオーモのよび名で知られるサンタ・マリア・デル・フィオーレ大聖堂を中心とするフィレンツェ観光の中心地。ドゥオーモ広場にはカフェやみやげ物店、南側一帯はショップが並ぶ繁華街となっている。

MAP 別冊P21C~D3　最寄駅 サンタ・マリア・ノヴェッラ(S.M.N.)中央駅

CHECK!
- ☑ ドゥオーモ…P92　☑ ジョットの鐘楼…P93
- ☑ サン・ジョヴァンニ洗礼堂…P93

⑦ サンタ・クローチェ
Santa Croce

ミケランジェロやガリレオ・ガリレイなどの墓碑があることで有名なサンタ・クローチェ教会を中心とするエリア。周囲には革製品や金細工の工房やショップが並ぶほか、地元で人気の隠れ家的レストランが集まる。

MAP 別冊P19C3　最寄駅 サンタ・マリア・ノヴェッラ(S.M.N.)中央駅

CHECK!
- ☑ サンタ・クローチェ教会…P112

利用価値大!
フィレンツェカード

3日間のフィレンツェ観光には、フィレンツェカード€85がお得。有効期間は72時間で、数多くの美術館や博物館、宮殿、教会の入場が無料となる(ウッフィツィ美術館、アカデミア美術館など、一部施設は要予約)。

使える主な施設 ウッフィツィ美術館、アカデミア美術館、メディチ・リッカルディ宮、サンタ・クローチェ教会、ヴェッキオ宮殿など

購入できる場所 観光案内所やウッフィツィ美術館、ヴェッキオ宮殿、ピッティ宮殿をはじめとする主要美術館で購入可能。
オンライン URL firenzecard.it/で購入した場合は、観光案内所などで引き換える。

フィレンツェ街歩きプラン

COURSE.1

ルネッサンスの香りを満喫
花の都 そぞろ歩き

映画や小説でもよく取り上げられ、世界遺産の歴史地区もある、華麗な都市フィレンツェ。ここではフィレンツェを代表する名所と街歩きを楽しめるコースを紹介。ドゥオーモやミケランジェロ広場から街並みを俯瞰し、中世の様子を残すヴェッキオ橋ではフィレンツェを代表する伝統工芸にふれることができる。

コース比較リスト

街歩き度	♪♪♪	移動より階段の上り下りがハード
グルメ度	♪♪	眺めのよいカフェや伝統料理の店がある
ショップ度	♪♪♪	ヴェッキオ橋で金細工ジュエリーを堪能
ビューティー度	♪	特にはない、美しい景色を美と健康の糧に
カルチャー度	♪♪♪	ルネッサンス期に栄えた街並みを楽しめる
おすすめ時間帯	ドゥオーモのクーポラが開館の8時30分から
所要時間	5時間はみておいた方がよい
予算目安	入場料€15〜30＋食事代€30程度＋おみやげ代

🚇S.M.N.駅から徒歩15分

```
1 ドゥオーモ
  ↓ 徒歩すぐ
2 ジョットの鐘楼
  ↓ 徒歩すぐ
3 サン・ジョヴァンニ洗礼堂
  ↓ 徒歩10分
4 シニョリーア広場
  ↓ 徒歩5分
5 ブーカ・デッロラフォ
  ↓ 徒歩1分
6 ヴェッキオ橋
  ↓ 徒歩15分＋バス10分
7 ミケランジェロ広場
```
🚇グラツィエ橋までバス13番で10分

1.東側の眺め 右手の白い建物がサンタ・クローチェ教会（➡P112）
2.西側の眺め 目の前にジョットの鐘楼を望む
3.南側の眺め 背の高い塔が立つ建物がヴェッキオ宮殿（➡P112）

ちょっと寄り道

➡クーポラの二重構造の模型も

ドゥオーモ付属博物館 [MAP]別冊P21D3
Museo dell'Opera del Duomo

ドゥオーモ建築の歴史を紹介した博物館。鐘楼のレリーフ（→P93）や「天国の門」のレリーフ（→P93）の本物がここに展示されている。ミケランジェロ『未完のピエタ（通称ドゥオーモのピエタ）』なども見逃せない。📞(055)2302885 🕐9時〜19時45分（入場は19時30分まで）休なし ※各月第1火曜閉館 料共通券€15〜

1 ドゥオーモ [MAP]別冊P21D3
（サンタ・マリア・デル・フィオーレ大聖堂）

Duomo (Cattedrale di Santa Maria del Fiore)

アーチが美しいフィレンツェの名所

正式名称はサンタ・マリア・デル・フィオーレ（花の聖母マリアの意）大聖堂。建物の奥行きは153m、クーポラ（ドーム）の高さは107m。多くの建築家の手により、長い年月をかけて造られたが、最後に残ったクーポラの設計は、公募で選ばれたブルネレスキに託された。彼はレンガの重みに耐えうるドーム屋根を造るため、屋根の二重構造化を提案。その画期的手法により、この巨大な屋根の美しいアーチが保たれている。

DATA
🚇S.M.N.駅から徒歩15分 📞(055)2302885 🕐10時15分〜16時45分（最終入場は16時30分まで）※サンタ・レパラータ遺跡は日曜は13時30分〜 休カテドラルは日曜、祝日休 料無料（サンタ・レパラータ遺跡は共通券€15〜）

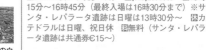

ドゥオーモのクーポラ🕐8時15分〜19時30分（土曜は〜17時15分、日曜は12時45分〜17時15分）※最終入場は閉館の45分前まで 休なし 料共通券€30

ここに注目
頂塔の突端にある金色の十字架と球はダ・ヴィンチらが働いていたヴェロッキオ工房の作。頂塔は見晴台になっていて、フィレンツェの街並みを360度眺望できる。

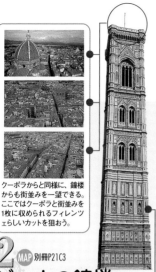

ベストショット♪　③　サン・ジョヴァンニ洗礼堂
②　①　ドゥオーモ付属博物館
ドゥオーモ
ジョットの鐘楼
レップリカ
広場
P.za della
Repubblica
メルカート・ヌオーヴォ
バール・ペルセオ
イノシシの像
④　シニョリーア広場
ヴェッキオ宮殿
ウッフィツィ美術館
ブーカ・デッロラフォ
⑥　ヴェッキオ橋
ヴァザーリ回廊
Corridóio Vasariano

Borgo Pinti
Via Pietrapiana
Borgo degli Albizi
サンタ・クローチェ教会

ヴェッキオ橋の眺め
がいい場所。人が少
ないのでのんびりし
た雰囲気

Lungarno delle Grazie
グラッツィエ橋
Ponte alle Grazie
アルノ川　Fiume Arno
Lungarno Serristori
Via di San Niccolo
カンティーナ・
デル・ジェラート
カッライア橋たもとのバス
停へ。ヴェッキオ橋から約
600m。そこからミケラン
ジェロ広場まではバス移動
ボッジ広場
P.za Giuseppe Poggi
ボボリ庭園
バルディーニ庭園
ヴェニ庭園
ベルヴェデーレ要塞
ミケランジェロ広場⑦

クーポラからと同様に、鐘楼
からも街並みを一望できる。
ここではクーポラと街並みを
1枚に収められるフィレンツ
ェらしいカットを狙おう。

2 MAP 別冊P21C3
ジョットの鐘楼
Campanile di Giotto

精緻な彫刻に彩られた大鐘楼

1334〜59年にかけて建設された大鐘楼。
塔の高さは約84m。着工当初に建築を担
当したのは画家であり建築家だったジョ
ット。しかし、彼は着工後わずか3年で他
界したため、第1層を完成させただけとな
った。その後、第2層をアンドレア・ピサー
ニ、第3〜5層をフランチェスコ・タレン
ティが引き継ぎ完成させた。階層ごとに
異なる様式で建てられたことが分かる。

DATA
🚇S.M.N.駅から徒歩15分　📞(055)2302885
🕐8時15分〜19時45分（最終入場は19時ま
で）　🈺なし　🎫共通券€20〜

ここに注目

第1層にある六角
形のレリーフ。1.
天体観測、2.ワイ
ン造り、3.放牧が
主題。レリーフだ
けで56枚もある。

バール・ペルセオ　♪ひと休みはココで！
Bar Perseo

宮殿を間近から眺められる　MAP 別冊P23C1

シニョリーア広場に面しており、テラス席か
らはヴェッキオ宮殿が望める。自家製のスイ
ーツが評判で、ジェラートやパフェなどい
ろいろ揃う。🚇ドゥオーモから徒歩5分
📍Piazza del Signoria
🕐2398316
🕐7時30分〜24時
🈺7・8月の日曜、
2月の2週間

♪Via Romaを南へ。レ
ップリカ広場が見え
たらVia d. Speziali
へ左折、更にVia dei
Calzaioliへ右折し、
そのまま進む。

↑チョコとピスタチオのパフ
ェ€10〜（右）とフルー
ツ€11〜（左）
➡レップリカ広場。回転木
馬が設置され、楽しそうに
遊ぶ子供たちを目にする

3 サン・ジョヴァンニ洗礼堂
Battistero di San Giovanni

MAP 別冊P21C3

フィレンツェ最古の建造物の一つ

聖ジョヴァンニ（洗礼者ヨハネ）に捧げるた
め、11世紀に建設された八角形の洗礼堂。中
世にはダンテをはじめ、多くの人々がここで
洗礼を受けたといわれる。14〜15世紀には青銅
製の3つの門扉が取り付けられ、南門はアンド
レア・ピサーノが、北門と東門はギベルティが
制作。東門の扉にある旧約聖書をモチーフとし
たレリーフはミケランジェロが「天国の門」
と称した美しさ。

DATA
🚇S.M.N.駅から徒歩15分　📞(055)2302885
🕐9時〜19時45分（最終入場は19時30分ま
で）　🈺なし　🎫共通券€15〜

ここに注目

天国の門左右合わせて10枚のパネルで
構成されたレリーフ。完成まで27年の
歳月を要した。透視画法を用いたこと
により、レリーフに奥行きが感じられる。
右扉の上から3枚目のパネルの左下には、
作者ギベルティ自身の像も。

天井画聖ジョヴァンニの生涯と、旧約聖
書の「最後の審判」を描いたモザイク画。
天井の設計は二重構造で、1220年から
1世紀以上かけて制作された。ドゥオー
モの設計者ブルネレスキはこれを参考
にしている。

※ドゥオーモのクーポラとサンタ・レパラータ遺跡、ジョットの鐘楼、サン・ジョバンニ洗
礼堂、ドゥオーモ付属博物館は共通券で€15〜30。料金によって利用できる施設数は異なる

4 シニョリーア広場
Piazza della Signoria

彫刻が並ぶ様子はまるで屋外美術館

MAP 別冊P23C1

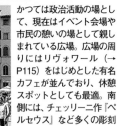

かつては政治活動の場として、現在はイベント会場や市民の憩いの場として親しまれている広場。広場の周りにはリヴォワール（→P115）をはじめとした有名カフェが並んでおり、休憩スポットとしても最適。南側には、チェッリーニ作『ペルセウス』など多くの彫刻作品が並んでいる。

DATA
🚶ドゥオーモから徒歩5分

ここに注目
広場の有名彫刻
広場中央にはジャンボローニャ作『コジモ1世の騎馬像』、ヴェッキオ宮殿前にはミケランジェロ作『ダヴィデ像』のレプリカ、宮殿の隣には『ネプチューンの噴水』がある。どれも見事な彫刻で見ごたえ充分。

ダヴィデ像（レプリカ）／ネプチューンの噴水／ヘラクレスとカクス／サビーネ女の略奪

ひと足のばして メルカート・ヌオーヴォ
Loggia Mercato Nuovo

MAP 別冊P23C1

⬇ピノキオグッズもたくさん売られている

活気あふれる革製品・工芸品の市場

バッグやポーチ、ベルトなどの革製品、衣類、マーブル紙の文具など、工芸品を中心に販売する市場。敷地内には露店が軒を連ねており、掘出し物探しにおすすめ。🚶ドゥオーモから徒歩5分 🕐9〜18時30分ごろ（店により異なる）🚫1月1日、12月25・26日

⬇狭いスペースに露店がぎっしり

🎵Via Calimelaを進むと目の前がメルカート・ヌオーヴォ

⬇バッグやポーチなどはとてもカラフル

➡革製のブレスレット€5前後

➡Via Por S. Maria 沿いには両替所や店が並ぶ

ラ♪check♪ **MAP** 別冊P23C1

再訪祈願!イノシシの鼻をすりすり…

メルカート・ヌオーヴォの南側に置かれたイノシシの像、通称「仔ブタちゃん」。彼の鼻先をなでると、再びフィレンツェに来ることができるという言い伝えがある。そのためいつも「仔ブタちゃん」の周囲は観光客でいっぱいに。記念撮影をするなら5分程度は待つ覚悟で臨もう。

⬅街一番の人気ものでおかげで鼻はピカピカに

---

5 ブーカ・デッロラフォ
Buca dell'Orafo

MAP 別冊P23C2

こだわり素材の伝統トスカーナ料理を

⬇地下の穴倉（ブーカ）が店になっている

美食の街フィレンツェのなかでも、地元常連客とグルメな観光客に人気の名店。厳選された地元素材を使用したトスカーナ料理はどれも絶品。店はあまり大きくないので早めに予約を入れておいた方がいい。

DATA
🚶ヴェッキオ橋から徒歩1分
🏠Via dei Girolami 28r 📞(055)213619
🕐12時30分〜14時、19時30分〜22時30分 🚫日曜、月曜のランチ
➡ポルチーニ茸のタリオリーニ€13

⬇軟らかい牛シチューとインゲン豆の煮込み

ここに注目♪

フィレンツェの伝統工芸、金細工

「フィレンツェ彫り」とよばれる、細かい透かし模様が特徴。花をデザインしたものが多い。価格は金の種類や相場、細工の細かさにより異なる。

6 ヴェッキオ橋

Ponte Vecchio

↑店が連なる様子も趣がある

MAP 別冊P23C3

中世の面影を残す歴史ある橋

アルノ川にかかるフィレンツェ最古の橋。中世以前より橋が架かっており、一度は洪水で流されたが1345年に再建。16世紀半ばにはヴァザーリの回廊が増築され、現在に至る。橋の両脇には金細工の店がずらりと並んでおり、橋の中央からはアルノ川の眺望が楽しめる。

DATA

🚶 ドゥオーモから徒歩10分

橋の中央部にはフィレンツェの金細工の父とよばれるベンヴェヌート・チェッリーニの胸像が立っている。フィレンツェで生まれ、15歳で彫金師に弟子入り。ミケランジェロを崇拝していたという。

ウインドーには輝く金細工が並ぶ➡

♪ヴァザーリの回廊の下をくぐり、アルノ川沿いをカッライア橋方面へ進む。カッライア橋そばのバス停で12番のバスに乗車、約20分

ちょっと寄り道

MAP 別冊P23C3

カンティーナ・デル・ジェラート

Cantina del Gelato

アルノ川南岸にある。ナチュラルで着色料を使用しない自然派ジェラートの店。1300年代から秘伝のレシピが伝えられているという。おすすめはチョコレートとフィレンツェ発祥のブオンタレンティの組合せ。

🚶 ヴェッキオ橋から徒歩3分

🏠 Via de Bardi 31

📞 (055)0501617 　🕐 13〜24時（土・日曜は12時〜）　休 なし

↑アルノ川沿いを歩いていると左手にウッフィッツィ美術館が見える

←ブオンタレンティ＆チョコレート€3〜

←ヴェッキオ宮殿とピッティ宮殿を結ぶヴァザーリの回廊

フォトPOINT

ヴェッキオ橋　ヴェッキオ宮殿　ドゥオーモ　ジョットの鐘楼

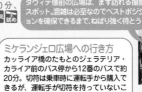

バスから降りて左手、階段を下りたところに実は展望スペースがある。比較的人が少なく、ゆっくり街並みを眺められる

ダヴィデ像前の広場は、まず訪れる撮影スポット。混雑は必至なのでベストポジションを確保できるまで、ねばり強く待とう

7 ミケランジェロ広場

MAP 別冊P19C4

Piazzale Michelangelo

街を一望できる人気ビュースポット

街の南東にある丘の上の眺望スポット。アルノ川の向こうに、ドゥオーモやヴェッキオ宮殿、ヴェッキオ橋など市内の名所を望む。広場周辺にはカフェや、露店がある。

DATA

🚌 12番でカッライア橋から約20分、PIAZZALE SAN MINIATO下車すぐ

←広場にそびえ立つダヴィデ像（レプリカ）

古都は夕方の眺めも美しい

ミケランジェロ広場への行き方

カッライア橋のたもとのジェラテリア・カライア前のバス停から12番のバスで約20分。切符は乗車時に運転手から購入できるが、運転手が切符を持っていないことも多い。タバッキなどで事前購入€1.50（車内購入€2.50）。

※閉鎖中のヴェッキオ橋のヴァザーリの回廊は、2022年秋再開予定。要確認

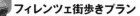

COURSE♪2
ルネッサンス美術の殿堂
ウッフィッツィ美術館
Galleria degli Uffizi

レオナルド・ダ・ヴィンチやラファエロ、ボッティチェッリなどのビッグネームの作品を鑑賞できるウッフィッツィ美術館。展示は古代彫刻と13〜18世紀の絵画作品から成り、コジモ1世の息子フランチェスコ1世の代から、メディチ家が集めた美術作品も収蔵されている。建物自体の歴史も古く、着工は1560年。メディチ家コジモ1世より依頼を受けた建築家のヴァザーリが担当した。展示室は時代や作家別に分類されており、順路に沿って見学するとルネッサンス絵画の変遷が分かる。

ウッフィッツィ美術館
Galleria degli Uffizi

MAP 別冊P23D2

ドゥオーモから徒歩5分
(055)294883（博物館総合インフォメーション） 8時15分〜18時30分※最終入場は17時30分まで 休月曜 料€20（特別展は別途）
公式HPまたは電話で予約も可能。予約料金€4
https://www.uffizi.it/en/tickets

コース比較リスト

街歩き度	♪♪♪	館内はそれほど広くなく移動距離は少ない
グルメ度	♪♪♪	ドゥオーモの眺めがよいカフェがある
ショップ度	♪♪♪	ミュージアムショップがある
ビューティー度	♪♪♪	ルネッサンスの美女に学ぼう
カルチャー度	♪♪♪	メディチ家珠玉のコレクションを収蔵
おすすめ時間帯	予約しない場合は朝7時過ぎには到着を
所要時間	1〜3時間程度
予算目安	入場料€8＋お茶代€10程度＋おみやげ代

```
＊東回廊
  A9  ── 1 ウルビーノ公爵夫妻の肖像
  A9  ── 2 聖母子と天使
      ── 3 ヴィーナスの誕生
  A11
  〜12
      ── 4 春（プリマヴェーラ）

＊西回廊
  A35 ── 5 受胎告知
  A38 ── 6 聖家族
  A38 ── 7 ヒワの聖母
  D8  ── 8 長い首の聖母
```

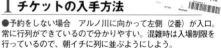

ウッフィッツィ美術館 攻略術

1 チケットの入手方法

●予約をしない場合　アルノ川に向かって左側（2番）が入口。常に行列ができているので分かりやすい。混雑時は入場制限を行っているので、朝イチに列に並ぶにしよう。
●予約する場合　オンラインまたは電話で予約をして日時と予約番号を受け取る。当日、アルノ川に向かって右側の入場予約者専用のカウンターへ行き、予約番号とパスポートを提示してチケットを受け取る。入場はアルノ川に向かって左側の予約者専用の1番入口から。

2 日本語サービスを最大活用

美術館の便利アイテム音声ガイドは、制作年代や作者について、宗教画の意味などを詳しく解説してくれる。入口に貸出カウンターがあり、日本語のほか、各国語のガイドを用意。料金は€6で16時30分まで。鑑賞後、出口で音声ガイドを返却するシステム。

3 大きな荷物はクロークへ

入口ではセキュリティチェックを行っており、大きな荷物はクロークへ預けるよう指示される。クロークに荷物を預け、引換え番号札を渡される。鑑賞後、出口で預けた際に渡された番号札を提示して荷物を受け取る。

4 写真撮影の注意点

外景の写真撮影は可能だが、展示室や展示品の撮影とフラッシュは禁止。マナーを守って、気持ちよく美術鑑賞をしよう。

※館内は、展示室や作品の入れ替えが随時行われている。

東回廊 3F

❶ ウルビーノ公爵夫妻の肖像
Duca e Duchessa di Urbino

ピエロ・デッラ・フランチェスカ
(1467〜70年ごろ作)

古代ローマのメダルにヒントを得て、横顔を描いた作品。背景の風景画に遠近法を使用。2枚の絵を向かい合わせた形で留め金で止めて、本のように開いて鑑賞していた。

提供：Bridgeman Images/アフロ　提供：Mondadori/アフロ

A9

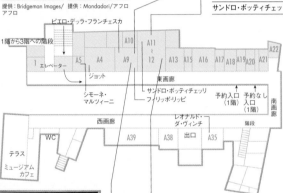

撮影：Artothek/アフロ

A12

❸ ヴィーナスの誕生
Nascita di Venere

サンドロ・ボッティチェッリ (1484年ごろ作)

美の女神ヴィーナスの誕生を描いた作品。左は風の神ゼフュロス、右は女神ホーラがヒナギクが刺繍された衣を持ってヴィーナスを迎えている。薄めた卵黄と薄いニスの混合液が使用されており、フレスコ画のような風合いが出ている。

ピエロ・デッラ・フランチェスカ

1階から3階への階段

| | | | | | A10 | A11 · 12 | | | | | | | | | | A22 |

1 エレベーター　A5　A4　A9　A13　A15　A16　A17 A18 A19 A20 A21

ジョット

シモーネ・マルツィーニ

サンドロ・ボッティチェッリ
フィリッポ・リッピ

東画廊

予約入口 予約なし
(1階)　入口(1階)

南画廊

西画廊

レオナルド・ダ・ヴィンチ

WC　A39　A38　出口　A35　階段

テラス
ミュージアムカフェ

A9

❷ 聖母子と天使
Madonna col Bambino e Angeli

フィリッポ・リッピ (1465年ごろ作)

修道士だったリッピの代表作。柔らかな表情やヴェールの描写が見事で、背景に描かれた壮大な風景はダ・ヴィンチに影響を与えた。聖母子のモデルは彼の妻と息子といわれている。

A11

❹ 春(プリマヴェーラ)
La Primavera

サンドロ・ボッティチェッリ (1482年ごろ作)

メディチ家当主ロレンツォのいとこの結婚を記念する作品といわれている。中央のヴィーナスと、彼女の庭園を描いたもの。画面左の手を取り合う3人の女性は三美神で、自由を象徴するといわれる。上に飛んでいるのが目隠しされた愛のキューピッド。

提供：Super Stock/アフロ

西回廊 3F

ウッフィッツィ美術館の建物にはさまれた石畳の広場には、偉人たちの彫像がずらり。いずれも、新しい芸術や学問を生み出したフィレンツェゆかりの人物たちだ。

ラ check! 南回廊からの眺めも要チェック！

View アルノ川の向こうに広がるのどかな街並みが、サント・スピリト地区。カラフルな建物が並んでいる。

View 大勢の旅行者で賑わうウッフィッツィ広場の向こうにヴェッキオ宮殿を望む。美術館への入場口は向かって右手になる。

View ピッティ宮殿からウッフィッツィ美術館までをつなぐ大回廊、ヴァザーリの回廊がヴェッキオ橋を通っているのがよく分かる。

ウッフィッツィ美術館館内図

A4.ジョット A5.シモーネ・マルティーニ A9.パウロ・ウッチェロ、フィリッポ・リッピ、ピエロ・デッラ・フランチェスカ A10.ポッライオーロ A11-12.ボッティチェッリ A13.ファン・デル・グース A15.数学の間 A16.トリブーナ A17.1400年代シエナ絵画 A18.マンテーニャ、ベッリーニ A19.1400年代ヴェネト絵画 A20.1400年代エミリア・ロマーニャ絵画 A21.1400年代ロンバルディア絵画 A22.細密画 A35.レオナルド・ダ・ヴィンチ A38.ラファエロ、ミケランジェロ A39.ニオベの間

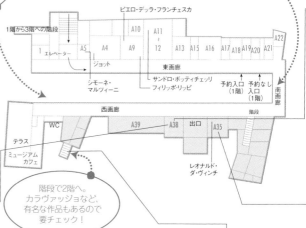

階段で2階へ。カラヴァッジョなど、有名な作品もあるので要チェック！

A38 ⑦ヒワの聖母
Madonna del Cardellino

ラファエロ・サンティ（1505〜06年ごろ作）

聖母と幼いキリスト、洗礼者ヨハネを描いた作品。ヨハネが持つ鳥ヒワは、豊穣とキリストの受難を象徴する。3人の人物を三角形に配置することで、安定感が生まれている。

カラヴァッジョの作品も見逃せない！

展示の中心は3階だが、2階の展示室に移動したカラヴァッジョの作品も見逃せない。『バッカス』や『メドゥーサ』など、写実性に優れ、光と影を見事に描き分けた彼の作品をしっかり鑑賞しよう。3階から出口に向かう際に通る。

提供：Mondadori／アフロ

D8 ⑧長い首の聖母
Madonna dal Collo Lungo

パルミジャニーノ（1534〜39年ごろ作）

聖母やひざの上で眠るキリストの身体を、引き伸ばして描いたマニエリスムの代表作。右下の巻紙を掲げた聖ヒエロニムスの横には、描きかけの聖人の足首が残っている。

提供：Artothek／アフロ

※作品の展示室は変更となる場合がある

A38
❻聖家族
Tordo Doni

ミケランジェロ
(1506〜08年ごろ作)

聖母が幼いイエスを肩越しに受け取るという珍しい構図の作品。壁画以外の絵画としては作者唯一の作品といわれる。力強く描かれた人物は彫刻家らしい表現。額縁の円形部にはキリストと天使、預言者が彫られている。額のデザインもミケランジェロ自身。

提供：Iberfoto／アフロ

A35
❺受胎告知
Annunciazione

レオナルド・ダ・ヴィンチ
(1472〜75年ごろ作)

提供：Artothek／アフロ

大天使ガブリエルがマリアに処女懐胎を伝えるシーンを描いたもの。横長の画面構成で2人の間に距離感が生まれた。トスカーナ地方独特の糸杉をはじめ、細かく描き込まれた背景は、彼独自の空気遠近法で表現されている。

ほかにもあります 必見作品

A4 『マエスタ (オンニサッティの聖母)』
ジョット (1310年ごろ作)
マリアと幼子イエスを描いた信仰画。遠近表現に注目。

A5 『受胎告知』
シモーネ・マルティーニ (1333年ごろ作)
シエナ大聖堂の祭壇のために描かれた作品。

A35 『キリストの洗礼』
ヴェロッキオとレオナルド・ダ・ヴィンチ
(1470〜75年ごろ作)
天使と背景画をダ・ヴィンチが制作。

A42 『東方三賢王の礼拝』
アルブレヒト・デューラー (1504年ごろ作)
鮮明な色彩で、植物や動物が綿密に描かれている。

D4 『聖母子と聖人たち』
ロッソ・フィオレンティーノ (1518年作)
頭に石を付けた聖人は描き換えられたもの。

D34 『若き頃の自画像』
レンブラント (1634年ごろ作)
生涯を通じて約100点の自画像を残したうちの1枚。

D29 『イサクの犠牲』 カラヴァッジョ (1603年ごろ作)
息子イサクを犠牲にしようとするアブラハムを止める天使の姿を描いた作品。

美術鑑賞の記念に…
ミュージアムグッズ

ミュージアムショップは入口側と出口側に2カ所。ショップでは図録のほかに、収蔵品をモチーフにしたグッズが人気。Tシャツやアクセサリーなども揃っている。

⬇マグネット 『ヴィーナスの誕生』のマグネット。デスクやキッチン回りで利用したい

⬆眼鏡拭き 『春（プリマヴェーラ）』がプリントされた眼鏡拭き

➡手鏡 『春（プリマヴェーラ）』の花の女神、フローラの手鏡

⬇ボールペン 『メドゥーサ』がプリントされたボールペン

⬅手さげカバン 『春（プリマヴェーラ）』をモチーフにしたプラスチック加工のバッグ。しっかりした生地で活用度大

♪ひと休みはココで！
ミュージアムカフェ

美術館のカフェは展示室45番の先にある。細長い店内にはエスプレッソやカプチーノのほか、軽食も用意されている。店の奥は屋外のテラス席になっており、ドゥオーモを眺めることができる。気分転換にも最適。

緑に包まれた開放的なテラス

マチェドニア

カフェ・ラッテとビスコッティ

フィレンツェ街歩きプラン

COURSE♪3
トルナブォーニ通り周辺で
ブランド&雑貨めくり

トルナブォーニ通りを中心に、ヴィーニャ・ヌオーヴァ通り、ストロッツィ通りには憧れのイタリアブランドのショップを筆頭に、個性的なアイテムが揃う店が集まっている。ほとんどの店が定休日になる日曜をはずしてショッピングに出かけよう。

コース比較リスト

街歩き度	♪♪♪	移動範囲は狭いのでそれほどきつくない
グルメ度	♪♪♪	トスカーナ料理のレストランやバールがある
ショップ度	♪♪♪♪	憧れのイタリアブランドから雑貨まで
ビューティー度	♪♪♪	センスアップで美しさに磨きをかける！
カルチャー度	♪♪♪	石造りの建物と街の雰囲気を楽しもう
おすすめ時間帯	ブランド店がオープンする10時ごろから	
所要時間	2時間以上	
予算目安	買物代＋食事代€20程度	

ランチspot

オステリア・ベッレ・ドンネ
Osteria Belle Donne 　MAP 別冊P20B4

旬の食材を意識した家庭料理を

地元で評判のオステリア。フィレンツェにある超高級店で腕を磨いたシェフが、素朴で飽きのこない家庭的な料理を供する。季節感にこだわり、プリモ、セコンドともに旬の魚や野菜を多く取り入れるのがこだわり。
🚇S.M.N.駅から徒歩5分
🏠Via delle Belle Donne 16r
📞(055)2382609 🕐12〜23時
休なし

🚇ドゥオーモから徒歩10分

1 サルヴァトーレ・フェラガモ
↓ 同じ建物内にあるので移動はすぐ

2 サルヴァトーレ・フェラガモ博物館
↓ トルナブォーニ通りを北へ。通りの両脇にはブランド店がいっぱい。徒歩3分

3 プラダ
↓ トルナブォーニ通りをそのまま進む。徒歩1分弱

4 グッチ
↓ ショップのはす向かいのストロッツィ通りへ。徒歩2分

5 ボッテガ・ヴェネタ
↓ ストロッツィ通りからヴィーニャ・ヌオーヴァ通りへ。進行方向の右側を歩こう。徒歩4分

6 セレッティ
↓ 🚇ドゥオーモまで徒歩15分

ヴィー

6 セレッティ
Seletti 　MAP 別冊P22A1

思わず欲しくなる個性派雑貨に出合う

ランプなどの照明器具をメインに扱っているが、キッチン雑貨やステーショナリー、インテリア小物など、ポップ調のユニークなものも揃っている。

DATA
🚇ドゥオーモから徒歩7分 🏠Via della Vigna Nuova 89r 📞(055)8027346 🕐10時〜13時30分、15時〜19時30分 休日・月曜

↑小さな店内にはグッズがいっぱい

2 サルヴァトーレ・フェラガモ博物館
Museo Salvatore Ferragamo 　MAP 別冊P22B1

美しいフォルムの靴に釘付け

1898年にボニート村に誕生した初代フェラガモの軌跡と、その功績をたたえる博物館。当時フェラガモがデザインの際に使った、ペイントの施された靴の木型や、実際に著名人が履いた靴などが展示されている。

DATA
🚇ドゥオーモから徒歩10分 🏠Piazza S. Trinità 5r 📞(055)3562846 🕐10時30分〜19時30分 休なし 💰€8

↓フェラガモの靴作りの歴史を詳しく解説

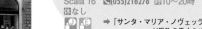

フィレンツェ・トルナブォーニ通り周辺

ひと足のばして サンタ・マリア・ノヴェッラ薬局
Officina Profumo Farmaceutica di Santa Maria Novella

荘厳な建物の老舗薬局

MAP 別冊P20A2

1221年にフィレンツェにやってきたドメニコ修道僧によって生まれ、世界最古の薬局といわれる。修道院時代に使用されていた薬液を入れる壺や、すり鉢などを見学できる展示ブースが開放されている。

🚇S.M.N駅から徒歩5分 🏠Via della Scala 16 📞(055)216276 🕐10〜20時 休なし

Ⓙ Ⓔ ➡「サンタ・マリア・ノヴェッラ」が愛称の香水€120

➡歴史を物語る荘厳な雰囲気の入口

P.za Antinori

トラッド系のアイテムで知られるブランド。靴やバッグ探しにぜひ

V. d. Corsi

シンプルなラインと色遣いが働く女性に人気のマックスマーラ

・マックスマーラ

トルナブォーニ通り
Via de'Tornabuoni

♪ひと休みはココで！

プロカッチ Procacci
MAP 別冊P20B4

極上トリュフサンドとワインを

1885年創業の老舗食材店。店内には席が用意されており、自慢のトリュフサンド€3などを味わえる。アンティノーリのグラスワイン€7〜やプロセッコ€8もぜひ。

🚇ドゥオーモから徒歩5分 🏠Via de'Tornabuoni 64r 📞(055)211656 🕐10〜21時（日曜は11時〜）休夏季の日曜、8月の2週間 Ⓙ Ⓔ Ⓒ

🔵プロカッチ

・トッズ

ジョルジオ・アルマーニ

➡ワインとの相性もいいトリュフサンド

アーチを抜けるとレプブリカ広場。広場を正面に見て右手、Ⓗベンディーニ前にはタクシー乗り場がある

オステリア・ベッレ・ドンネ

4 グッチ
Gucci MAP 別冊P20B4

バッグ、ウエアなどフルアイテムが揃う。

🚇ドゥオーモから徒歩10分 🏠Via de'Tornabuoni 73r 📞(055)264011 🕐10時〜19時30分（8月と日曜は〜19時）休祝日 Ⓙ Ⓔ

⑤

ストロッツィ通り
Via degli Strozzi

レプブリカ広場へ→

ストロッツィ宮
Palazzo Strozzi

イタリアを代表するブランド。男女ともにアイテムは充実している

➡ますますパワーアップ

ーヴァ通り
lla Vigna Nuova

フルラ、ラ・ベルラ、リュージョーなどカジュアル系のブランド店が多い

④

5 ボッテガ・ヴェネタ
Bottega Veneta
MAP 別冊P20B4

高級革製品の老舗でお気に入りを探す

編み込みバッグ「イントレチャート」で知られる、1966年創業の人気イタリアブランド。近年、この場所に移転しリニューアルされ、アイテム数も充実。

DATA
🚇ドゥオーモから徒歩10分 🏠Via degli Strozzi 6 📞(055)284735 🕐10〜19時 休8月の日曜、祝日 Ⓔ

3 プラダ
Prada

全世界で数店舗しかない限定品もショーウィンドウに並ぶ。
DATA➡P117

③

・セリーヌ

・エミリオ・プッチ

最新コレクションも要チェック

小物からウエアまでトータルな品揃えが魅力。地元ならではの充実度はさすが

サンタ・トリニタ広場
P.za S.
Trinità

サンタ・トリニタ教会●
Santa Trinità

➡Varaシリーズのローヒール€630〜

②①

1 サルヴァトーレ・フェラガモ
Salvatore Ferragamo
MAP 別冊P22B1

デザイン性と心地よさを追求する老舗

オードリー・ヘプバーンをはじめ、名立たる著名人に愛されていたことでも有名。フルラインが揃う本店ならではの充実の品揃えがうれしい。クラシックデザインのリメイクアイテムがイチ押し。

DATA
Ⓙ Ⓔ
🚇ドゥオーモから徒歩10分 🏠Via de'Tornabuoni 14r 📞(055)292123 🕐10時30分〜19時30分（日曜、祝日は〜19時）休なし

フィレンツェ街歩きプラン

COURSE♪4

アルノ川周辺で探す

アルティジャーノの逸品

昔ながらの伝統工芸が残るフィレンツェでは、アルティジャーノ（職人）の技が息づく個性豊かなアイテム探しがおすすめ。アルノ川を囲むように延びる、サンティッシミ・アポストリ通り、パリオーネ通り、サント・スピリト通りへ出かけ、石畳の路地を歩きながらお気に入りを探そう。

Borgo Santissimi
サンティッシミ・アポストリ通り

コース比較リスト

街歩き度	♪♪♪	歩道は狭く、石畳があり意外と足が疲れる
グルメ度	♪♪♪	サント・スピリト通りにオステリアがある
ショップ度	♪♪♪	フィレンツェの伝統工芸品を手に入れよう
ビューティー度	♪♪♪	洗練された職人の技をみる
カルチャー度	♪♪♪	長い歴史に育まれた職人技を体感できる
おすすめ時間帯	13時～15時30分の昼休憩を避けた午前、午後
所要時間	3時間程度
予算目安	買物代＋食事代€20程度

🚇ドゥオーモから徒歩約10分

サンティッシミ・アポストリ通り

↓ 通りを西へ。細い道だが車や観光馬車が通る。車道に出ないように。徒歩約5分

パリオーネ通り

↓ 通りを西へ。サンティッシミ・アポストリ通り同様、歩行に注意。徒歩約1分

カッライア橋

↓ 進行方向の左側を歩こう。橋を渡り1つ目の角を左折。徒歩約1分

サント・スピリト通り周辺

🚇ドゥオーモまで徒歩約15分

↑街歩きの途中、こんな和やかな場面も

→おしゃれに気を使う地元男性客に人気

マーブル紙をあしらったブレスレット

エンジェルが連なるシルバーのブレスレット

① シモーネ・アッバールキ MAP 別冊P22E

Simone Abbarchi

モノ作りの本場で
自分だけのシャツを作る

オーダーメイドのシャツ専門店。1000種類以上の生地が用意されており、好みに合わせて色やデザインをリクエストしてお気に入りの一枚を作ることができる。料金は生地の種類により異なるが€165～300が目安。

↑自分にぴったりの一枚ができる

→お店では日本への配送もできる（有料）

DATA
🚇ドゥオーモから徒歩10分
🏠Via Delle Terme 15/R
📞(055)210552 🕐11～13時、15～18時 🚫月曜の朝、日曜

メイド in フィレンツェ

マーブル紙
特殊な液体の上に染料を垂らし、模様を描いて紙にすくい取る。模様は1枚ごとに異なる。

金細工
エトルリア文化がベースといわれ、ルネッサンス期に金細工の技術が発展した。

革製品
使うほどに味が出る工芸品。小物入れからバッグまで、多彩な革製品が揃う。

② プルネーティ・エクストラ・ギャラリー
Pruneti Extra Gallery Firenze

上質なオリーブ商品が ズラリとならぶ   MAP 別冊P22B2

グレーヴェ・イン・キャンティに自社の
オリーブ畑やぶどう畑を持つ「プルネー
ティ」の直営店。高品質なローカルのオ
リーブオイルがフィレンツェの中心街で
手に入る。€15で5種のオイルのテイステ
ィングも可能。

DATA
🚇ドゥオーモから徒歩10分
🏠Piazza del Limbo 2r ☎334-7049246
🕐10〜18時 休日曜

⬆オーガニックエクストラバー
ジンオリーブオイル€13

➡かぼちゃのオイル漬け
€7(右)とアーティチョー
クのオイル漬け€8.50(左)

⬅店内にはさまざまな
オリーブグッズが揃う

Apostoli

⬅フィレンツェ
名物のチャーム
付きブレスレッ
ト€80〜160

⬆銀細工が美し
いスプーンは€
18〜42が目安

③ ソロ・ア・フィレンツェ
Solo a Firenze   MAP 別冊P22B2

こだわりいっぱいの フィレンツェ・メイドを手に入れる

オーナーのエレナさんが集めた個性的なフィ
レンツェグッズが揃うショップ。店内には銀
細工職人である父親の手がけた作品や、地元
アーティストの布小物や陶芸作品など、あら
ゆる雑貨が並んでいる。

DATA
🚇ドゥオーモから徒歩10分
🏠Borgo Santissimi Apostoli 37r ☎(055)216324
🕐10時30分〜13時30分、15〜19時 休日曜

⬆フィレンツ
ェのみやげ探
しにおすすめ

Via del Parione
パリオーネ通り

➡真剣な眼差しして制作を行う　➡伝統的な文様を生かした作品。一番手前は€5300

④ ヴェルティーゴ
Vertigo

職人の手から生まれる最高級ジュエリー
MAP 別冊P22B1

デザイン、クオリティともに高い評価を受ける宝石店。商品はすべて宝石職人のアレッシオさんと、デザイナーのベアトリーチェさんのハンドメイドで、店内の制作スペースで仕上げたものを直接購入できる。価格はペンダントトップ€1000〜、イヤリング€380〜、ブレスレット€2000〜。

DATA......
🚇ドゥオーモから徒歩5分　🏠Via del Parione 22r
📞(055)289709　🕐10〜13時、15〜19時　🈺日曜、9〜6月の月曜、7・8月の土曜

➡マーブル紙を使った商品を作り続けるリカルドさん

➡マーブル紙のノート。ひとつとして同じ模様がないのも魅力

⬅マーブル紙を使った小物入れ

ひと足のばして ## イル・ブッセット・ディ・ジュゼッペ・ファナーラ GF89
Il Bussetto di Giuseppe Fanara GF89

MAP 別冊P18B2

一流ブランドも認める究極のシンプルさと革の温もり

ブッセットというハンマー状の道具を使って独特のつやを出した革製品の店。丸い形で手のひらにしっくり収まる小銭入れが有名で、シンプルながらその確かな品質でアルマーニなどのファッションブランドからも数多くのオーダーを受けてきた。🚇S.M.N.駅から徒歩4分　🏠Via Palazzuolo 136r
📞(055)290697　🕐9〜13時、15時30分〜19時30分　🈺土曜の午後、日曜

➡小銭入れは3サイズあり€40〜

⑤ リッカルド・ルーチ
Riccardo Luci

MAP 別冊P22A1

伝統の技が光る街の名品、マーブル紙

職人が作る色鮮やかなマーブル紙のお店。1908年に創業し、現在はリカルドさんが伝統の技を守り続けている。店にはそれらの技を生かした文具類が並び、マーブル紙のレターセット€10など、手軽なみやげ物が揃う。マーブル紙の制作実演販売も行っている。

➡パリオーネ通り沿いにあるお店

DATA..........
🚇ドゥオーモから徒歩15分　🏠Via del Parione 35 A/R　📞(347)5920581
🕐9時30分〜13時、15時〜19時30分　🈺日曜、8月の2週間

➡ペンなどのステーショナリーも色鮮やか

Via Santo Spirito
サント・スピリト通り周辺

⑥ イル・ビゾンテ
Il Bisonte　MAP 別冊P22A1

堅牢性とデザイン性が魅力
水牛マークの上質な皮革製品

日本でも人気のフィレンツェ発の皮革ブランド。オーナーでデザイナーのワニ・ディ・フィリッポ氏の鞄をメインに、財布やキーホルダーなど多彩な小物類が揃う。しっかりとした皮革は、時間が経つにつれて味わいが増し、幅広い年代に支持されている。

DATA......
🚇ドゥオーモから徒歩15分　🏠Via del Parione 31r　📞(055)215722　🕙10〜19時（8月は10時30分〜、日曜は11時30分〜18時30分）　休なし

⬆店内には上質なカバンが並ぶ

➡旅行用にも使える小さめのショルダーバッグ

⑦ ジュッジュ・ディ・アンジェラ・カプーティ
Giuggiu di Angela Caputi　MAP 別冊P22A2

フィオレンティーナも支持する
豊富なデザインと使いやすさが魅力

日本のセレクトショップでも人気の高いアクセサリーショップ。プラスチック素材の大ぶりのモチーフが特徴で、スタイリッシュな店内にはネックレス、ブレスレット、ブローチなど、さまざまなアクセサリーが揃う。奥には工房があり次々と新しいデザインが生み出されている。

⬆すっきりとしたレイアウトの店内

DATA......
🚇ドゥオーモから徒歩10分　🏠Via Santo Spirito 58r　📞(055)212972　🕙10〜13時、15時30分〜19時30分　休月・日曜、8月中旬の2週間

⬆カラフルなブローチ€67

⑧ イドゥルス
Idrus　MAP 別冊P22A2

カラーバリエーション豊富な
モダンな手作りジュエリー

フィレンツェ出身のジュエリー作家、アレッサンドラ・バッレリーニ氏の工房兼ショップ。ひとつひとつ丁寧に手作りされる繊細なジュエリーは伝統とモダンが調和する躍動感のあるデザイン。EXTシリーズのリングは組み合わせてつけるのがおすすめ。

⬆繊細な装飾のMAGIAシリーズのリング

DATA......
🚇ドゥオーモから徒歩15分　🏠Lungarno Guicciardini 19r　📞(055)268148　🕙10時30分〜13時、15時30分〜19時30分　休月曜の午前、日曜

⬇すべてハンドメイド

⬆Rugiada コレクションのゴールドリング€950
➡ゴールドとダイヤモンドのペンダント€1350

グルメ SPOTはこちら
アンジョリーノ
Trattoria Angiolino　MAP 別冊P22A2

生粋のフィレンツェ人が
作る伝統のひと皿

本物のフィレンツェ料理を求めて世界中の旅行者が集まる店。ランチ、ディナーともに同じメニューが揃い、セコンドにはビステッカやトリッパなど力強い料理が揃う。おすすめはアマトリチャーナ€15。ディナー時は予約を忘れずに。🚇ドゥオーモから徒歩15分　🏠Via Santo Spirito 36r　📞(055)2398976　🕙12時〜14時30分、19時〜22時45分　休なし

⬆オープンキッチンの店内

⬇プリモピアットは€10〜

フィレンツェ街歩きプラン

COURSE.5
やっぱり斜塔を観たい！
ピサへ日帰り小旅行

Pisa Firenze
Roma

ガリレオの落下の実験でも知られる斜塔。せっかくフィレンツェまで足を運んだら、ぜひ観ておきたい。斜塔のあるピサPisaは、10世紀ごろジェノヴァ、ヴェネツィア、アマルフィと並び、イタリアの四大海洋王国として栄えた場所。フィレンツェから列車で約1時間。ピサへ小さな旅に出かけよう。

コース比較リスト

街歩き度	♪♪♪	バスを利用すればそれほど歩かない
グルメ度	♪♪♪	広場周辺には気軽なカフェが多数
ショップ度	♪♪♪	広場にみやげの露店がいっぱい
ビューティー度	♪♪♪	端正なドゥオーモ広場は必見
カルチャー度	♪♪♪	ドゥオーモ広場の壮麗な建築
おすすめ時間帯		午前中
所要時間		フィレンツェからの移動を含め5時間
予算目安		入場料€25＋交通費＋食事代＋買物代

←ピサへ向かう列車の車内
↓ピサまでは片道€8.90

1 フィレンツェの
サンタ・マリア・ノヴェッラ中央駅

↓ 列車で約1時間

2 ピサ中央駅

↓ 駅前通りを渡ったNHホテル前の乗り場からバスLAMで約10分

3 ドゥオーモ広場

↓ 🚌バスLAMレッドラインでピサ中央駅まで約10分

1 フィレンツェの
サンタ・マリア・ノヴェッラ中央駅
Staz. Centrale della Santa Maria Novella
MAP 別冊P20A1

ピサに向けて出発！
車窓の眺めも楽しもう

サンタ・マリア・ノヴェッラ中央駅に到着したら駅構内にある自動券売機でF.S.-PISA CENTRALE までの切符を購入。通常、ピサ行きの列車はホームに向かって左手奥のホームに発着する。

↑ピサへはローカル列車を利用。乗車前の刻印を忘れずに

2 ピサ中央駅 MAP P107
Staz. Pisa Centrale

駅に到着！
帰りの列車の時刻のチェックも

ピサ中央駅に到着したら、帰りの列車の時刻を確認しておこう。フィレンツェ行きの列車はだいたい1時間間隔で運行している。駅を出ると目の前は噴水やバスのロータリーがある広場になっている。

↓アーチが連なるピサ中央駅

バスは黄色に赤のラインが目印

ドゥオーモ広場へは…

駅前のSTAZIONE 1バス停から LAM Rossa（レッド）に乗車する。切符はタバッキなどで購入しておこう。€1.20（運転手から購入の場合は€2）。所要約10分。S.M.N.駅から直接、またはピサ中央駅で乗り換えてピサ・サン・ロッソーレ駅まで向かう方法もある。

おすすめ！
おみやげはコレ

↑ドゥオーモ広場周辺の露店で発見！ ドゥオーモ広場の置物€3 ～（左）と、斜塔型の瓶に入ったオリーブオイル€5 ～（右）

3 ドゥオーモ広場 MAP P107（地図全体）
Piazza del Duomo

訪れる人々を魅了する奇跡の広場へ

世界的にも美しいといわれるピサのドゥオーモ広場。街の北側、城壁に隣接し、ドゥオーモ、斜塔、洗礼堂、墓所の4つの建物が並ぶ、その調和のとれた姿から「奇跡の広場」とよばれている。バスはサンタ・マリア門側に到着するので、シノピエ美術館でチケット購入後、洗礼堂、ドゥオーモ、斜塔の順に見学しよう。

DATA
ピサ・サン・ロッソーレ駅から徒歩約3分、またはピサ中央駅からバスLAM Rossaで10分 (050)835011 9～20時（カテドラルは10時～、シーズンにより開館時間は異なる）※入場は閉場の30分前まで

チケット購入方法アドバイス
広場にあるみどころのチケットの購入場所は納骨堂の並びとシノピエ美術館の2カ所。カウンターで見学したい建物を選ぶシステムで、料金は€7、€10、€20、€27の4種類。建物の組み合わせによって料金は異なる。斜塔のみ要予約。オンライン購入も可能。

ランチ spot

エル・サルヴァドール El Salvador MAP P107

ドゥオーモ観光の休憩やランチに
地元の人はもちろん観光客も訪れる、ドゥオーモ広場近くのバール。ボリューム満点で種類も豊富なパニーニをはじめ、パスタやサラダなどもメニューにあり、観光途中の休息や軽めのランチに最適。リーズナブルな価格設定も魅力だ。ドゥオーモ広場から徒歩1分 Via Roma 74 (050)561937 7～19時（土・日曜は8時～） なし

↑洗礼堂側から見たドゥオーモ広場

↓四層になったファサード。頂点に聖星像がそびえる

ここに注目
ジョヴァンニ・ピサーノによる説教壇。生き生きとした見事な彫刻は新約聖書の物語が題材になっている。

洗礼堂
Battistero

ドゥオーモの正面に立つのが洗礼堂。ステンドグラスが美しい内部は、音響のよさで知られており、みどころはニコラ・ピサーノが手がけた説教壇。また、上階の窓からドゥオーモのファサードを真正面に望むスポットがあり、記念撮影におすすめ。

ここに注目
ジョヴァンニ・ピサーノの父、ニコラ・ピサーノによる説教壇。柱頭の上には小さなヘラクレス像が立つ。

↑ロマネスクとゴシックの2つの様式が混在している

ドゥオーモ
Duomo
地中海貿易の富により、1063年に建設が始まり、13世紀にファサードが完成。ピサ・ロマネスク様式の最高傑作といわれている。内部はガリレオが振り子の原理を発見したといわれるランプや、ジョヴァンニ・ピサーノが手がけた説教壇など、みどころが多い。

白大理石を用いたロマネスク様式の建物

（地図）納骨堂 WC チケット・売り場 無料ロッカー ドゥオーモ 洗礼堂 斜塔 観光案内所 オペラ美術館 チケット売り場 シノピエ美術館 ピサ中央駅へ エル・サルヴァドール

斜塔
Torre Pendente
1173年にドゥオーモの鐘楼として建設が始まり、1350年に完成。設計はボナンノ・ピサーノが担当した。直径17mの円筒8層から成る塔は1185年には最初の傾斜が確認されている。見学は約30分間。入場券に記載された時刻より早めに入口に集合しよう（※注1）。

どれにする？
斜塔でフォトジェニックを目指す！
斜塔と記念撮影。さあ、あなたはどれにする？

支えてみる／手を添えてみる／倒してみる

ここに注目
斜塔の土台部分柱頭には、動物の装飾が施されている。この部分は着工数カ月後に完成していた。

シノピエ美術館
Museo Sinopie
フレスコ画の下絵、シノピエ約50点を保存・展示している美術館。シノピエは粗い漆喰と石灰を塗った壁面に、赤茶色の特殊な顔料で描かれており、その完全なデッサンを鑑賞できる。それほど規模は大きくないので20分程度で見て回れる。
←芸術的価値の高いシノピエ

注1：入口に集合する前に、チケット売り場の横にある無料の荷物預け所に、カメラ以外の荷物を預けておかなければならない。

フィレンツェ市内交通

VIA
POR S. MARIA

フィレンツェ観光は徒歩が基本

まわり方のポイント

通りと番地が大切

一般的に通りや広場の名前は、交差点のコーナーにある建物の2階部分に表示されていることが多い。また、番地は門やドアの横に表示されており、通りの片側に奇数、反対側に偶数が数字順に並ぶ。なお、フィレンツェの番地表示は一般の住宅を示す黒（nero ネロ）と、商店などを示す赤（rosso ロッソ）に色分けされている。同じ通りに住宅と店舗が並んでいると番地の数字が不規則だと感じることがあるが、黒は黒、赤は赤でそれぞれ順番に並んでいる。

街を分ける4つのエリア

フィレンツェはサン・ジョヴァンニ地区、サンタ・マリア・ノヴェッラ地区、サンタ・クローチェ地区、サント・スピリト地区の4つの地区に分けられている。それぞれ中心となる教会の名が付けられており、住んでいる人々の地区意識が意外に強い。

ストに用心！

電車やバス、タクシーなど交通機関のストライキが多いイタリアだが、フィレンツェも同じ。ストライキは平日が多く、たいてい1日行われるので注意しよう。

アクセス早見表

便利な行き方がすぐ分かる！

	ドゥオーモまで	ミケランジェロ広場まで	サンタ・マリア・ノヴェッラ中央駅(S.M.N.)まで
ドゥオーモから（→P92）	ドゥオーモの最寄りバス停 Olio Duomo、Roma Duomo など	タクシー利用が便利。10分ほど。	徒歩で10分ほど。
ミケランジェロ広場から（→P95）	タクシー利用が便利。10分ほど。	ミケランジェロ広場の最寄りバス停 バス12番 Piazzale San Miniato または13番 Piazzale il david	バス12番の Piazzale San Miniato から乗車。S.M.N. 駅近くの Stazione Scalette まで30分
サンタ・マリア・ノヴェッラ中央駅(S.M.N.)から（→P106）	徒歩で10分ほど。	バス12番の Pescaia Di Santa Rosa (S.M.N. 駅から徒歩約8分のカッシーア橋そばにある）から乗車。Piazzale San Miniato まで約30分	サンタ・マリア・ノヴェッラ中央駅(S.M.N.)の最寄りバス停 Stazione FS SMN 駅前、駅横がバスターミナル

※所要時間は目安です。道路の混雑状況や乗り換えの接続時間などにより変わります。

主な交通機関

バスやタクシーで行動範囲を広げよう

交通機関	料金	運行時間	避けたい時間帯
バス	90分間有効が€1.50（車内購入は€2.50）、90分間有効の10枚綴りが€14。	路線により異なるが、6～24時ごろ。夜間や週末は本数が減る。	朝夕のラッシュ時は混雑している。観光客の多い街なので、名所への路線は昼間も比較的込み合っている。
タクシー	基本料金は€3.30、以降1kmごとに€1.10加算、時間と距離に応じて€0.10ずつ加算の2通りがある。	24時間運行。	朝夕の道路が込み合う時間帯は歩いたほうが早い場合が多い。

バス
アウトブス
Autobus

市 バスを運営するのは AUTOLINEE TOSCANE。路線はフィレンツェの街を網羅しており、各路線には数字とアルファベットの名称が付いている。ただし、路線は入り組んでいるので、土地勘のない観光客にとって利用するのは難しい。主な観光名所は徒歩で充分まわれるので、ミケランジェロ広場など市中心部から離れた場所へ行く場合にバスを利用するといいだろう。

狭い道をバスが通る際は注意

●バスに乗ってみよう

1 バス停を探す

バス停は白色のボードが目印。路線番号と簡単な路線図が表示されているので、乗車前に目的地と路線番号を確認しておこう。路線番号が表示された看板の下には、時刻表がある。

2 乗車する

バスの前面には路線番号と行き先が表示されているので、乗車前に確認を。乗車は前方、後方どちらからでもOK。料金は90分間有効で€1.50、運転手から購入する場合は90分間有効で€2.50となる。車内なかほどにある刻印機に入れ、乗車した時刻を刻印するのを忘れずに。なお、乗車券はATAFのステッカーが貼られたバールやタバッキで購入できる。運転手は切符を持っていないことが多い。

切符は下の差し込み口に入れる。刻印を忘れると罰金が科せられるので、気をつけよう。

3 降車のリクエストをする

車内では次に停車するバス停を知らせるアナウンスはほとんどないので、窓の外を眺めて通り名などを確認しながら自分で降りる場所を確認する。降りるときは車内の窓枠にある青色のボタンを押せばよい。路線に不案内なら運転手に目的地を伝えて、近くのバス停で降ろしてもらうのもひとつの方法だ。

4 降車する

降車は基本的に中央のドアから。目的地が終点の場合はどこから降りてもOK。

扉の開閉ボタン。たまに開かないことがあるので要注意

チケットは「T」の印のあるタバッキで購入できる

 バスに乗車する際、行き先などを確認したいときに英語が通じないことも多い。イタリア語で書かれた行き先（主要観光スポットだと分かりやすい）のメモを見せるといいだろう。バスに乗り間違えると、戻るのもひと苦労なので、確認はしっかりと。

タクシー

タクスィ
Taxi

白い車体に「TAXI」と表示されているのが正規のタクシー。主なみどころや中心部をまわるのは徒歩で充分なフィレンツェでは、それほど頻繁に利用する交通手段ではないが、荷物が多いときや夜間の移動には、タクシーを利用したほうがいいだろう。

レプブリカ広場のタクシー乗り場

●タクシーに乗ってみよう

1 タクシーを探す

流しのタクシーはあまりないので、「TAXI」の看板がある乗り場から乗る。乗り場は主な観光名所や駅周辺に多く、何台も客待ちをしている場合もあるが、朝夕の通勤時間や雨が降ったときなどはかなり待つこともある。

2 乗車する

荷物1個につきプラス€1。最大5個まで。

日本とは異なり、ドアは手動なので自分で開閉する。行き先を告げる際は、英語が通じないこともあるので、目的地の住所を書いたメモを運転手に手渡すと確実。発車したらメーターが動いているか確認を忘れずに。

3 お金を払う

チップは基本的に必要なく、メーターに表示された額を支払う。料金に端数があった場合はお釣りをもらわないで済ませてもいい。例えば料金が€6.80のところを€7を渡して済ませるなど。お釣りが必要な場合はその旨を伝えよう。「ミ ディア イル レスト ペル ファヴォーレ（お釣りをください）」

トラブル防止のため、レシートをもらっておこう

4 下車する

ワゴン型のタクシーもある

下車する前に忘れ物がないか確認しよう。「グラーツィエ（ありがとう）」とひと言いあいさつをしてドアを閉めるとよいだろう。

料金システムについて

基本料金は€3.30、以降は時間と距離によって€0.10ごと加算される。そのほか、22時～翌6時は深夜基本料金として€6.60、荷物1個につき€1、日曜・祝日の基本料金は€5.30などの割増料金がある。

白タクに要注意

空港やサンタ・マリア・ノヴェッラ中央駅では到着した客を狙った白タクに注意しよう。あとで法外な料金を請求されるなどのトラブルが多い。正規のタクシーは「TAXI」の看板のある場所に停車しており、客の呼び込みをすることはまずない。

観光スポット

ルネッサンス発祥の地であり、街全体が世界遺産に登録されているフィレンツェでは、メディチ家ゆかりのスポットをはじめ、みどころが充実している。

特集もCheck♪

サン・ジョヴァンニ地区　MAP 別冊P21D1
アカデミア美術館 必見
Galleria dell'Accademia

高さ6mのオリジナル『ダヴィデ像』は必見

16世紀にコジモ1世が初代総裁を務めた美術アカデミーが前身。美術館としては19世紀に開館した。必見はシニョリーア広場から移されたミケランジェロ作の彫刻『ダヴィデ像』。世界的に有名な傑作だ。

DATA 🕐30～120分
ドゥオーモから徒歩10分　(055)0987100　8時15分～18時50分　※入場券は閉館30分前まで購入可　月曜　€12(予約は€16)

サン・ジョヴァンニ地区　MAP 別冊P21D1
メディチ・リッカルディ宮
Palazzo Medici-Riccardi

メディチ家の隆盛を物語る壁一面のフレスコ画は必見

1444年にコジモ・デ・メディチがミケロッツィに建設させた館。コジモ1世時代の1540年まで約1世紀にわたり、メディチ家の邸宅だった。のちにリッカルディ家の所有となる。まるで城砦のような堅固な外観で、当時の典型的な富裕層の邸宅様式をみせる。建築当初は開いていた1階外壁のアーケードの一部を塞いで、中に窓を入れ込んだのは、かのミケランジェロの設計によるもの。

↑石積みの堅牢な外観

→メディチ家の印。球は銀行業につながる貨幣を意味するという説も

DATA 🕐30分
ドゥオーモから徒歩5分　(055)2760552　9時～19時　※入場券は閉館30分前まで購入可　水曜　€10(美術館のみ€7)

サン・ジョヴァンニ地区　MAP 別冊P21C2
メディチ家礼拝堂 必見
Cappelle Medicee

神聖具室を彩るミケランジェロ作品は必見

フィレンツェを支配したメディチ家の当主が眠る礼拝堂。内部は色大理石や半貴石を使ったフィレンツェ式モザイクで床や壁、祭壇までも覆われており、壁にはトスカーナ大公たちの棺を安置。コジモ1世やコジモ3世が眠る礼拝堂の奥に新聖具室があり、その墓廟の彫刻はミケランジェロが1524～33年にかけて制作した。『昼』と『夜』、『曙光』と『黄昏』というテーマの4人の男女の像が有名。

↑外観は簡素だが内部は豪華

→入場はカント・デ・ネッリ通りの入口から

DATA 🕐30～120分
ドゥオーモから徒歩5分　(055)0649430　13時15分～19時(月・土・日曜は8時15分～14時)　※入場券は閉館40分前まで購入可　火曜、第1・3・5日曜　€9(予約料は€3)

サン・ジョヴァンニ地区　MAP 別冊P21C2
サン・ロレンツォ教会 必見
Basilica di San Lorenzo

未完のファサードが印象的

もともとは4世紀にミラノの司教アンブロージョによって献堂された。メディチ家の宮殿に近いことからメディチ家教区教会として機能していたが、コジモ・デ・メディチがブルネレスキに再建させた。完成は1461年だが、ミケランジェロも設計プランを出したファサードは結局今も未完のまま。堂内にはドナテッロによる説教台が2基あり、そのうちの1基ではサヴォナローラが説教をしたこともあった。

↑未完のファサード。内部には図書館がある

→優美な造り

DATA 🕐30分
ドゥオーモから徒歩3分　(055)214042　9時30分～17時30分　※最終入場は16時30分　日曜　€9

中央市場(P112)は古都フィレンツェには珍しいモダンな建物。実は建築を担当したのは、ミラノのショッピングアーケード、ガレリア・ヴィットリオ・エマヌエーレ2世の建築を手がけたジュゼッペ・メンゴーニ。古い街並みのなかではひと際目立つ存在になっている。

サン・ジョヴァンニ地区 MAP 別冊P21C1

中央市場
Mercato Centrale

フィオレンティーナの台所で
トスカーナの食材探し

市民の台所として親しまれている市場。トスカーナの食材を中心に扱う100を超える店が集まり、連日賑わっている。1階がワイン、チーズ、肉、魚介、オイル、野菜などを扱う市場。さまざまな食材が売られているので、見ているだけでも楽しめる。みやげ探しにもおすすめだ。2階はセルフサービスのイートインスペース。パスタやピッツァ、ジェラートなどの専門店が立ち並び、気軽に食事が楽しめる。

⬆ひと際目立つモダンな建物
➡2階のイートインスペースは開放的な空間

DATA .... ⏳30~120分
🚇ドゥオーモから徒歩5分 🕐店により異なる 🕐7~14時（夏を除く祝前日、土曜は～17時）、イートインフロアが9～24時 🚫日曜（イートインフロアは無休）

サン・ジョヴァンニ地区 MAP 別冊P19C1

孤児養育院美術館
Galleria dello Spedale degli Innocenti

15世紀建造の養育院

1445年に完成したヨーロッパ最古の孤児院。設計はブルネレスキ。美術館を併設しており、2階にはギルランダイオ作「東方三博士の礼拝」など著名な作品がある。

DATA .... ⏳~30分
🚇ドゥオーモから徒歩10分 📞(055)2037122 🕐11～18時（特別展示期間は9～19時）※入場券は閉館30分前まで購入可 🚫火曜 💰€13

サン・ジョヴァンニ地区 MAP 別冊P19C1

サン・マルコ美術館 必見
Museo di San Marco

フラ・アンジェリコの『受胎告知』は必見

みどころは、ギルランダイオの『最後の晩餐』、フラ・アンジェリコの『キリスト磔刑図』と『受胎告知』。

DATA .... ⏳30~120分
🚇ドゥオーモから徒歩15分 📞(055)0882000/(055)294883 🕐8時15分～13時50分※入場券は閉館30分前まで 🚫第1・3・5日曜、第2・4月曜 💰€8（予約は別途€3）

サンタ・クローチェ地区 MAP 別冊P23D2

ヴェッキオ宮殿 必見
Palazzo Vecchio

高さ94mの鐘楼が印象的なゴシック様式の世界遺産

14世紀初頭に建築されたかつてのフィレンツェ共和国の政庁舎で、現在は市庁舎。16世紀にコジモ1世がここを居城とした折、ヴァザーリに依頼して内部をルネサンス風に改装したものが現在まで遺っている。みどころは、500人の市民議会を開催するために15世紀に造られた『五百人広間』や、1470年作のブロンズ像の彫刻『イルカを抱くプット』など。中庭の噴水にはレプリカの像も。

⬆壁画が圧巻の五百人広間
➡外観はゴシック様式。オリジナルの像は宮殿内の博物館に

DATA .... ⏳30~120分
🚇ドゥオーモから徒歩5分 📞(055)2768325 🕐9～19時（木曜は通年～14時）※入場券は閉館1時間前まで購入可 🚫なし 💰宮殿と塔それぞれ€12.50

サンタ・クローチェ地区 MAP 別冊P19C3

サンタ・クローチェ教会
Basilica di Santa Croce

フィレンツェゆかりの偉人たちが眠る教会

14世紀末に完成したフランチェスコ修道会の教会。ファサードと鐘楼は19世紀になって付け加えられた。内部には著名人たちの墓や記念碑が多くあり、右の身廊にはミケランジェロ、ダンテ、マキャヴェリ、左にはガリレオ・ガリレイの墓碑などが並んでいる。祭壇の右にあるペルッツィ礼拝堂とバルディ礼拝堂には、聖フランチェスコの生涯などを描いたジョットのフレスコ画が残る。

⬆6月には教会前の広場で古式サッカーが行われる
➡教会内部には芸術作品が多数

DATA .... ⏳~30分
🚇シニョリーア広場から徒歩10分 📞(055)2466105 🕐9時30分～17時30分（日曜、祝日は12時30分～17時45分）※入場は閉館30分前まで 🚫6月13日、10月4日 💰€8（付属博物館と共通、オンライン予約は別途€1）

サンタ・クローチェ地区 MAP 別冊P23D1

バルジェッロ国立博物館
Museo Nazionale del Bargello

ルネサンス期の彫刻が並ぶ

旧人民隊長の館として建てられ、16世紀には警察署（バルジェッロ）だった建物を利用した博物館。入口にミケランジェロの作品が並ぶ。

DATA .... ⏳30~120分
🚇シニョリーア広場から徒歩8分 📞(055)0649440 🕐8時15分～13時50分※入場券は閉館40分前まで購入可 🚫火曜、第2・4日曜 💰€9（予約は別途€3）

サンタ・マリア・ノヴェッラ教会
Basilica di Santa Maria Novella

サンタ・マリア・ノヴェッラ地区　MAP 別冊P20A2

ファサードの装飾が美しい
美術作品が多彩な教会

14世紀半ばに完成したドメニコ修道会の教会。ファサードの上部は下部のロマネスク様式に合わせてアルベルティが15世紀に手がけた。ルネサンス絵画の先鞭を付けたマザッチョの『三位一体』、ギルランダイオのフレスコ画『洗礼者ヨハネの生涯』、ブルネレスキ『十字架像』、フロレンティン・ナルド『最後の審判』、フィリッピーノ・リッピのフレスコ画などを鑑賞することができる。

↑ギルランダイオは教会右の墓地に眠る
←亀に支えられたオベリスクは17世紀に建造

DATA ⋯⋯⋯⋯⋯ ✕〜30分
🚇S.M.N.駅から徒歩2分　📞(055)219257
🕐9時30分〜17時30分（10〜3月は〜17時、金曜は11時〜、土・日曜、祝日は月によって変動）　🎫なし　💶€7.50（特別展は€12）

パラティーナ美術館
Galleria Palatina

サント・スピリト地区　MAP 別冊P22B4

ルネッサンスを代表する
珠玉の作品を展示

ピッティ宮殿の2階にあり、華麗な内装の部屋に16〜17世紀の名画を展示。ラファエロ、ティツィアーノの作品は特に充実している。サトゥルヌスの間にあるラファエロ作『小椅子の聖母』『大公の聖母』や、アポロの間にあるティツィアーノ作『マグダラのマリア』『灰色の目の男』、フィリッポ・リッピ作『聖母子』、ボッティチェッリ作『若い男の肖像』など秀作が揃う。

↑フィリッポ・リッピ作『聖母子』
←室内装飾にも目を向けよう

DATA ⋯⋯⋯⋯⋯ ✕30〜120分
🚇シニョリーア広場から徒歩10分　📞(055)294883
🕐8時15分〜18時30分 ※入場券は閉館1時間前まで購入可　🎫月曜　💶€16（11〜2月は€10）※ピッティ宮殿、パラティーナ美術館、ウッフィッツィ美術館、ボボリ庭園との共通チケットは€38（11〜2月は€18）

ピッティ宮殿
Palazzo Pitti

サント・スピリト地区　MAP 別冊P22B4

大富豪の巨大な宮殿

メディチ家のライバルだったピッティ家が、ブルネレスキの創案を基に1458年に着工。発注主ルカ・ピッティの死後、メディチ家のコジモ1世が病身の妻エレオノーラのために1549年に買い取り改築。1559年にアンマンナーティにより中庭を囲む2つの翼、その後さらにファサードが増築され、1859年まではトスカーナ大公の住まいとして使われた。宮殿は、パラティーナ美術館、銀器博物館、近代美術館、衣装博物館、陶磁器博物館など7つの美術館・博物館と、広大なボボリ庭園で構成されている。

↑粗い石積みの力強い外観

DATA ⋯⋯⋯⋯⋯ ✕120分以上
🚇シニョリーア広場から徒歩10分
📞(055)294883（博物館総合インフォメーション）　🕐8時15分〜18時30分※入場券は閉館1時間前まで購入可　🎫月曜　💶€16（11〜2月は€10）※ピッティ宮殿、パラティーナ美術館、ウッフィッツィ美術館、ボボリ庭園との共通チケットは€38（11〜2月は€18）

ボボリ庭園
Giardino di Boboli

サント・スピリト地区　MAP 別冊P18B4

🔭眺め

街を一望する広大な庭園

ピッティ宮殿の南にあるイタリア・ルネッサンス様式の庭園。

DATA ⋯⋯⋯⋯⋯ ✕120分以上
🚇シニョリーア広場から徒歩10分
📞(055)294883　🕐8時15分〜18時30分（11〜2月は〜16時30分、6〜8月は〜19時10分、3・10月のサマータイム時は〜17時30分）※入園は1時間前まで　🎫第1・最終月曜　💶€10（11〜2月は€6）

ルネッサンスを咲かせたメディチ家

●第1次黄金期

フィレンツェで12世紀から加工業と金融業を中心に経済が発展すると、薬業を営んでいたメディチ家も当主ジョヴァンニ・ディ・ビッチが金融業を拡張。2人の息子を使い名門財閥と婚姻関係を結ぶことで、フィレンツェで実権を握った。1429年、当主となったコジモの時代、ヨーロッパ各地に勢力を拡大し、「祖国の父」とよばれた。コジモの息子ピエロ、豪華王の名で知られる孫のロレンツォと3代にわたり、第一次黄金時代を形成。この時期に財力を使って、ラファエロやミケランジェロと多くの芸術家を庇護し、創作活動をバックアップした。

●第2次黄金期

ロレンツォ豪華王が1492年に没すると、メディチ家の勢力は急速に衰退。一時サヴォナローラによって追放されたが、ロレンツォの次男ジョヴァンニが1513年に枢機卿からローマ法王レオ10世に就任すると、メディチ家は復権。コジモ1世の時代にはフィレンツェをはじめ、シエナ、ナポリまで統治を拡大し、大公の地位を確立した。しかし、文化の中心がローマへ移るとメディチ家は表舞台から姿を消し、アンナ・マリア・ルドヴィーカを最後に1743年にメディチ家は断絶。彼女が結んだ協定のおかげで、メディチ家が集めた膨大な美術品はそのまま残っている。

ピッティ宮殿の入口を背にして右手回廊の奥、人工洞窟の前にある人物像のバッコ。この像のモデルになった人物はコジモ1世のお気に入りだったといわれている。ぽっちゃり体型がチャーミングなバッコと記念撮影をしよう。

グルメ

トスカーナの恵みが集まるフィレンツェには極上の味を堪能できるグルメスポットが多い。名物のビステッカなど、豪快な肉料理からワインやつまみ系まで多彩。

特集もcheck♪

How to

ドゥオーモ広場やシニョリーア広場の周辺には食事処が多く便利だが、料金設定はやや高め。アルノ川を渡ったサント・スピリト地区やサンタ・マリア・ノヴェッラ中央駅近くは比較的安め。また、中央市場内の食堂でのランチもおすすめ。

ヴェッキオ橋周辺　MAP 別冊P23C3

ゴールデン・ビュー
Golden View

窓の外の眺めもごちそう
くつろぎのリバービュー

アルノ川沿いにあり、窓の外にはヴェッキオ橋を望める絶好のロケーション。夕方には陽が沈む絶景を堪能しながら料理を味わうことができる。メニューは、その日に市場で仕入れた食材を使う日替わりのほか、アラカルトも豊富。季節の野菜を調理したヴィーガン料理や、10種以上のサンドイッチも用意されている。パンやドルチェは自家製というこだわり。ハウスワインと一緒に味わいたい。

⇧自家製のワイン€7〜
➡窓際の席は人気があるので、なるべく予約を

DATA
🚶ヴェッキオ橋から徒歩2分 🏠Via de' Bardi 58-64R 📞(055)214502 🕐12〜15時、18時30分〜23時 🈺月・火曜

サンタ・マリア・ノヴェッラ地区　MAP 別冊P18A1

バルディーニ
Trattoria Baldini

気取らない家庭料理が魅力

1900年代創業のトラットリア。肉や豆料理を中心とする伝統的なトスカーナ料理が味わえる。濃厚なラグーソースが特徴のペンネ・ストラッシッカーテ€11.50が人気。

DATA
🚶ドゥオーモから徒歩25分 🏠Via il Prato 96r 📞(055)287663 🕐12時〜14時30分、19時30分〜22時 🈺土曜、日曜の夜、6〜8月の日曜、12月の10日間

シニョリーア広場周辺　MAP 別冊P23C1

トラットリア・ガブリエッロ
Trattoria Gabriello

王道メニューが揃う

トスカーナ料理をひととおり揃え、あえて変わったことをしないのが店のこだわり。定番のメニューはリボッリータ€9など。月替わりの特価ワインも試したい。

DATA
🚶ドゥオーモから徒歩10分 🏠Via della Condotta 54r 📞(055)212098 🕐12時〜15時30分、19〜23時 🈺水曜

シニョリーア広場周辺　MAP 別冊P23C1

オステリア・デル・ポルチェッリーノ
Osteria del Porcellino

肉料理が自慢の
気さくなオステリア

メルカート・ヌオーヴォ近くの落ち着いた路地にあるカジュアルなオステリア。リボッリータやビステッカなど伝統的なトスカーナ料理をワインとともに楽しむことができる。豪快なビステッカはグラム売りではなく1.3kgとつけあわせ野菜で€60。定番料理のほかに、バルサミコ酢風味の牛フィレステーキ€30などオリジナルの料理も自慢。ハウスワインはキャンティで、ボトル€10〜。

⇧内装もトスカーナ風にこだわっている
➡野菜たっぷりのパン粥、リボッリータ

DATA
🚶ドゥオーモから徒歩10分 🏠Via Val di Lamona 7r 📞(055)264148 🕐12〜15時、18時30分〜23時（週末は12〜23時）🈺なし

シニョリーア広場周辺　MAP 別冊P23D1

ヴィーニ・エ・ヴェッキ・サポーリ
Vini e Vecchi Sapori

地元住民に愛される一軒

小さな店で昼の混雑時は相席も普通という庶民的な雰囲気。メニューは日替わりだが、自家製のパスタにカモ肉のソースを合わせたパッパルデッレ・アナトラ€16など。

DATA
🚶ドゥオーモから徒歩10分 🏠Via dei Magazzini 3r 📞(055)293045 🕐12時30分〜14時30分、19時〜22時30分 🈺日曜

オステリア・ディ・ジョヴァンニ
L'Osteria di Giovanni

｜トスカーナの料理とワインを堪能

トスカーナ料理の店。炭火で焼き上げたビステッカ€65/1kgをはじめ、トスカーナの名物パスタ、ピーチ€16など、王道の味を楽しめると人気。ハウスワイン€18。

DATA ....
🚇ドゥオーモから徒歩10分
🏠Via del Moro 22r
☎(055)284897
🕐19時〜22時30分　休なし

カフェ・ピッティ
Caffè Pitti

｜生トリュフ料理が絶品

ピッティ宮殿前のモダンなカフェ兼リストランテ。店の自慢はトリュフ料理で、年間を通じて生トリュフを提供している。隣接する食材店ではトリュフの販売も。

DATA ....
🚇ドゥオーモから徒歩20分
🏠Piazza Pitti 9
☎(055)2399863
🕐12〜16時、19〜23時　休なし

ブリンデッローネ
Trattoria l'Brindellone

｜フィレンツェ随一のビステッカ

地元誌で「フィレンツェで最もビステッカ（ビーフステーキ）がおいしい店」として絶賛された有名店。ビステッカのほか、前菜やパスタなどトスカーナ料理が充実。

DATA ....
🚇ピッティ宮殿から徒歩10分　🏠Piazza Piattellina 10/11r　☎(055)217879
🕐12時30分〜14時、19時30分〜22時
休月曜、6月末から3週間

トラットリア・アルマンド
Trattoria Armando

｜マンマが作る料理の数々

1957年創業。母親が料理を、娘がフロアを担当。おすすめのスパゲッティ・アッラ・カレッティエラ€18はニンニクとトウガラシが入ったピリ辛トマトソースが美味。

DATA ....
🚇ヴェッキオ橋から徒歩15分　🏠Borgo Ognissanti 140r　☎(055)217263
🕐12時15分〜14時30分、19時15分〜22時30分　休月曜の昼、日曜

ピッティ・ゴーラ・エ・カンティーナ
Pitti Gola e Cantina

｜とっておきの銘柄に出合える

ピッティ宮殿が目の前のエノテカ。建物は14世紀のもので、中央にカウンター、周りにテーブル席がある。グラスワインは€6.50〜12。時折、高級銘柄のワインも並ぶ。

DATA ....
🚇ドゥオーモから徒歩15分
🏠Piazza Pitti 16
☎(055)212704
🕐12〜23時　休なし

カンティネッタ・アンティノーリ
Cantinetta Antinori

｜名門ワインを料理と味わう

ワインメーカーが経営するエノテカで、トスカーナ料理も味わえる。1385年創業のアンティノーリ社は1970年代にティニャネッロを生んだ名門。グラスワイン€6〜。

DATA ....
🚇ドゥオーモから徒歩5分　🏠Piazza degli Antinori 3　☎(055)292234
🕐12時30分〜14時30分、19時〜22時30分　休日曜、8月の2週間

カンティネッタ・デイ・ヴェラッツァーノ
Cantinetta dei Verrazzano

｜老舗ワイナリーの直営店

トスカーナ地方屈指のワインの産地、グレーヴェ・イン・キャンティにワイナリーをもつ、ヴェラッツァーノ直営のエノテカ。キャンティ・クラシコなどグラス€7〜。

DATA ....
🚇シニョリーア広場から徒歩5分
🏠Via dei Tavolini 18/20r
☎(055)268590　🕐8〜16時（日曜は10〜17時）　休7〜9月の日曜

ペルケ・ノ！
Perche no!

｜フレーバーの組合せを楽しむ

ドゥオーモから近い、40種類前後の自家製フレーバーが揃うジェラテリア。ほかにも、シチリア島の菓子、カッサータのドルチェなど、ユニークなものも揃っている。

DATA ....
🚇ドゥオーモから徒歩5分　🏠Via dei Tavolini 19r　☎(055)2398969
🕐11時〜23時30分（火曜は12〜20時、冬期は12〜20時）　休火曜

リヴォワール
Caffè Rivoire

｜1862年創業の老舗カフェ

ショコラテリアだったことから、おすすめはチョコレートドリンク、ティラミスなど。箱入りのチョコレート詰合せ€28〜はみやげに最適。ランチメニューも充実。

DATA ....
🚇シニョリーア広場沿い　🏠Piazza della Signoria 5r　☎(055)214412
🕐8時〜23時30分（冬期は〜22時30分）　休冬期の月曜

レストランでは必ずコースどおりに注文する必要はなく、基本的に食べたいものを食べられるだけ注文すればいい。ただし、高級店では嫌がられることもあるので、注文時にカメリエーレ（ウエイター）と相談して決めよう。

ショッピング

伝統工芸品をはじめ、ブランドものや食材など、バラエティ豊富。

特集もcheck♪

How to

ブランド店はトルナブォーニ通り周辺（→P100）、伝統工芸品の店はアルノ川周辺（→P102）に集合。また、ローマ通り（MAP別冊P21C4）にもさまざまなジャンルの店が並ぶ。

伝統の逸品を手に入れるのも楽しみ

ドゥオーモ広場周辺　MAP 別冊P21C4

ブラスキ
Braschi

商品の充実度が抜群！
ユニークな雑貨探しに

個性的な雑貨が揃う店。チーズカッターやカップ＆ソーサーなどキッチン雑貨を中心に、インテリアやステーショナリーなど、独自のセンスで選ばれたユニークなアイテムがいっぱい。1、2階の壁には食器やステンレスのボウル、スパイスケースなどがずらりと並ぶ。商品のセレクトは家族で行っており、今のオーナーは4代目。アットホームな雰囲気のなか雑貨選びができる。

←現在オーナーは4代目

→エコエスプレッソカップ€4.80（フタは別）

DATA
🚶ドゥオーモから徒歩5分　🏠Via del Corso 67r　📞(055)287743　🕙10時～13時30分（日曜は11時～）、15時～19時30分　🚫なし

ドゥオーモ周辺　MAP 別冊P19C2

ズビーゴリ・テッレコッテ
Sbigoli Terrecotte

1850年創業の陶器工房

家族が代々受け継いできた老舗で、売り場の奥にある工房で手作りした陶器を販売している。温かみのあるトスカーナ地方の伝統的なモチーフが描かれている。各種テーブルウエアには花やフルーツ、オリーブなどが明るい色彩でデザインされ、食卓を華やかにする。

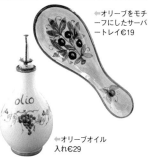

←オリーブをモチーフにしたサーバートレイ€19

←オリーブオイル入れ€29

→明るい色合いの装飾が施された陶器が並ぶ

DATA
🚶ドゥオーモから徒歩5分　🏠Via S. Egidio 4r　📞(055)2479713　🕙9～13時、15時～19時30分　🚫日曜、8月15日前後の1週間

ヴェッキオ橋　MAP 別冊P23C2

ポンテ・ヴェッキオ14
Ponte Vecchio 14

細工に思わず溜め息

フィレンツェの伝統工芸品、金細工製品を扱う店。同種の店が並ぶヴェッキオ橋にある。価格はその日の金レートと、大きさや細工の細かさで異なる。品揃えは多彩。

DATA
🚶ドゥオーモから徒歩10分
🏠Ponte Vecchio 14r
📞(055)290840
🕙10時～18時30分　🚫なし

トルナブォーニ通り周辺　MAP 別冊P20A3

チェッレリーニ
Cellerini

高品質を誇る手作り鞄店

1957年創業の老舗。自慢のバッグは牛革やオーストリッチなど最高級の革を用い、確かな腕をもつ職人によって丁寧に作られている。

DATA
🚶レプブリカ広場から徒歩10分
🏠Via del Sole 9
📞(055)282533
🕙10～18時
🚫日曜、8月の1週間

🇯 日本語スタッフ　🇪 英語スタッフ

シニョリーア広場周辺 MAP 別冊P23C2
スペツィエリア・エルボリステリア・パラッツォ・ヴェッキオ
Spezieria-Erboristeria Palazzo Vecchio

独自開発のコスメがずらり

自然派化粧品を扱う薬局。独自に開発したスキンケア用品のほか、ハーブから作るコロン€25前後も豊富。敏感肌用のコスメも用意している。パッケージもおしゃれ。

DATA
🚶シニョリーア広場から徒歩1分
🏠Via Vaccureccia 9r
📞(055)2396055
🕐10時～19時30分 🏖日曜

サント・スピリト地区 MAP 別冊P22A2
リッポグリーフォ
L' Ippogrifo

繊細な仕事から生まれる逸品

フィレンツェの風景などを題材にしたエッチングによる銅版画を制作、販売。オーナーのジャンニさんがフィレンツェで500年ほど前に発達した伝統的な技法を再現。

DATA
🚶ドゥオーモから徒歩15分
🏠Via Santo Spirito 5r
📞(055)213255
🕐10時～18時 🏖日曜

ドゥオーモ広場周辺 MAP 別冊P23D1
マイウォリット
Mywalit

カラフルなレザーグッズが揃う

トスカーナ州を中心に店舗を展開する皮革ブランド。パスケースや財布などアイテム豊富。

DATA
🚶レプブリカ広場から徒歩5分
🏠Via della Condotta 30r
📞(055)4939274
🕐10～19時(土・日曜は10～13時、14～19時)
🏖なし

ピッティ宮殿周辺 MAP 別冊P22B3
クオイオッフィチーネ
Cuoiofficine

ハンドメイドの革小物を

マーブル紙と同様の手法で模様を作り皮革にプリントするというオリジナル製法の革で手作りした小物を扱う。カスタマイズして自分だけのアイテムも作れる。

DATA
🚶ピッティ宮殿から徒歩3分
🏠Via Guicciardini 116r
📞(055)286652 🕐10時30分～19時30分 🏖なし

ドゥオーモ広場周辺 MAP 別冊P21D3
エコ
Echo

着回しアイテムが充実

フィレンツェ発ブランドを扱うセレクトショップ。ワンピース€50～、アクセサリー€6～など手頃な価格帯。

DATA
🚶ドゥオーモから徒歩1分
🏠Via dell' Oriuol 39r
📞(055)2381149 🕐10時～19時30分
(月曜は～12時30分～、日曜は15時30分～) 🏖7月、8月の日曜

ドゥオーモ周辺 MAP 別冊P23D1
ブラマーダ
Bramada

伝統工芸をおしゃれに楽しむ

トスカーナ地方の伝統工芸を扱うセレクトショップ。商品はすべてフィレンツェの作家がデザインし、ファッションからインテリア雑貨まで多彩。

DATA
🚶ドゥオーモから徒歩5分
🏠Via del proconsolo 12r
📞(055)4937291 🕐10時30分～19時
(日曜は11～17時) 🏖なし

トルナブォーニ通り周辺 MAP 別冊P22B1 **プラダ** Prada	ウエアからバッグ、靴、小物まで扱うプラダのレディス専門店。1フロアに最新コレクションが揃う。🚶レプブリカ広場から徒歩5分 🏠Via de' Tornabuoni 53r/67r 📞(055)267471 🕐10時～19時 🏖なし
トルナブォーニ通り周辺 MAP 別冊P20B4 **マックスマーラ** Max Mara	数多くのラインを展開。エレガントなドレス、シンプルなオフィスウエアなど。🚶レプブリカ広場から徒歩5分 🏠Via de' Tornabuoni 66/68/70r 📞(055)214133 🕐10～19時(土・日曜は11～19時) 🏖なし
トルナブォーニ通り周辺 MAP 別冊P20B4 **ブルガリ** Bvlgari	ローマに本店を構える高級ジュエリーの老舗。時計やアクセサリーのほか、財布や香水も扱う。🚶レプブリカ広場から徒歩5分 🏠Via de' Tornabuoni 56r 📞(055)2396786 🕐10時30分～19時30分 🏖なし
トルナブォーニ通り周辺 MAP 別冊P20B4 **トッズ** Tod's	おなじみのドライビング・シューズをはじめ、定番から最新コレクションの靴、バッグなど。🚶レプブリカ広場から徒歩5分 🏠Via de' Tornabuoni 60r 📞(055)219423 🕐10～19時(日曜は11～19時) 🏖なし
トルナブォーニ通り周辺 MAP 別冊P22B1 **エミリオ・プッチ** Emilio Pucci	鮮やかな幾何学模様のプリントはプッチ柄とよばれ人気。🚶レプブリカ広場から徒歩5分 🏠Via de' Tornabuoni 20-22r 📞(055)2658082 🕐10～19時 🏖なし
トルナブォーニ通り周辺 MAP 別冊P20B4 **ジョルジオ・アルマーニ** Giorgio Armani	洗練されたデザインで知られるウェアや、財布、アクセサリーなどの小物も充実。🚶レプブリカ広場から徒歩5分 🏠Via de' Tornabuoni 83r 📞(055)219041 🕐10～19時 🏖なし

 フィレンツェは工房を兼ねた個人経営の店が多く、店内で職人の制作風景を見学できるチャンスが多い。記念撮影をしたい場合は、真剣に作業をしているので、ひと声かけてからにしよう。

フィレンツェ・ショッピング

ドゥオーモ広場周辺 MAP 別冊P19C1
サンティッシマ・アンヌンツィアータ薬局
Farmacia S.S. Annunziata

16世紀から続く街の薬局

1800年代のアンティーク家具が並ぶ店内に、創業当時から受け継がれる約20種の香水の香りをベースにした化粧品やアロマグッズが揃う。

DATA
🚶ドゥオーモから徒歩3分
🏠Via dei Servi 80r
📞(055)210738　⏰9時30分～19時（土曜は10時～）　🈺日曜

ドゥオーモ広場周辺 MAP 別冊P19C2
ビザール
Bizzarre

天然石を使った手作りアクセ

色鮮やかな天然石や鉱石を磨いて作る手作りアクセサリーの店。自然の石なので全く同じものはなく、色や形でお気に入りのひとつを探せる。ネックレスは€12～100。

DATA
🚶ドゥオーモから徒歩5分
🏠Borgo degli Albizi 52r
📞(055)2478986　⏰10時30分～13時、14時～19時30分　🈺なし

トルナブォーリ通り周辺 MAP 別冊P20B3
アプロージオ・エ・コー
Aprosio & Co

自然モチーフの小物をみやげに

ムラーノ島のヴェネツィアンビーズやチェコボヘミアングラスなどを使ったアクセサリーやバッグを扱う。海や山など自然をモチーフにした一点ものが多い。

DATA
🚶トゥーモから徒歩10分
🏠Via del Moro 77r/75r
📞(055)210127　⏰10時30分～19時（8月は~18時30分）　🈺日曜、8月の土曜

トルナブォーニ通り周辺 MAP 別冊P20B3
ボヨラ
Bojola

4代続く革製品の老舗

1906年に創業し、代々家族で革製品作りをしている老舗店。S.M.N.教会周辺に工房兼支店がある。使い込むほどに味が出る牛革バッグ€300～のほか、キャンバス地と組み合わせたバッグ€100～など、使いやすさとデザイン性を併せ持つ商品が多い。

↑男性ものも豊富な革専門店

→革とキャンバス地を組み合わせたショルダーバッグ€125

DATA
🚶ドゥオーモから徒歩5分　🏠Via del Rondinelli 25r　📞(055)215361
⏰10時～19時30分
🈺日曜

トルナブォーニ通り周辺 MAP 別冊P22B2
ピネイデル1774
Pineider 1774

世界に知られた高級文具店

1774年に開業した高級文具の本店。手帳、万年筆、便箋、革のバッグなど質の高い製品が揃う。オリジナルの便箋やカードが有名で、世界中の著名人から注文が。

DATA
🚶ドゥオーモから徒歩8分
🏠Lungarno degli Acciaiuoli 72r/76r
📞(055)284655
⏰10～13時、14～19時　🈺日曜

トルナブォーニ通り周辺 MAP 別冊P20B4
プロカッチ
Procacci

トリュフ製品が充実の食材店

1885年創業の老舗食材店。特にトリュフの商品が豊富でペースト、パスタ、オイル、ワイン、サラミなどさまざまな商品が揃っている。価格は€12～26が目安。トリュフの香り漂うグルメなおつまみを、世界が認めた最高級ワインと一緒に楽しみたい。

↑高級食材がずらりと並ぶ店内

→店内のバールで味わえるトリュフサンド

DATA
🚶ドゥオーモから徒歩5分　🏠Via Tornabuoni 64r　📞(055)211656
⏰10～21時（日曜は11～20時）
🈺7・8月の日曜、8月の2週間

ドゥオーモ周辺 MAP 別冊P21D3
アンティーカ・カンティーナ・デル・キャンティ
L'Antica Cantina del Chianti

トスカーナ産ワインが充実

トスカーナ産を中心に約600種のワインが揃う。ブルネッロ・ディ・モンタルチーノやキャンティ・クラシコなど、有名銘柄が手ごろな価格で手に入る。

DATA
🚶ドゥオーモから徒歩1分
🏠piazza Doumo23r　📞(055)282489
⏰9時30分～24時（冬期は~22時）
🈺なし

🗾日本語スタッフ　🇬🇧英語スタッフ

アウトレット

買物好きには見逃せないアウトレットショッピング。手ごろな価格と、イタリアならではの高級ブランドが目白押し。フィレンツェから出ているシャトルバスを賢く利用しよう。

バルベリーノ・デザイナー・アウトレット
Barberino Designer Outlet

テーマパークのようなアウトレット

イタリアらしい、明るい街並みのアウトレット。プラダをはじめとする、人気のイタリア高級ブランドを中心に、各国のブランドなど約100店舗が出店。割引率は30〜70％で、夏と冬の2回行われるセールでは、さらにディスカウントされる。ファッションのほか、キッチン雑貨なども揃う。

DATA
フィレンツェS.M.N.駅SITAバスターミナルからシャトルバス（下記）または路線バスで約30分
Via Meucci, Barberino di Mugello
(055)842161 10〜20時 なし

主なおすすめショップ

デザイナーズ・ブティック

| ドルチェ&ガッバーナ |
| DOLCE & GABBANA |
| コルソ・ローマ |
| CORSO ROMA |
| コンバース |
| CONVERSE |
| カルバン・クライン |
| CALVIN KLEIN |
| ゲス |
| GUESS |
| カルロ・ピニャテッリ |
| CARLO PIGNATELLI |
| ロレアル・パリ |
| L'ORÉAL PARIS |
| マイケル・コース |
| MICHAEL KORS |
| ピンコ |
| PINKO |
| ポリーニ |
| POLLINI |
| ユナイテッド・カラーズ・オブ・ベネトン |
| UNITED COLORS OF BENETTON |
| など約120店舗 |

ザ・モール
The Mall

シャトルバス利用が便利

ジョルジオ・アルマーニ、フェラガモ、フェンディなど、イタリアを代表するブランドが集まる。なかでもグッチは大きく、カフェもある。

DATA
フィレンツェS.M.N.駅から公共バスSITA、またはシャトルバス
Via Europa 8 Leccio Reggello
(055)8657775 10時〜19時30分 なし

シンプルシックなカラクテールのジャケット

モノグラムの入ったポリーニのスポーツシューズ

コッチネッレの定番バッグも手ごろ

シャトルバスで行くのが便利

●フィレンツェ発シャトルバス
集合場所：S.M.N.駅前広場
問合先：(055)842161
1日3便 出発9時30分、11時30分、14時
€13 公式サイトから予約可

ドルチェ&ガッバーナ・アウトレット
Dolce & Gabbana Outlet

D&Gファンはぜひ！

ドルチェ&ガッバーナだけのアウトレット。レディス、メンズのファッションから小物まで豊富に揃う。

DATA
フィレンツェ中心部からタクシーで1時間 Via S.Maria Maddalena, 49-Pian dell'Isola, Incisa in Val d'Arno (055)8331300 10〜19時 11〜12月の日曜

スペース・アウトレット
Space Outlet

ミュウミュウも扱う

バッグ、シューズ、ベルト、ウエアなどプラダのアイテムがずらり。セカンドラインのミュウミュウも。

DATA
フィレンツェS.M.N.駅からMontevarchi駅まで45分、駅からタクシーで15分 Via della Lama Montevarchi
(055)9196528 10時30分〜19時 なし

ヴァルディキアナ・アウトレット・ヴィレッジ
Valdichiana Outlet Village

庶民派狙いならココ

ファッション、雑貨など100店舗以上の中級ブランドが揃う、庶民派アウトレット。

DATA
フィレンツェS.M.N.駅からArezzo駅まで1時間、駅からバスで50分
Via Enzo Ferrari 5, Località Le Farniole, Foiano della Chiana (AR)
(0575)649926 10〜20時 なし

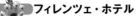

ホテル

中世の宮殿や修道院を改装したホテルが多いのが、フィレンツェのホテルの特徴だ。中心部から離れると、料金は高めでも、雰囲気にこだわった滞在先を選ぶことができる。

ボボリ庭園周辺　別冊P18B4

グランド・ホテル・ヴィッラ・コーラ
Grand Hotel Villa Cora

▌世界の著名人が滞在

作曲家チャイコフスキーも滞在し、現在は世界中のVIPが常宿とする由緒あるホテル。19世紀の建物は随所に歴史を感じるが、客室はネット回線など、機能的。

DATA...............
🚇ドゥオーモから徒歩25分
🏠Viale Macchiavelli 18
📞(055)228790　ⓈⓉ€395〜　44室
★★★★★L

サンタ・マリア・ノヴェッラ地区　MAP別冊P18B2

ウェスティン・エクセルシオール
The Westin Excelsior, Firenze

▌伝統と最新が融合

大理石の石柱や彫像が立つエントランスは宮廷のよう。アンティークを配した客室も優雅ながら、高速インターネット回線や衛星放送テレビなどが完備されている。

DATA...............
🚇サンタ・マリア・ノヴェッラ広場から徒歩10分　🏠Piazza Ognissanti 3
📞(055)27151　ⓈⒼ€529〜　Ⓣ€573〜　171室　★★★★★L

サン・ジョヴァンニ地区　MAP別冊P19C1

フォーシーズンズ・フィレンツェ
Four Seasons Hotel Firenze

▌歴史を感じる美しい建物

ルネッサンス時代の修道院と宮殿を改修。アーチ型天井のダイニングやフレスコ画などが歴史を感じさせる。トスカーナ料理のレストランやスパを備え、庭園には屋外プールも。

DATA...............
🚇ドゥオーモから徒歩15分
🏠Borgo Pinti 99　📞(055)26261
ⓈⓉ€750〜　116室
★★★★★

サンタ・マリア・ノヴェッラ地区　MAP別冊P18A1

グランド・ホテル・ヴィッラ・メディチ
Grand Hotel Villa Medici

▌クラシカルで上品なホテル

サンタ・マリア・ノヴェッラ中央駅の西、アルノ川との中間に位置するホテル。貴族の館だった建物を改装、アンティークなインテリアが彩りを添える。屋外プールもある。

DATA...............
🚇Ⓜ S.M.N.駅から徒歩5分
🏠Via Il prato 42
📞(055)277171　ⓈⓉ€378〜　100室　★★★★★

サンタ・マリア・ノヴェッラ地区　MAP別冊P20A3

グランド・ホテル・ミネルヴァ
Grand Hotel Minerva

▌プールからの眺めが抜群

すっきりとまとめられた客室は広々としており、使い勝手は抜群。サンタ・マリア・ノヴェッラ広場に面しており、屋上にあるプールからはドゥオーモが望める。

DATA...............
🚇S.M.N.駅から徒歩5分
🏠Piazza Santa Maria Novella 16
📞(055)27230　要確認　97室
★★★★

サンタ・マリア・ノヴェッラ地区　MAP別冊P18B1

アルバーニ
Hotel Albani Firenze

▌明るい雰囲気で優雅に滞在

駅から徒歩約5分の立地だが、静かな環境。明るい色彩の客室やロビーは開放的な雰囲気。レストランもおすすめ。20世紀初頭のタウンハウスを改装している。

DATA...............
🚇S.M.N.駅から徒歩5分
🏠Via Fiume 12　📞(055)26030
ⓈⓉ€120〜
97室　★★★★

シニョリーア広場周辺　MAP別冊P23C2

コンティネンターレ
Continentale

▌美術鑑賞や観光にも好適

ヴェッキオ橋のたもとに位置し、ウッフィッツィ美術館にもほど近い便利な立地。品のよい白を基調としたモダンなインテリア。イタリアらしいセンスが光る宿。

DATA...............
🚇ドゥオーモから徒歩10分　🏠Vicolo dell'Oro 6r　📞(055)27262
Ⓢ€348〜　Ⓣ€405〜
43室　★★★★

How to

フィレンツェは一年をとおして観光客の多い街だが、ハイシーズンは4〜10月とクリスマスから年末年始にかけて。5月の「フィレンツェ音楽祭」の期間中も予約がとりにくい。また、フィレンツェは主要観光スポットのほとんどが徒歩圏内にあるので、ホテルの場所選びに悩むことは少ないが、サンタ・マリア・ノヴェッラ中央駅（S.M.N.駅）の北側は、観光には少し不便なので避けたほうがいいだろう。リーズナブルなホテルが多いのはメディチ・リッカルディ宮があるカヴール通り沿いやS.M.N.駅の東側。

　📱日本語スタッフ　🗣英語スタッフ　🍴レストラン　🏊プール　🏋フィットネスジム

ギャラリー・ホテル・アート
Gallery Hotel Art
シニョリーア広場周辺　MAP 別冊P23C2

古都初のアートホテル

コンテンポラリーアートがテーマ。インテリアの細部にまで上質な革を用いるなど、古都ならではのセンスが光る。モノトーンを基調としたシックな雰囲気も好評。

DATA
ドゥオーモから徒歩10分　Vicolo dell'Oro 5　(055)27263　S T €275〜　74室 ★★★★

トッレ・グエルファ
Hotel Torre Guelfa
シニョリーア広場周辺　MAP 別冊P23C2

フィレンツェでは珍しい塔のある建物を利用したホテル

旧市街に立つ家庭的なプチホテル。1210年に建てられた党と、15世紀造の宮殿から成る建物で、歴史と風情を感じるステイを楽しめる。客室はシンプルながら、暮らすような感覚の居心地のよさ。ゲストのみが登ることができる塔の屋上からは、古都フィレンツェの街並みと、周囲に広がるなだらかなトスカーナの山々といった、大パノラマを楽しめる。

塔の屋上は、夏場の夕方はバーとして利用できる
ラウンジスペースは建物の最上階にある

DATA
ドゥオーモから徒歩8分　Borgo ss. Apostoli 8　(055)2396338　S €90〜 T €126〜　31室 ★★★

スパダイ
Hotel Spadai
ドゥオーモ広場周辺　MAP 別冊P21C2

18世紀の宮殿に滞在

18世紀の宮殿を改装。モダンな印象の客室には、テレビやバスタブ、ヘアドライヤーなど、ひととおりの設備が揃っている。無料のWi-Fiも完備されている。

DATA
ドゥオーモから徒歩3分　Via dei Martelli 10　(055)6270800　S T €262〜　54室 ★★★★

ブルネレスキ
Brunelleschi Hotel
ドゥオーモ広場周辺　MAP 別冊P21D4

歴史を刻んだ建築物

フィレンツェの中心街に位置。ビザンチン様式の塔のなかにあるホテル。館内にはルネッサンスの陶器を展示するミュージアムやミシュラン2つ星レストランがある。

DATA
ドゥオーモから徒歩5分　Piazza S. Elisabetta 3　(055)27370　S €319〜 T €589〜　96室 ★★★★

モナ・リザ
Hotel Monna Lisa
サン・ジョヴァンニ地区　MAP 別冊P19C2

貴族の邸宅をホテルに改装

ルネッサンス時代の建物を、当時の趣を残しつつ改装したプチホテル。客室はシャワーまたはバスタブ付きで、インテリアは各々異なる。日本語の衛星放送もある。

DATA
ドゥオーモから徒歩10分　Borgo Pinti 27　(055)2479751　S €140〜 T €176〜　29室 ★★★★

シニョリーア広場周辺　MAP 別冊P23C1 ピエール Hotel Pierre ★★★★	観光の拠点にぴったり。客室は温かみのある雰囲気で、大理石のバスルームが備わる。シニョリーア広場から徒歩5分 Via de Lamberti 5　(055)216218　S €150〜 T €190〜　54室
シニョリーア広場周辺　MAP 別冊P23D2 ベルニーニ・パレス Hotel Bernini Palace ★★★★	15世紀の建物を改装。ミニバー付き。バスタブも一部の部屋に備えつけられている。ドゥオーモから徒歩8分 Borgo dei Greci 29　(055)288621　S €200〜 D €378〜　73室
サン・ジョヴァンニ地区　MAP 別冊P19C1 ロッジャート・デイ・セルヴィティ Hotel Loggiato dei Serviti ★★★	16世紀の女子修道院を改装。天蓋付きベッドが配された客室も。多くはシャワーのみ。ドゥオーモから徒歩10分 Piazza S. S. Annunziata 3　(055)289592　S €99〜 T €147〜　37室
サント・スピリト地区　MAP 別冊P22B3 ピッティ・パレス Pitti Palace ★★★★	ヴェッキオ橋のたもとにあり、中心部、アルノ川左岸、どちらの観光にも便利。ヴェッキオ橋から徒歩1分 Borgo S.Jacopo 3/R　(055)2398711　S €180〜 T €200〜　80室
サン・ジョヴァンニ地区　MAP 別冊P19C1 レ・ドゥエ・フォンターネ Le Due Fontane Hotel ★★★	広場沿いに立つものの、ホテル内は落ち着いた雰囲気。バスタブは一部の客室のみ。ドゥオーモから徒歩10分 Piazza S.S. Annunziata14　(055)210185　S €90〜 T €115〜　62室
トルナブォーニ通り周辺　MAP 別冊P22B1 トルナブォーニ・ベアッチ Hotel Tornabuoni Beacci ★★★★	庭で朝食を楽しめるのが好評。客室にはアンティーク家具が配されている。レプブリカ広場から徒歩4分 Via de'Tornabuoni 3　(055)212645　S €175〜 T €200〜　63室

 フィレンツェ市内に宿泊する場合、最長10泊分までの滞在税が徴収される。1つ星1泊につき一人€1.50〜5つ星1泊につき€5までランクに応じて課税される。10歳未満の子供は免税。

オプショナル♪ツアー

いろいろなところをまわりたい旅行者にとって時間に制限があるのが悩みのタネ。そんな時におすすめなのが現地発着のオプショナルツアー。無駄な時間や手間を省いてスポットをまわれる。

※2022年10月現在のツアー内容・料金です。
◆時間・料金・催行日については、季節によって変更の可能性があるので、申込み時に確認を。
◆子供料金の適用はマイバスの場合2～11歳。主催会社やツアーにより異なる場合もあるので事前に確認を。

効率よくまわれる プライベート・ツアー♪

ツアー名	所要時間	催行日 出発時間	料金(6名参加時料金～)	ツアー内容	食事	日本語ガイド	出発地
絶対見たい王道スポットを車でめぐるローマ・プライベート午前観光（サン・ピエトロ大聖堂と真実の口入場付き）	3時間	月・火曜、木～土曜 8時発	€130～385	カトリック総本山のサン・ピエトロ大聖堂や記念撮影マストの真実の口など絶対見たい王道スポットをご案内	なし	○	ローマ
バチカン美術館とサン・ピエトロ大聖堂入場付きプライベート午前観光	3時間	月・火曜、木～土曜 8時発	€115～290	歴代の法王が収集した莫大な美術コレクションを誇るバチカン美術館。公認ガイドがわかりやすく解説	なし	○	ローマ
トレンディなモンティ地区をローマっ子気分でナイト散策（日本語アシスタント、こだわりB級グルメ付）	3時間	毎日 17時発	€60～180	おしゃれなブティック、アート系雑貨屋さん、レストランやエノテカが並ぶ人気エリア・モンティ地区へおでかけ	あり	日本語アシスタント	ローマ
3つも行っちゃう！天空のチヴィタ、怪物公園、丘の町オルヴィエートめぐり1日ツアー	10時間	火・木曜 8時発	€220	パワースポットの森「ボマルツォ怪物公園」、イタリアの最も美しい村「チヴィタ・ディ・バニョレージョ」、世界一美しい丘上都市「オルヴィエート」イタリアの田舎をしっかり満喫	選択可	日本語アシスタント	ローマ
フィレンツェを一望できるミケランジェロ広場へ行く！丸ごとフィレンツェ・プライベート午前観光	3時間	毎日 9時発	€110～280	高台のミケランジェロ広場から赤レンガ屋根のフィレンツェの街を一望した後は、ヴェッキオ橋、シニョリーア広場など徒歩でめぐる	なし	○	フィレンツェ
ルネッサンスの宝庫・ウッフィッツィ美術館入場付きフィレンツェ・プライベート午前観光/午後観光	3時間	火～日曜 9時発と13時30分発	€110～280	ルネッサンス名画の宝庫・ウッフィッツィ美術館を公認ガイドがわかりやすくご案内	なし	○	フィレンツェ

申込み問合先（催行会社）

①マイバス・イタリア MAP P5C2

🚇 ⓂB線Castro Pretorioから徒歩2分
🏠 Viale Castro Pretorio 124
📞 800-814672（予約専用、通話料無料）
※イタリア国内のみ）、(06)49227010
🕘 9時30分～17時30分
休 土・日曜、祝日
🌐 mybus-europe.jp/

ボマルツォ怪物公園の不思議な石像

天空の町、チヴィタ・ディ・バニョレージョ

トラベルインフォメーション

Travel Information

出発前の注意点から現地で使える知識まで。

基本情報を事前にチェックしておいて

旅を思いきり満喫しよう！

コロナ関連情報

2022年11月現在、イタリア渡航や日本帰国の際のコロナ規制は大きく緩和されている。また変更となる可能性があるため、出発前に最新情報は必ずチェックしておこう。

渡航・イタリア国内

●イタリア入国のあらゆる制限が解除

2022年6月1日以降、日本からイタリア入国の際に「COVID-19グリーン証明書(EU内で発行されるワクチン接種証明、治癒証明、陰性証明)」または「同等の証明書(イタリア国外で発給されたワクチン接種証明書や陰性証明書等)」の提示が不要となった。これにより、ワクチン接種の有無に関わらず、90日以内の観光目的で必要となるのはパスポートのみとなる。

●マスク着用義務も基本解除に

医療施設への訪問など、一部の場面を除いてマスクの着用義務は解除。イタリアではほとんどの人がマスクなしで過ごしている。ただし、屋内や大勢で込み合う場所ではマスク着用が強く推奨されているので、マスクは必ず携帯しておこう。
また、入店時やホテル滞在、交通機関利用時に「グリーンパス(EUで導入されているワクチンパスポート)」の提示は不要になった。

●加速するオンライン化

オンライン環境が急速に整備されたのが、コロナ下におけるイタリア国内の大きな特徴。観光スポットの入場チケットはオンラインでの事前予約が基本となり、現地では販売していないこともある。
旅程が決まったら次はオンラインでチケット予約、というのがこれからのイタリア旅行の基本となる。

ローマを代表する名所、コロッセオもオンラインで事前予約が必須

●グリーンパスの提示も必要ナシ

EUで導入されている「グリーンパス」は、ワクチンの接種を証明するワクチンパスポート。これまでは入店や交通機関利用などの時に提示する必要があったが、それも解除となった。

●活気がもどった世界遺産の古都

ヨーロッパで最初にロックダウンが行われ、法令の下で制限された生活が続いていたイタリア。規制が大きく緩和されたことで、ローマやフィレンツェなどの古都は再び華やかな姿に。海外からの観光客も多く訪れ、コロナ以前のにぎわいを取り戻しつつある。

●レストラン事情あれこれ

キャッシュレス決済(POS)の導入が義務化されたことで、どの店でもクレジットカードの利用が可能に。QRコードをスマホで読み取りメニューを確認するペーパーレス化のレストランも多くなってきている。屋外スペースが増えたのも特徴で、日本のような席間の仕切りなどはない。

●コロナ接触追跡アプリ「Immuni」

外国籍の人でも利用できる、イタリア政府公認のコロナ対策アプリ「Immuni(インムーニ)」。人との接触を追跡し、濃厚接触の可能性が生じた場合は感染リスクおよびとるべき行動についての通知がアプリに届く。言語はイタリア語のほか、英語、フランス語、ドイツ語、スペイン語の5種。
URL https://www.immuni.italia.it/

※P124、125に掲載の情報は2022年11月9日現在のものです。

日本帰国

●水際対策の見直しで、イタリアから日本帰国の規制も緩和

日本帰国時の水際対策も随時更新されており、緩和の方向へと進んでいる。2022年11月時点では、イタリアから日本に帰国後の検査や自宅待機は不要。ただし、必要となる書類はあるため下記で確認しておこう。

帰国時に必要なモノ

❶ 新型コロナウイルス検査の陰性証明書 または 新型コロナワクチン3回接種証明書

イタリア出国前72時間以内に取得した「新型コロナウイルス検査の陰性証明書」の提出が必要。ただし、「新型コロナワクチン3回接種証明書」を保持する場合は不要となるので、3回以上接種済みの人は用意しよう。

現地のPCR検査について

陰性証明書は厚生労働省指定のフォーマットの使用が推奨されており、公式HPからイタリア語版がダウンロードできる。現地の病院によってはフォーマット非対応な場合もあるため、事前に確認を。また、現地旅行会社などが日本語スタッフによるPCR検査のサポートサービスを有料で行っている。
※【水際対策】出国前検査証明書（厚生労働省）
URL https://www.mhlw.go.jp/stf/seisakunitsuite/bunya/0000121431_00248.html を参照。

現地の病院では、イタリア語のフォーマットを利用

❷ 質問表WEB
（ファストトラックを利用できない人向け）

厚生労働省のHPから滞在日数や健康状態について回答すると二次元コードが作成されるので、スクリーンショットまたは印刷して保存。日本到着後の空港で、検疫官に提示する。
※新型コロナウイルス感染症対策 質問票回答受付（厚生労働省）
URL https://arqs-qa.followup.mhlw.go.jp/#/

ファストトラックの利用を推奨

検疫手続きの一部を簡素化するオンラインサービス「ファストトラック」。2022年11月1日からは「Visit Japan Web」でファストトラックの手続きを行う。上記の①新型コロナウイルス検査の陰性証明書または新型コロナワクチン3回接種証明書の提出・審査、②質問表WEBの入力を、日本帰国前にオンライン上で完了できる。入力にはインターネット環境が必要なので、帰国便への搭乗前に済ませておこう。また、到着予定日時の6時間前までに登録を完了する必要がある。
Visit Japan Web（デジタル庁）
URL https://vjw-lp.digital.go.jp/

一連の流れ

○ イタリアでPCR検査の陰性証明書を取得
新型コロナワクチン3回接種証明書所持者は不要。ファストトラック利用時は、事前に証明書をアップロードする。

Visit Japan Web（デジタル庁）

○ イタリア出国
チェックインカウンターで、証明書等の確認がある。

○ 日本到着

○ 書類、アプリ確認
ファストトラック利用時は、審査が完了した画面を検疫で提示するだけで手続きが完了する。

○ 日本入国

○ 税関

○ 帰宅

必要書類を満たしていれば、イタリアからの帰国者にはワクチン3回目接種の有無に関わらず、入国時のPCR検査は実施されない。自宅待機も不要で移動には公共交通機関も利用できる。

info ※乗り継ぎを含め、イタリア入国または日本帰国前にイタリア以外の国に立ち入る場合は、別途その国の上陸条件も満たす必要があるため必ず事前に確認を。

入出国の流れ

旅行が決まったら、入出国の流れを
まずチェック！ 万全の準備で空港へ。

［ イタリア入国 ］

入国の流れ

① 到着

到着ゲートから案内板に従って入国審査へ進む。日本からの
直行便があるのはローマ。シェンゲン協定実施国を経由（乗
継ぎ）した場合、その空港で入国審査が行われる。

② 入国審査

EU諸国外旅行者（NON EU NATIONAL）のカウンターに並
ぶ。入国審査官にパスポートを提示し、写真と同一人物であ
ることを確認される。稀に旅行目的を質問されることもあ
る。検疫検査もほとんどない。※

③ 荷物受取所

入国審査後、自分が乗ってきた便名が表示されたターンテーブル
で荷物を受け取る。荷物が出てこない場合はロスト・バゲージの
オフィス（遺失物相談所）でクレーム・タグ（荷物引換証。搭乗券
の裏に貼られていることが多い）を提示して探してもらう。

④ 税関

荷物を調べられることはほとんどない。外貨を含む通貨の持ち込
みには制限があり、€1万を超える場合は申告が必要。

⑤ 到着ロビー

観光案内所や両替所などがある。市内への交通はP128参照。

イタリアの入国条件

○ パスポートの残存有効期間

シェンゲン協定加盟国出国時に90日以上必要。10年以内に発
効されたICチップ搭載のパスポート。

○ ビザ

観光目的で、シェンゲン協定加盟国での滞在日数の合計（過去
180日に遡る）が90日以内であればビザ不要。

液体物の機内持込み制限

機内持込み手荷物には液体物の持込み制限がある。100㎖以下の
容器に入れ、それを1ℓ以下のジッパー付き透明プラスチック製袋に
入れれば持込める。詳細は国土交通省航空局のWEBサイト
URL https://www.mlit.go.jp/koku/15_bf_000006.htmlを
参照。

成田国際空港の出発ターミナル

航空会社によってターミナルは異なる。

入国時の持込み制限

○ 主な免税範囲（1人当たり）

- **酒類**（17歳以上）…ワイン（非発泡性）4ℓ、ビール16ℓ、22度以
上のアルコール飲料1ℓまたは22度未満なら2ℓ
- **たばこ**（17歳以上）…紙巻たばこ200本または葉巻50本また
は細葉巻100本または刻みたばこ250g
- 上記以外の物品…€430相当まで（空路で入国した場合。15歳
未満は€150まで）
- **通貨**…€1万以上の現金またはそれに相当する外貨、小切手な
どの持込みは要申告

○ 主な持込み禁止品

- 肉・肉製品、牛乳・乳製品
- EU・周辺ヨーロッパ国産以外の動物製品等

シェンゲン協定とは

ヨーロッパの一部の国家間で締結された検問廃
止協定のこと。シェンゲン協定加盟国間の移動
は、国境の通行が自由化されている。これによ
り、日本など協定加盟国以外から入国する場合
は、最初に到着した協定加盟国でのみ入国手続
きを行う。また帰国の際は、最後に出国する協
定加盟国で出国審査を受ける。

シェンゲン協定加盟国 （2022年1月現在）

アイスランド、イタリア、エストニア、オーストリア、オランダ、ギリシア、
スイス、スウェーデン、スペイン、スロバキア、スロベニア、チェコ、
デンマーク、ドイツ、ノルウェー、ハンガリー、フィンランド、フランス、
ベルギー、ポーランド、ポルトガル、マルタ、ラトビア、リトアニア、
リヒテンシュタイン、ルクセンブルク

 ※ローマなど一部の国際空港では、電子ゲートの運用も行っている。その場合は入国時及び出国時にスタンプは押印されない。

[イタリア出国]

出国の流れ

① チェックイン

利用する航空会社のチェックイン・カウンターで、航空券（eチケット控え）とパスポートを提示。機内持込み以外の荷物はここで預け、クレーム・タグ（荷物引換証）と搭乗券を受け取る（預ける荷物の免税手続きを行う場合は、タグが付いた荷物を一旦引き取る）。

② 免税手続き

付加価値税の払い戻しを行う場合は、チェックイン後に免税手続きカウンターで手続きをする（→P137）。※免税手続きの手順は利用する空港や航路によっては異なる場合があるので、事前に必ず確認を。また、免税手続きには時間がかかるため、空港には余裕を持って着くように。

③ セキュリティチェック

機内に持ち込む手荷物のX線検査とボディチェックが行われる。日本出国時と同様、液体物の持込みには制限がある。危険物の持込みは禁止。

④ 税関

外貨を含め、€1万相当額以上の通貨等の持ち出しは申告が必要。免税対象品が手荷物にある場合はここでも免税手続きが可能（→P137）。

⑤ 出国審査

パスポートと搭乗券を提示。質問されることも、パスポートにスタンプが押されることも少ない。その後、搭乗券に記載された搭乗ゲートへ向かう。※

日本帰国時の注意

○ **主な免税範囲**
（1人当たり）

●**酒類**…3本 1本760㎖のもの。20歳未満の免税はなし。

●**たばこ**…紙巻きたばこ200本、または葉巻たばこ50本、または加熱式たばこ個装など10個、またはその他のたばこ250gまで。20歳未満の免税はなし。

●**香水**…2オンス（1オンスは約28㎖）。オーデコロン、オードトワレは含まない。

●**その他**…1品目ごとの海外市価の合計額が1万円以下のもの全量。その他は海外市価の合計額20万円まで（1個で20万円を超える品物は全額課税）。

○ **動植物**

土付きの植物、果実、切り花、野菜、ハム、ソーセージといった肉類などは要検疫。チーズなど乳製品はおみやげや個人消費で10kg以下（飼料用除く）ならば検疫不要。

○ **主な輸入禁止品**

麻薬、大麻、覚醒剤、銃砲弾及びけん銃部品、爆発物や火薬、貨幣・紙幣または証券の偽造・変造・模造品、わいせつ物、偽ブランド品など。

○ **主な輸入制限品**

ワシントン条約に該当する物品。対象物を原料とした漢方薬、毛皮・敷物などの加工品も同様。ワニ、ヘビなどの革製品、象牙、はく製、ラン、サボテンなどは特に注意。

○ **医薬品・化粧品など**

個人が自ら使用するものでも数量制限がある。医薬品及び医薬部外品は2カ月分以内（外用剤は1品目24個以内）、化粧品は1品目24個以内。

※詳細は税関 URL www.customs.go.jp を参照

[その他の入出国]

鉄道

ヨーロッパ各国を結ぶ鉄道網が発達しており、国際列車を利用してイタリアへ入国することも可能。周遊の手段として実用的なので、ユーレイル イタリアパスをはじめ便利な鉄道周遊パスなどを上手に利用しよう。

長距離バス

ヨーロッパの国々を結ぶ国際長距離バス、ユーロラインEurolinesが運行している。フランスやドイツなど欧州各国から、イタリアの主要都市までを結んでおり、パリ〜ミラノは早いものだと所要13時間ほど。

船

アドリア海沿岸の街、ブリンディシやアンコーナなどとギリシアやクロアチアなどを結ぶ定期船が運航している。このほか、ヴェネツィアには国際航路の旅客船が出入りしている。

車（レンタカー）

隣接する国から車で入国することも可能。シェンゲン協定加盟国間では検問は原則行われない。

 ※パスポートの申請については外務省サイト URL www.mofa.go.jp/mofaj/toko/passport/index.html を参照。

空港から市内への交通

ローマ、フィレンツェ、ヴェネツィア、ミラノの空港から市内への
移動手段はそれぞれ、バス、タクシー、鉄道などがある。

［ ローマ ］

フィウミチーノ空港　Aeroporto di Fiumicino

正式名はレオナルド・ダ・ヴィンチ空港Aeroporto di Leonardo da Vinci(別冊MAP/P5D4)。市街の南西
約35kmに位置する。ターミナル1とターミナル3があり、1階が到着ロビー、2階が出発ロビーとなっている。
ITAエアウェイズが2022年11月5日から運航を開始した日本からの直行便はターミナル1に到着し、帰国時も
ターミナル1でチェックインする。航空会社によって利用ターミナルは異なり、また変更になることもあるので、
予約時のフライト情報を確認しよう。

○ 空港内循環バス
空港内は無料シャトルバスParking Shuttleが運行。ルー
トはターミナル1出発階→ターミナル3出発階→ターミナ
ル1到着階→ターミナル3到着階→空港オフィス→駐車場
を回る。5分間隔で24時間運行(夜中は15分間隔)。

○ 観光案内所
ターミナル3の到着階に
観光案内所があり、市内
へのアクセス方法の案内
や市内マップなどを無料
でもらえる。

空港内のカフェやバールは朝か
ら営業している

○ 両替所
各ターミナルに両替所、ATMがある。ただし、空港はレー
トがよくないので、タクシー代、あるいは列車代など、必要
な分だけ両替したほうがよい。

○ 荷物一時預かり所
ターミナル3には荷物一時預かり所がある(有料)。滞在中
に不要な荷物を預けることができるので、身軽にローマ滞
在を楽しめる。

○ IVAカウンター
免税手続きをするIVA(付加価値税)カウンターまたは税
関はターミナル1と3にある。手続きには時間がかかるの
で払い戻しを希望する場合は、早めに済ませよう。免税手
続きはP137参照。

空港からローマ市内へ 交通早見表

交通機関		特徴	運行時間 / 所要時間	料金 (片道)
直通列車		テルミニ駅直通列車、レオナルド・エクスプレスLeonard Express。荷物をカートに載せたまま、ホームまで移動できるので便利。	6時8分〜23時23分。15〜30分間隔で運行。所要約30分	€14〜
タクシー		到着ロビーを出た正面に「TAXI」と表示された乗り場がある。市内(アウレリアヌスの城壁内)までの料金は一律。遅い時間に到着した場合も利用したい。	所要約40分	アウレリアヌス城壁の内側まで一律€50
深夜バス		空港からの列車の終電後に、市内へ移動したいときに便利な夜間バス。運行本数が限られているので、かなり待つ場合はタクシーを利用したほうがいいだろう。	複数のバス会社の路線があり、深夜0時〜5時40分の間に約10本運行(平日、テルミニ駅行き)。所要約60分	€6〜

info 空港シャトルバスも数社が運行。空港〜市内で€5.80(運行会社により異なる)。所要1時間10分程度。

フィウミチーノ空港

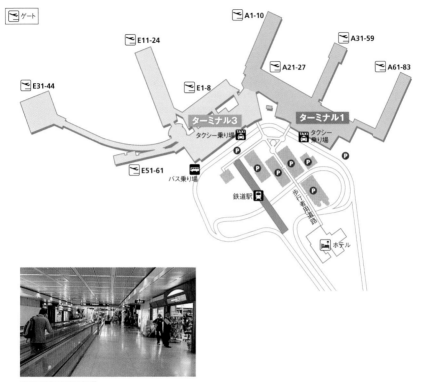

✈ ゲート

✈ A1-10

✈ E11-24

✈ A31-59

✈ A21-27

✈ A61-83

✈ E31-44

✈ E1-8

ターミナル3

ターミナル1

タクシー乗り場 TAXI

TAXI タクシー乗り場

✈ E51-61

バス乗り場

鉄道駅

ホテル

羽田空港の直行便が発着

[フィレンツェ]

アメリゴ・ヴェスプッチ空港

Amerigo Vespucci（フィレンツェ・ペレートラ空港）

フィレンツェ市北西にある空港。アクセスは市内を走る路面電車「TRAM VIA」が便利。サンタ・マリア・ノヴェッラ中央駅前から空港まで所要約30分、片道€1.50。

ガリレオ・ガリレイ空港

Galileo Galilei（ピサ空港）

ガリレオ・ガリレイが実験を行った斜塔で有名な世界遺産の都市、ピサ市街にある空港。ピサ中央駅までエアポート・トレインが運行しており、そこから乗り換えてサンタ・マリア・ノヴェッラ中央駅へ。所要1時間10分〜1時間40分、片道€13.90

 日本からフィレンツェへの直通便はない。ローマで国内線に乗り継ぐ場合はターミナル1からの出発になる。

イタリア国内交通

南北に長い長靴型をしたイタリア。移動は鉄道が便利で、そのほか飛行機やバス、レンタカーなどの手段がある。予算や所要時間などを予め調べてスムーズに移動したい。

［ 鉄道 ］

鉄道駅構内は置き引き被害が多いので注意

イタリアの国内移動の手段として最も利用されているのが鉄道。イタリア鉄道Ferrovie dello Stato(略称FS、通称トレニタリアTrenitalia) は国内全土を網羅する路線で、予算に応じて列車の種類や座席クラスを選ぶことも可能。

列車の種類

レ・フレッチェLe Frecce

イタリア国内の主要都市間を結ぶ高速列車。全席指定で、下記の3種類がある。料金は変動制。

● **フレッチャロッサ(FR)**
最高時速300km/hの高速列車。ローマ・ミラノ間、ローマ・フィレンツェ間、ローマ・ナポリ間など主要都市間の移動に便利。

● **フレッチャアルジェント(FA)**
フレッチャロッソの次に早い高速列車で、ローマを中心に南部、北部の主要都市を網羅。

● **フレッチャビアンカ(FB)**
ミラノ・ヴェネツィア間をはじめ、トリノ、ジェノヴァ、バーリなど郊外にアクセスできる特急列車。

インターシティIntercity(IC)

イタリア各地を結ぶ国内長距離特急列車。運賃には特急料金が含まれており、予約が必要となる。座席は1等、2等の2種類。夜行もある。

ローカル列車

各駅停車レジョナーレ(R)、準急行のレジョナーレ・ヴェローチェ(RV)がある。予約不要。

その他

西ヨーロッパの主要都市間を結ぶユーロシティ(EC)など国際列車も走る。

チケットの種類

基本の普通運賃に1等・2等、往復・片道があり、さらに特急料金や寝台料金が追加される。座席を予約する場合は指定料金が必要(レ・フレッチェは指定料金込み)。切符は乗車券・特急券・予約券が1枚にまとめられているものがほとんど。オンライン購入で、チケットレスで利用する人も多い。

チケットを買う

自動券売機の使い方は下記を参照。窓口の場合は切符の種類により売り場が異なる駅や、整理券で順番待ちとなる駅もある。

① 券売機の表記を確認

機械上部に紙幣マークが表示されていない券売機はカード払いのみ対応。まずは確認を。

② 言語を選ぶ

機械はタッチパネル式。英語など7つの言語から選べる。日本語はない。

③ 切符の発券を選ぶ

画面が切り替わったら、切符の発券を意味する「BUY YOUR TICKET」を選択。

④ 目的地を選ぶ

目的の駅を選ぶ。表示されていない場合は「Other Stations」を選択。

⑤ 日付と時間帯を選ぶ

カレンダーから出発する日付を選択した後に、出発したい時間帯を選択する。

⑥ 列車を選ぶ

選択した時間帯に出発する列車が表示されるので、希望の列車を選ぶ

⑦ 切符の種類と枚数を選ぶ

座席のクラスと料金が表示されるので希望の列車を選択。2枚以上の場合は「+」を押す。

⑧ 座席を選び、支払いへ

「CHOOSE SEATING」をタッチすると座席の選択が可能。表示されない場合もある。

主要都市間の運賃

出発地	行き先	所要時間	運賃(1等)	運賃(2等)
ローマ	フィレンツェ	約1時間40分	€36.90〜	€27.90〜
ローマ	ナポリ	約1時間15分	€29.90〜	€24.90〜
フィレンツェ	ピサ	約1時間20分	なし	€8.90

※ローマ〜フィレンツェ間、ローマ〜ナポリ間はレ・フレッチェ乗車の場合、フィレンツェ〜ピサ間はR乗車の場合。1等はビジネス、2等はスタンダードの運賃。同じ等級でもグレードによって料金は異なる。情報は2022年10月現在

乗車&車内での注意点

切符の刻印

駅には改札口がない代わりに刻印機がある。たいていの駅でホームの入口に設置されているので、乗る前に必ず刻印を。忘れると不正乗車とみなされ罰金が課せられる。チケットを刻印機の奥まで差し込み、音がしたら抜き取り、刻印されたか確認を。

最新情報の確認

駅に到着したら、まずは掲示板で出発時刻の変更などがないか確認しよう。列車が必ず時間どおりに運行するとは限らない。また、ホームも変更することが多い。構内アナウンスはない場合もあるので、掲示板でチェックしよう。

車両と座席の確認

座席指定の列車の場合、チケットに記載された車両番号を確認し、列車の側面に表示された同じ番号の車両に乗車すればよい。座席指定なしの列車なら、1等か2等かを確認し、チケットに合わせて乗車しよう。

飲食物の用意

列車によっては食堂車や車内販売がないこともある。長時間乗車する場合は、飲物のほか軽食も用意しておくといいだろう。主要な駅であれば、構内にバールやスーパー、キオスク、自動販売機がありサンドイッチやピッツァを購入できる。

荷物の管理

ほとんどの長距離列車には荷物置き場がある。スーツケースなどの大きな荷物を持っている場合は利用し、貴重品は座席へ持っていこう。駅は改札がないため、乗客以外もホームや車内を自由に出入りすることができる。貴重品の管理はしっかりしよう。

高速列車イタロ

民間企業のNTV社が運行する高速列車。ミラノの中央駅、ローマのティブルティーナ駅(一部はテルミニ駅)、ナポリ中央駅などを結ぶ。フィレンツェ〜ナポリの所要時間は約3時間、料金はスタンダードクラスで片道€14.90〜69.90(安いチケットは席数に限りあり)。座席指定制。ユーレイルパスなどは対象外。

その他の交通手段

飛行機

利用頻度はそれほど高くないが、シチリア島など南部の離島へ移動するときに便利。ITAエアウェイズなどが国内線を運航している。また、航空券はインターネットでも購入できるが、現地で購入する場合は、空港または旅行代理店で購入となる。

バス

交通費を抑えたいときにおすすめ。車窓から望む景色をのんびり楽しめる。エリアによっては、列車より本数が多い場合もある。運行時間や運賃は観光案内所でまとめて確認できる。チケットは停留所近くのタバッキや車内で購入する。

レンタカー

イタリアは左ハンドル、右側通行。小さな街を巡る際に便利だが、ドライバーは海外での運転に慣れている人に任せたほうがよい。借りる際に国際免許証、パスポート、日本の免許証、クレジットカードが必要。現金での支払いはできないので注意しよう。レンタカーの利用年齢制限は21歳以上が原則。

info➡ イタリア国内を周遊するならユーレイル・イタリアパスがお得。イタリアの国鉄や一部の私鉄が乗り放題。
バスに関する詳細はRAIL EUROPE [URL]https://www.raileurope.com/

旅のキホン

通貨や季節など現地情報を事前にチェック！
電話のかけ方やインターネット事情も
覚えておくと便利。

お金のこと

EU統一通貨のユーロ(€)が導入されている。
補助単位はユーロセント(¢)。€1=100¢。

紙幣・硬貨の種類

€1＝約146円

（2022年11月現在）

紙幣は6種類ありデザインは
EU加盟国共通。欧州の時代
と建築様式を象徴する架空の
建築物が描かれ、表面は窓と
門、裏面は橋。硬貨は8種類あ
り、表面のデザインはEU加盟
国共通で、裏面のデザインは
国によって異なる。イタリアの
場合、€2はラファエロ作のダ
ンテの肖像画、€1はレオナル
ド・ダ・ヴィンチ作の『理想的
な人体図』などすべてデザイ
ンは異なる。

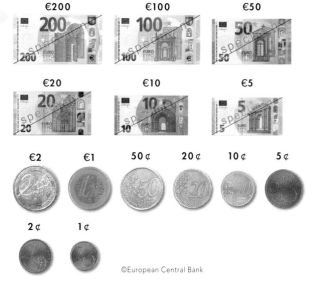

€200　€100　€50
€20　€10　€5
€2　€1　50¢　20¢　10¢　5¢
2¢　1¢

©European Central Bank

両替

空港、主要駅、ホテルなどで円からユーロに換金可能。両替レートや手数料がそれぞれ異なるので、
見比べるとよい。ただし、日本のほうが両替レートがよいので、必要分は日本出国前に用意したい。

空港	街なかの両替所	ホテル	ATM	その他
到着フロアに両替所がある。両替レートはあまりよくなく、手数料も高いので、当面必要な分のみに。	観光客が集まる場所に多い。両替レートは店によって異なり、店頭の掲示をみて確認を。手数料が高い場合も。	フロントで両替できるので安全安心。両替レートはよくない。	街なかのいたるところにATMがあり、通常24時間利用可能。道路に面した自動ATMを利用する際は、周囲に警戒しよう。	銀行や郵便局でも両替可能。一般的に銀行はレートがよい。郵便局は民営化されており、レートがよいとはかぎらない。

クレジットカード＆ATM

クレジットカードは身分証明書にもなるので1枚は用意しておき
たい。レストランやデパートなどたいていの店で使える。キャッシ
ング機能のあるクレジットカードや国際キャッシュカード、Visa
デビットカード、トラベルプリペイドカードなどはATMで現地通
貨を引き出せる。手数料はカード会社の契約内容による。ATMは
銀行併設のものを銀行が開いている時間に利用するのが望まし
い。トラブルに即時に対応してもらえる。

ATMお役立ち英単語集

暗証番号	PIN/ID CODE/SECRET CODE/PERSONAL NUMBER
確認	ENTER/OK/CORRECT/YES
取消	CANCEL
取引	TRANSACTION
現金引出	WITHDRAWAL/GET CASH
キャッシング	CASH ADVANCE/CREDIT
金額	AMOUNT

info 国際キャッシュカードはSMBC信託銀行のプレスティア、Visaデビットカードは三井住友銀行や楽天銀行、りそな銀行などが発行し
ている。また、海外プリペイドカードはVisaやJTBが発行している。

季節のこと

主な祝祭日

1月1日・・・・・・・・・・・・・・・元日
1月6日・・・・・・・・・・・・・・・エピファニア(主顕節)
4月9日・・・・・・・・・・・・・・・イースターホリデー(復活祭)★
4月10日・・・・・・・・・・・・・・イースターマンデー★
4月25日・・・・・・・・・・・・・・解放記念日
5月1日・・・・・・・・・・・・・・・メーデー
6月2日・・・・・・・・・・・・・・・共和国記念日
6月24日・・・・・・・・・・・・・・守護聖人の日(フィレンツェ)
6月29日・・・・・・・・・・・・・・守護聖人の日(ローマ)
8月15日・・・・・・・・・・・・・・聖母被昇天祭
11月1日・・・・・・・・・・・・・・諸聖者の日(万聖節)
12月8日・・・・・・・・・・・・・・聖母受胎の日
12月25日・・・・・・・・・・・・・クリスマス
12月26日・・・・・・・・・・・・・サント・ステファノの日

主なイベント

4月ごろ・・・・・・・・・・・・・・・・・・スコッピオ・デル・カッロ
(復活祭の日)　　　　　　　　(フィレンツェ)★
6月中旬・・・・・・・・・・・・・・・・・・カルチョ・ストーリコ
　　　　　　　　　　　　　　　(フィレンツェ)★
6月中旬・・・・・・・・・・・・・・・・・・聖ラニエーリ祭(ピサ)★
8月下旬・・・・・・・・・・・・・・・・・・セリエA開幕★

東方三賢人がイエスの生誕を祝い、礼拝に訪れたエピファニアの日。ローマのナヴォーナ広場には屋台なども並ぶ

※★印の祝祭日やイベントは年によって変わる。上記は2022年11月～2023年10月のもの。

気候とアドバイス

春 3~5月
3月は寒い日もあるが、比較的穏やかな気候が続く。日本と同じ服装で問題ない。北部は朝晩冷え込むので、防寒対策が必要。特に3月は日中でも寒い日があるので注意しよう。

夏 6~8月
気温が高く、帽子とサングラスは必需品。夜間や冷房対策の上着の持参を。北部の夏は湿度も低く過ごしやすいが、夜間や冷房対策のために薄手の上着を持参したほうがよい。

秋 9~11月
徐々に気温が下がり、9~10月は薄手のセーター、11月からは厚手のコートが必要になる。10月以降は比較的降水量が多くなるので、折畳み傘を携帯するのは必須。

冬 12~2月
中部イタリアでも厚手のコートが必要。北部では朝晩氷点下になることも多いので、コートやマフラーはもちろん、手袋、ブーツなどの万全の防寒対策が必要になる。

平均気温&平均降水量

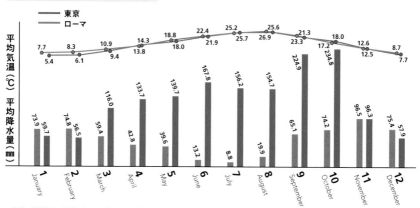

凡例: 東京 / ローマ

縦軸: 平均気温(℃) 平均降水量(㎜)

月	東京 平均気温	ローマ 平均気温	東京 降水量	ローマ 降水量
1 January	7.7	5.4	73.9	59.7
2 February	8.3	6.1	74.8	56.5
3 March	10.9	9.4	116.0	59.4
4 April	14.3	13.8	133.7	42.8
5 May	18.8	18.0	139.7	39.6
6 June	22.4	21.9	167.8	13.2
7 July	25.2	25.7	156.2	8.8
8 August	25.6	26.9	154.7	19.9
9 September	23.3	21.3	224.9	65.1
10 October	18.0	17.2	234.8	74.2
11 November	12.6	12.5	96.5	96.3
12 December	8.7	7.7	75.4	57.9

※気温、降水量は理科年表による(ローマの降水量は、気象庁の近域数値から算出)

［ 電話のこと ］

国際電話のかけ方

イタリアから日本へ電話をかける場合は、国際直通ダイヤルを利用する。ホテルの客室からかけると手数料がかかる。SIMカードを利用する方法もある。

イタリア→日本

○ 直通ダイヤル

国際電話識別番号		日本の国番号		市外局番の最初の0を省く
00	+	81	+	相手の電話番号

*例えば(03)1234-5678にかける場合、00-81-3-1234-5678とダイヤルする

日本→イタリア（固定電話）

電話会社の識別番号*1		国際電話識別番号		イタリアの国番号		最初の0は入れる
電話会社の識別番号*1	+	010	+	39	+	相手の電話番号

*1 マイライン（2024年1月終了予定）に登録していない場合は、電話会社の識別番号（NTTコミュニケーションズ…0033、ソフトバンク…0061など）を最初につける。

イタリア国内電話

イタリアでは市内通話も市外局番をつける必要がある。ホテルの客室電話からの場合は外線番号を押してから、相手の電話番号を押す。通話に手数料がかかることもある。

［ インターネットのこと ］

街なかで

街なかのネット接続環境は比較的よく、美術館や博物館などでは無料でアクセスできるWi-Fiポイントが増えている。また、レストランやカフェなどでも無料でWi-Fiを利用できる店が多い。パスワードが設定されている場合はスタッフに教えてもらう。街なかでスマートフォンやタブレットを操作する際は、スリやひったくりなどに十分注意しよう。

ホテルで

客室やロビー、レストランなどでWi-Fiを利用できるホテルが多い。宿泊客は無料であることが多いが、時間単位で課金制をとっているホテルもある。パスワードが設定されている場合はスタッフに尋ねよう。ロビーやビジネスセンターでは宿泊客が自由に利用できるパソコンを設置していることがあるが、日本語環境でないことがほとんど。

［ 郵便のこと ］

はがき・封書

イタリアでは優先郵便と普通郵便がある。日本までの料金は、優先郵便50gまで€4.50、100gまで€5.20。普通郵便20gまで€2.40、50gまで€3.90、100gまで€4.80。切手は郵便局やタバッキで購入できる。日本へは優先郵便なら1週間前後、普通郵便は1カ月ほどで到着。宛先の末尾に「JAPAN（イタリア語でGIAPPONE）」と書き赤い下線を引くこと。
URL www.poste.it

小包・宅配便

急ぎの場合にはEMS・国際速達小包専用の用紙をもらい、送り先などを記入して送る。航空便で約10日かかる。料金は箱の3辺の合計が300cm以内で1kgまでは€30.50～、20kgまでは€112～。ローマやミラノには日本の宅配便会社があり、日本語で依頼できる。着払いが基本。
ローマ NIPPON EXPRESS ローマ支店 ☎06-65954083

info 海外で携帯電話やスマートフォンを使う際は利用料金に注意。使わない時はモバイルデータ通信やデータローミングを切るか、海外用定額サービスの利用を。使っている機種や契約によって海外での使用方法はいろいろ。機内モードにしてWi-Fi限定で利用するのも安心。

そのほか知りたいこと

飲料水

イタリアの水道水は飲用できるが、旅行者は市販のミネラルウォーターAcqua Mineraleの購入を。炭酸入りのガッサータGassataと炭酸なしのノン・ガッサータ/ナトゥラーレNon Gassata/Naturaleの2種類があるので、購入時に確認することを忘れずに。店により異なるが、500mℓのボトルが€1くらい。

ビジネスアワー

一般的な営業時間は以下のとおり。
レストラン
㊡12～15時、19時30分～23時 ㊡日曜または月曜
バール・カフェ
㊡7時～深夜 ㊡店による。週1休が多い
ショップ
㊡10時～19時30分 ㊡なし、または日曜
デパート
㊡9～22時 ㊡なし、または日曜
美術館・博物館
㊡9～19時 ㊡月曜
銀行
㊡8時30分～13時、15～16時 ㊡土・日曜

サイズの目安

イタリアと日本ではサイズの表示が異なるので、下記の換算表を参考に。ただし、衣服ごとの個体差があったり、メーカーによって異なるので、試着をしてから購入したほうがよい。

トイレ

公衆トイレはほとんどなく、あっても清潔とはいえないので、街なかにあるバールやカフェのトイレを利用しよう。利用後はそこでドリンクなどを注文するのが礼儀だが、時間がない場合はペットボトルの水などを購入するだけでもいい。店によってはトイレに鍵をかけていることがあるので、まずは店員に声をかけて。美術館・博物館のトイレも利用したい。

電圧とプラグ

Cタイプ

電圧は220V(稀に125V)、周波数は50Hz。コンセントは丸い穴が2つまたは3つ並んだ形状が一般的なので、Cタイプの差込プラグの用意を。

タバコ事情

2005年にイタリア全土で「禁煙法」が施行され、飲食店、美術館、映画館、博物館、空港、駅など喫煙スペースが設けられている場所を除き、すべての屋内・公共施設での喫煙が禁止となった。鉄道でも全車禁煙となっており、違反者には罰金が科せられるので注意しよう。

○ レディスファッション

洋服	日本	7	9	11	13	15
	欧州	38	40	42	44	46
靴	日本	22.5	23	23.5	24	24.5
	欧州	35	36	37	38	39

○ メンズファッション

洋服	日本	S	M	L	-	-
	欧州	44～46	48～50	52～54	-	-
靴	日本	24.5	25	25.5	26	26.5
	欧州	39	40	41	42	43

※上記サイズ比較表はあくまで目安。メーカーなどにより差があるので注意。

物価はどのくらい?

ミネラルウォーター (500mℓ) €1～	マクドナルドのハンバーガー €1.05～	バールのコーヒー 立ち飲み €1～	ビール (グラス1杯) €3～	タクシー初乗り €3～

［ 観 光 ］

美術館・博物館見学のコツ

人気の美術館や博物館は行列ができ、入場するまでにかなりの時間がかかることが多いので、日本出発前にネットや電話で事前予約をしておくと、並ばずに鑑賞できる。また、原則リュックサックでの入場は禁止の施設が多く、クロークに預けることになるので、貴重品のみを入れる小バックがあるとよい。

教会の見学について

教会は観光のみどころである前に、ミサや冠婚葬祭が行われる厳粛な場所。タンクトップなど肌を露出した服装での入場は禁止。また、日曜の朝夕、ミサの最中は見学を控えよう。

写真撮影について

美術館や博物館では撮影禁止のところが多い。撮影OKでもフラッシュや三脚は禁止されていることも多いので注意。作品には手を触れないなど、さまざまな禁止事項があるので確認を。

ストライキに注意

鉄道や航空機などの交通機関ではストライキが行われることがある。ストライキは事前予告が義務付けられているので、各機関の公式サイトなどで確認しておくとよい。ホテルでも事前にアナウンスされる。

┌─────────────────┐
│   観光案内所   │
└─────────────────┘

テルミニ駅観光案内所（ローマ）
⊕ Staz. Termini
☎ 345-1455727/342-9962640
🕐 8〜19時（電話は14〜16時、金曜は9時30分〜
　　12時30分）
休 なし　　MAP 別冊P12B3

フィレンツェ観光案内所（フィレンツェ）
⊕ Piazza Stazione 4　☎ 055-212245
🕐 9〜19時（日曜は〜14時）
休 なし　　MAP 別冊P20A2

［ グルメ ］

店の種類

リストランテ Ristorante
レストラン。一般的には豪華な内装の高級店が多い。

トラットリア Trattoria
食堂。家庭的な雰囲気の店が多く、郷土料理などを味わえる。

オステリア Osteria
かつての旅籠で、現在はトラットリアとほぼ同じような雰囲気。

ピッツェリア Pizzeria
ピザ専門店。窯で焼いた本格ピッツァを味わえる。

エノテカ Enoteca
ワイン居酒屋。ワイン店の一角で、客にグラスワインとつまみを提供したのが始まり。本格的な料理を出す店も多い。

バール Bar
カフェ&ドリンク類や、軽食を出す店。日本やアメリカのお酒を楽しむバーではなく、早朝から夜まで休まずに営業する。

カフェ Caffe
バールよりも高級感があり、店内やテラス席に着席し、ゆっくりとくつろげる。

ジェラテリア Gelateria
ジェラートの専門店。飲食スペースを設けている店は少ない。

営業時間

リストランテやトラットリアは昼が12〜15時、夜は19時30分〜23時くらいが一般的。バールは朝の7時から深夜まで営業しており、18時頃からのハッピーアワーでは、均一料金のドリンク注文で簡単なつまみも提供される。

予約

必須ではないが、人気店や週末のディナーは予約が安心だ。予約なしの場合は19〜20時くらいに行けば席が空いている可能性が高い。

注文の方法

フルコースは前菜→第1の皿→第2の皿+付け合せ→デザート。前菜→第2の皿→カフェなど組み合わせは自由。注文しなくても必ず出されるパンは、コペルト（席料）に含まれ、手をつけなくてもチャージされる。

チップ

支払い時にレシートを確認し、サービス料が加算されている場合は基本的に不要。気持ちのよいサービスを受けたときは、感謝の気持ちとして€2〜5程度置いておこう。サービス料が含まれていない場合は総額の15%程度が目安。直接手渡さず、お釣りをもらった時の皿などに置く。

---

info 店に入るときは挨拶しながら入るのが、ヨーロッパの一般的なマナー。
イタリア語でおはよう・こんにちははブオンジョールノ、さようならはアッリヴェデールラ、ありがとうはグラーツィエ。（→別冊裏表紙）

[ショッピング]

営業時間

10時～19時30分くらいが一般的で、昼に1～2時間の休憩をとる店もある。日曜、祝日は基本的に休みだが、都市部ではオープンしている店が増えている。また、8月のバカンスシーズンには2～3週間の休みをとる店が多い。

付加価値税の払い戻し

イタリアの商品の価格には4～22%のIVA(付加価値税)が含まれている。EU圏以外に居住する旅行者が1日1店舗あたり€154.94以上の買物をした場合、所定の手続きをすると購入金額の最大約15%程度が払い戻される。ただし、個人の使用を目的とした購入で、出国時は未使用・未開封の状態であることが条件。すべての手続きは購入月末日より3カ月以内に行う必要がある。帰国便をEU圏内で乗り継ぐ場合は、経由地となるEU圏最終出国で手続きを行う。

❶ お店で

TAX FREE SHOPPING 加盟店で買物をしたらパスポートを提示し、免税書類とレシートを発行してもらう。

❷ 空港で

免税品を機内に預ける場合、出国審査前の税関で手続きをする。チェックイン後、タグを付けた荷物を持って税関へ行き搭乗券(または航空券)、免税書類、未使用の購入商品、パスポート、レシートを提出し税関印をもらう。免税品を機内に持ち込む場合は、セキュリティチェック後、または出国審査後の税関で手続きをする。

❸ お金の受取り

現地空港内の払い戻しカウンターで税関印を押された免税書類を提出すると、その場で現金の払戻しが受けられる。原則として現地通貨になる。口座入金希望の場合は、免税書類を専用封筒に入れて税関脇のポストに投函。1～2ヶ月かかる。

❹ その他のサービス

VISAまたはMastercardの保有者に限り以下のサービスがある。この場合も税関での手続きは必要となる。
ダウンタウン・リファンド・サービス:購入店で免税書類を受け取った後、街なかのリファンド・オフィスで税関手続き前に払い戻しを受けることができる。
VAT-OFFサービス:免税店のように購入時にあらかじめ税金額を差し引いて支払うサービスで、免税書類発行と同時に払い戻しを受けることができる。

※上記の免税手続きはグローバルブルー取扱いの場合。 ※一部タックスフリー会社により、税関印が不要な場合もある。

グローバルブルーWebフォーム(英語のみ)
cs.globalblue.com/s/submit-your-request?language=en_US

[ホテル]

ランクと種類

イタリアのホテル(アルベルゴAlbergo)は、政府によって1～5つ星、デラックスまで6段階にランク付けされており、宿泊料金もほぼ星の数に比例している。2つ星以下はホテルによってミニバーやバスタブがないなど、設備面ではやや劣るが、部屋自体は清潔でスペースも広い場合がある。星の数はあくまでも目安の一つで、サービスのよし悪しによって決められているものではない。

チップ

高級ホテルではサービスに対する感謝の気持ちとしてチップを渡した方がスマート。ベルボーイに荷物を部屋まで運んでもらったら荷物1個につき€2荷物を受け取った時に渡そう。枕銭は€1～2を枕元やサイドテーブルへ。ルームサービスは€2～を渡そう。手渡す時は「グラーツィエ」(ありがとう)を忘れずに。

マナー

客室内以外は街なかと同じ公共のスペースなので、廊下やロビーはスリッパなどのまま出歩いたり、大声を出したりしないこと。また、洗濯した場合、ベランダに干したりせず、バスルームに干すこと。遅く起きたいときは、「NON DISTURBARE, PER FAVORE」の札をドアの外側にかけておくように。

チェックイン／チェックアウト

一般的にチェックインは14時くらい。到着が遅くなる場合は、前もってホテルに知らせておこう。連絡せずにあまり遅くなると予約を取り消されることもある。チェックアウトは10～11時くらい。

宿泊税

イタリアでは各都市で観光客を対象に宿泊税を導入している。1泊ごとに課税され、ローマは€3～7、フィレンツェは€1.5～5の宿泊税が徴収される。

---

info 3ツ星以上のホテルは日本の旅行会社で予約することもできるが、それ以下の安い宿を探したい場合はインターネットのホテル予約サイトを利用しよう。

［ トラブル対処法 ］

病気になったら

ためらわずに病院へ。どうしたらいいかわからない場合はホテルのフロントで医師の手配を頼むか、参加したツアー会社や現地の日本語の救急アシスタント・サービスへ連絡するとよい。ほとんどの会社が年中無休、24時間体制で提携病院を紹介してくれ、必要なら通訳派遣も行う。自分で病院に行く場合でも、できるだけ早く保険会社へ連絡し、書類の指示などを受けよう。

英語の通じる病院

ローマ インターナショナル・メディカル・センター
International Medical Center
⊕ Via Firenze 47
☎ (06)4882371
URL https://imc84.com/

盗難・紛失の場合

パスポート

❶ 警察に届ける

現地の警察に届け、盗難・紛失届証明書を発行してもらう。ホテル内で盗難、紛失に遭った場合は、必要に応じてホテルからも証明書を発行してもらう。

❷ パスポートの失効手続きをする

日本大使館(総領事館)へ出向いて、紛失したパスポートの失効手続きを行う。必要な書類は、①紛失一般旅券等届出書1通(窓口にて入手)②警察署発行の盗難・紛失届証明書③写真1枚(縦4.5cm×横3.5cm、6カ月以内に撮影)④本人確認書類(運転免許証など)。

❸ パスポートの発給申請をする

新規発給申請をする。手数料(10年用€125、5年用€86)のほか、必要な書類は、①一般旅券発給申請書1通(窓口にて入手)②6カ月以内に発行の戸籍謄本(抄本)③写真1枚(縦4.5cm×横3.5cm、6カ月以内に撮影)。原則として発給まで2日かかる。

> **緊急の場合は**
> **「帰国のための渡航書」を申請**
>
> パスポートの発給を待たずして日本に帰国する必要がある場合は、パスポート失効手続き後に「帰国のための渡航書」の発給申請をする。当日の発給は午前申請分まで。イタリアから日本への直行便または経由地で乗継しない(空港から外に出ない)場合に限り、パスポートなしで帰国できる。必要な書類は①渡航書発給申請書1通②6カ月以内に発行の戸籍謄本(抄本)③写真2枚(縦4.5cm×横3.5cm、6カ月以内に撮影)④帰国の航空券または予約書(出発日、日本までの経由地がわかるもの)

クレジットカード

❶ カード発行会社へ連絡する

カードの不正使用を避けるため、まずカード発行会社へ連絡し、カードを無効にする。

❷ 警察に届ける

不正使用された場合の証明のため、現地の警察に届け、盗難・紛失届証明書を発行してもらう。ホテル内で盗難、紛失に遭った場合は、ホテルからも証明書を発行してもらう。

❸ 再発行

カード会社によっては約1カ月使用できる暫定カードを、現地支店で数日以内に再発行してくれるところもある。カード会社の指示に従おう。

荷物

❶ 警察に届ける

手元に戻ることはほとんどないが、現地の警察に届け、盗難・紛失届証明書を発行してもらう。ホテル内で盗難、紛失に遭った場合は、必要に応じてホテルからも証明書を発行してもらう。

❷ 帰国後に保険の請求を行う

海外旅行傷害保険に加入していて、携行品の特約を付けている場合は、帰国後速やかに保険会社へ連絡し、保険の請求を行う。保険の請求には、現地の警察が発行した盗難・紛失届出証明書が必要なので、必ずもらっておくこと。

安全対策

見知らぬ人を安易に信用しない

気安く日本語や英語で話しかけてきたり、親切にしてきたりしても無条件に信用しないこと。食事や酒に誘われても気軽についていかないように。フレンドリーを装いながら観光客の手首に強引にミサンガを巻き付け、金銭を請求してくるケースも多発している。

荷物には常に注意を払う

貴重品は身につけておくのが最も安心。バッグは本体を体の前で抱え、ファスナー部分に手を添えておく。特に地下鉄やバスに乗っている時は、バッグを抱えて持つようにしよう。また、駅やホテルのフロント、両替所などで係員とやりとりしている時はバッグは絶対床に置かないように。車道よりなるべく離れて歩き、オートバイ、自動車による引ったくりにも注意。多額の現金は持ち歩かない。

人ごみでは気を引き締める

犯罪が多く発生しているのは、鉄道駅周辺や地下鉄、大きな広場、観光名所など観光客が集まる地域。駅周辺では長居せず、観光名所では特に荷物に注意するようにしよう。暗くなってからの単独行動は極力避けること。特に人通りの少ない通りは絶対に歩かないようにしよう。

万一の場合を想定した備えを

パスポートは出発前に必ずコピーを取り、クレジットカードは紛失時の緊急連絡先、カード番号、有効期限などを控えておく。また、万一紛失や盗難にあってしまった際の被害を最小限にするために、パスポートやクレジットカード、現金などは何カ所かに分けて管理するのがおすすめ。

トラブル時の基本フレーズ

助けて！　Aiuto！／アイウート
やめて！　Smettila！／ズメッティラ
ドロボウ！　Al ladro！／アル ラードゥロ
警察を呼んで！
　Chiamate la polizia！／キャマーテ ラ ポリツィーア
救急車を呼んでください！
　Chiamate un'ambulanza！／キャマーテ ウナンブランツァ

＼　行く前にチェック！　／

外務省海外安全ホームページで、渡航先の治安状況、日本人被害の事例を確認できる。
URL www.anzen.mofa.go.jp/

便利アドレス帳

○ イタリア

在イタリア日本国大使館(ローマ)
🌐 Via Quintino Sella 60　☎06-487991　☎領事部受付：9時30分〜12時45分、14時15分〜16時30分
🗓土・日曜、日本とイタリアの祝日、年末年始 MAP 別冊P12A1
警察 ☎113 救急車 ☎118 消防署 ☎115 EU共通の緊急通報 ☎112

○ 日本

 在日イタリア
大使館

 在大阪イタリア
総領事館

 イタリア政府
観光局
(ENIT)

〈主要空港〉

 成田国際空港
インフォメーション

 羽田空港
ターミナル
インフォメーション

 関西国際空港
情報案内

 中部国際空港セントレア
各種お問い合わせ

〈クレジットカード会社〉

 JCB紛失・盗難のご連絡

 Visaグローバル・カスタマー・
アシスタンス・サービス

 アメリカン・エキスプレス・カード
お客様サポート

持ち物ＬＩＳＴ♥♡

手荷物に入れるもの

- □ パスポート
- □ クレジットカード
- □ 現金
- □ カメラ
- □ 携帯電話

- □ バッテリー（モバイル、カメラ）
- □ Wi-Fiルーター
- □ 筆記用具
- □ ツアー日程表
  （航空券/eチケット控え）

- □ ハンカチ・ティッシュ
- □ メガネ
- □ リップバーム（リップクリーム）
- □ ストール/マスク（必要な人のみ）

※液体やクリーム類はジッパー付透明袋に入れる

- -

スーツケースに入れるもの

- □ くつ
- □ 衣類
- □ 下着類
- □ 歯みがきセット
- □ 洗顔グッズ
- □ コスメ
- □ 日焼け止め
- □ バスグッズ

- □ スリッパ
- □ 常備薬
- □ コンタクト
  レンズ用品
- □ 生理用品
- □ 変換プラグ
  変圧器、充電器、
  充電池
- □ エコバッグ

- □ 折りたたみ傘
- □ 防寒着
- □ サングラス
- □ 帽子
- □ 顔写真とパスポートのコピー

> 歩きやすい
> シューズ以外に、
> お出かけシューズも
> あると便利

> 食事時に
> 財布や携帯だけ
> を持ち歩けるミニ
> バッグもあると
> 重宝する

※リチウム電池またはリチウムイオン電池はスーツケースなど預け入れ荷物に入れることができない。携帯電話充電用のバッテリーなどに注意。詳しくは国土交通省のサイトを参照 URL www.mlit.go.jp/koku/15_bf_000004.html

MEMO

パスポートＮo.			
パスポートの発行日	年	月	日
パスポートの有効期限	年	月	日
ホテルの住所			
フライトNo.（行き）			
フライトNo.（帰り）			

出発日				帰国日			
年	月	日		年	月	日	

INDEX
さくいん

カテゴリー別50音です

INDEX

ララチッタ
ローマ・フィレンツェ
Roma Firenze

2022年12月15日　初版印刷
2023年1月1日　初版発行

編集人	福本由美香
発行人	盛崎宏行
発行所	JTBパブリッシング
印刷所	凸版印刷

企画・編集	情報メディア編集部
編集デスク	矢﨑歩
取材・執筆・撮影	ランズ（稲坂駿介）
本文デザイン	BEAM
	BUXUS（佐々木恵里、早川照美、
	森川太郎）／attik
	ジェイヴイコミュニケーションズ
表紙デザイン	ローグ クリエイティブ
	（馬場貴裕／西浦隆大）
付録デザイン	池内綾乃
イラスト	小林哲也
編集・取材・写真協力	My Bus Italy／クルー／アフロ／
	ザ・リーディングホテルズ・オブ・ザ・ワールド／
	サムソナイト・ブラックレーベル
	菅谷桂子／鈴木久美子／重松久美子／山田聖子
	PIXITA／123RF
地図制作	ジェイ・マップ
地図制作協力	アトリエプラン
	インクリメント・ピー／Tele Atlas NV
組版	凸版印刷／ローヤル企画

JTBパブリッシング
〒162-8446　東京都新宿区払方町25-5
編集：03-6888-7878
販売：03-6888-7893
広告：03-6888-7831
https://jtbpublishing.co.jp/
©JTB Publishing 2023
Printed in Japan
224103　759176
ISBN978-4-533-15248-1 C2026
禁無断転載・複製
おでかけ情報満載
https://rurubu.jp/andmore/
○本書の取材・編集にご協力いただきました関係各位に
　厚く御礼申し上げます。

Line Up
※続刊予定あり

ここからはがせます人

Lala Citta Roma Firenze
Area Map

ローマ・フィレンツェ
別冊MAP

MAP記号の見方

H ホテル　i 観光案内所　M 地下鉄駅　P 日本国大使館・領事館

空港　バス停　銀行　郵便局　病院　警察　学校・市役所　教会

エリア
Navi

ローマの地下鉄は3路線のみでわかりやすく、比較的時間に正確なので利用価値大。
A線とB線が交差するテルミニ駅は旅行者に便利なサービスも整っている。

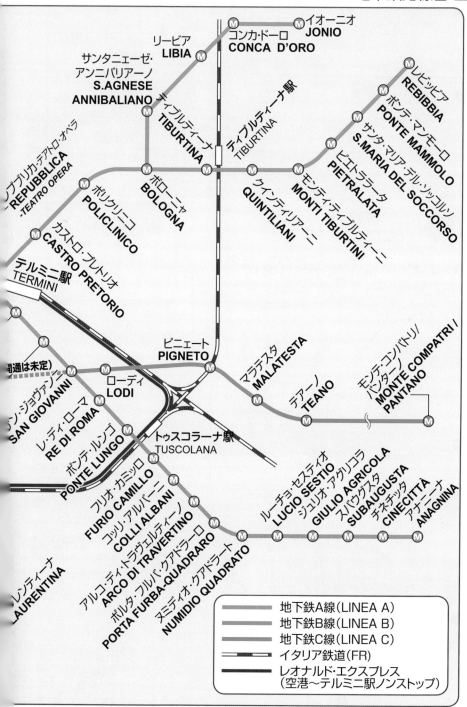

	地下鉄A線（LINEA A）
	地下鉄B線（LINEA B）
	地下鉄C線（LINEA C）
	イタリア鉄道（FR）
	レオナルド・エクスプレス （空港〜テルミニ駅ノンストップ）

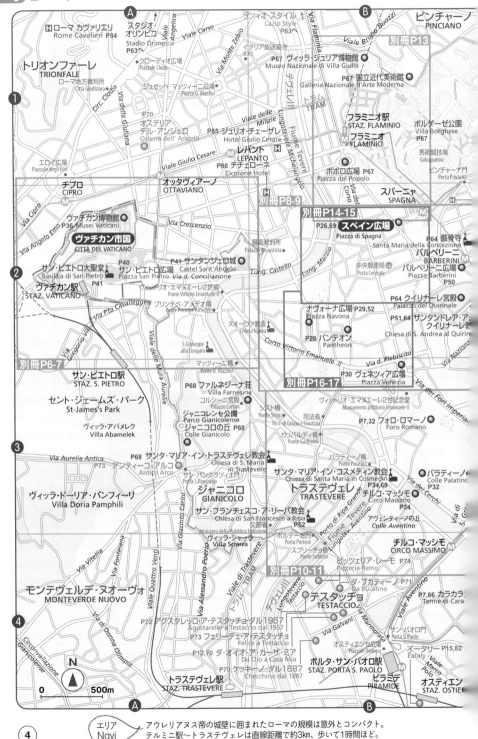

ローマ

A

H ローマ・カヴァリエリ P84
Rome Cavalieri P84

スタジオ・オリンピコ
Stadio Olimpico P63

ツツィオ・スタイル ▼
Lazio Style P63

Viale Carso

B

ピンチャーノ
PINCIANO

Viale Bruno Buozzi

別冊P13

トリオンファーレ
TRIONFALE
ローマ地方裁判所
Città Giudiziaria

クローディオ広場
Piazzale Clodio

ジュゼッペ・マッツィーニ広場
Piazza G. Mazzini

1

イタリア放送協会
RAI

P67 ヴィッラ・ジュリア博物館
Museo Nazionale di Villa Giulia

P67 国立近代美術館
Galleria Nazionale d'Arte Moderna

Viale delle Milizie

P70

オステリア・デル・アンジェロ
Osteria dell' Angelo

P85 ジュリオ・チェーザレ
Hotel Giulio Cesare

レパント
LEPANTO

P86 チチェローネ
Cicerone Hotel

フラミニオ駅
STAZ. FLAMINIO

フラミニオ
FLAMINIO

ボルゲーゼ公園
Villa Borghese
P67

馬術競技場
Galoppatoio

ピンチャーナ門
Porta Pinciana

エロエ広場
Piazzale degli Eroi

ポポロ広場 P67
Piazza del Popolo

チプロ
CIPRO

オッタヴィアーノ
OTTAVIANO

別冊P8-9

スパーニャ
SPAGNA

ヴァチカン博物館 P36
Musei Vaticani

ヴァチカン市国
CITTÀ DEL VATICANO

別冊P14-15

P26,69 スペイン広場
Piazza di Spagna

P64 骸骨寺
Santa Maria della Concezione

バルベリーニ
BARBERINI

バルベリーニ広場 P50
Piazza Barberini

2

サン・ピエトロ大聖堂 P40
Basilica di San Pietro

P41 サンタンジェロ城
Castel Sant'Angelo

P41 サン・ピエトロ広場
Piazza San Pietro

ヴァチカン駅
STAZ. VATICANO

別冊P6-7

サン・ピエトロ駅
STAZ. S. PIETRO

ナヴォーナ広場 P29,52
Piazza Navona

P28 パンテオン
Pantheon

P64 クイリナーレ宮殿
Palazzo del Quirinale

P51,64 サンタンドレア・ア・クイリナーレ教会
Chiesa di S. Andrea al Quiri

P30 ヴェネツィア広場
Piazza Venezia

別冊P16-17

ヴィットリオ・エマヌエーレ2世記念堂
Monumento a Vittorio Emanuele II

P7,32 フォロ・ロマーノ
Foro Romano

セント・ジェームズ・パーク
St-James's Park

ヴィッラ・アバメレク
Villa Abamelek

P68 ファルネジーナ荘
Villa Farnesina

ジャニコレンセ公園
Parco Gianicolense

ジャニコロの丘 P68
Colle Gianicolo

3

ヴィッラ・ドーリア・パンフィーリ
Villa Doria Pamphili

P68 サンタ・マリア・イン・トラステヴェレ教会
Chiesa di S. Maria in Trastevere

P73 アンティーコ・アルコ
Antico Arco

ジャニコロ
GIANICOLO

サン・フランチェスコ・ア・リーパ教会 P52
Chiesa di San Francesco a Ripa

ヴィッラ・シャーラ
Villa Sciarra

サンタ・マリア・イン・コスメディン教会
Chiesa di Santa Maria in Cosmedin P34,69

トラステヴェレ
TRASTEVERE

チルコ・マッシモ
Circo Massimo P34

アヴェンティーノの丘
Colle Aventino

パラティーノ
Colle Palatino P32

チルコ・マッシモ
CIRCO MASSIMO

モンテヴェルデ・ヌオーヴァ
MONTEVERDE NUOVO

ピッツェリア・レーモ P74
Pizzeria Remo

別冊P10-11

P71 ダ・ブカティーノ
Da Bucatino

P7,66 カラカラ
Terme di Cara

4

P72 アグスタレッロ・ア・テスタッチョ・ダル1957
Agustarello a Testaccio dal 1957

P73 フェリーチェ・ア・テスタッチョ
Felice a Testaccio

テスタッチョ
TESTACCIO

P12,70 ダ・オイオ・ア・カーザ・ミア
Da Oio a Casa Mia

P70 ケッキーノ・ダル1887
Checchino dal 1887

トラステヴェレ駅
STAZ. TRASTEVERE

ポルタ・サン・パオロ駅
STAZ. PORTA S. PAOLO

ピラミデ
PIRAMIDE

オスティエン
STAZ. OSTIE

P7,66 カラカラ
Terme di Cara

サン・パオロ門
Porta S. Paolo

オーターリ P15,82
Eataly

500m

N

0

A   **B**

エリア Navi
アウレリアヌス帝の城壁に囲まれたローマの規模は意外とコンパクト。
テルミニ駅〜トラステヴェレは直線距離で約3km、歩いて1時間ほど。

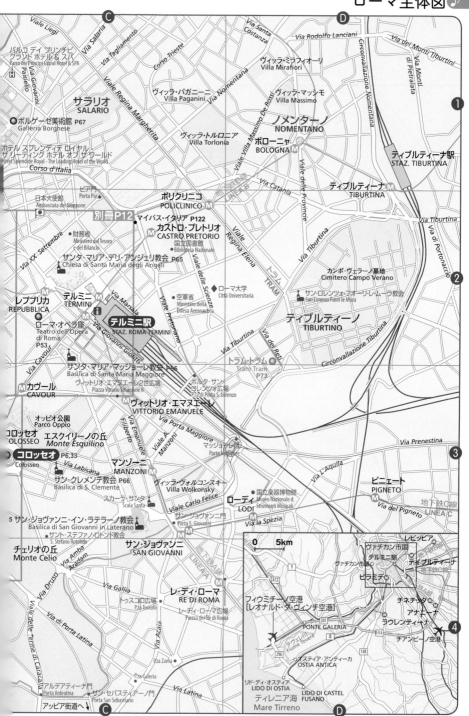

●観光スポット ●レストラン・カフェ ●ショップ 日ホテル

♪ローマ

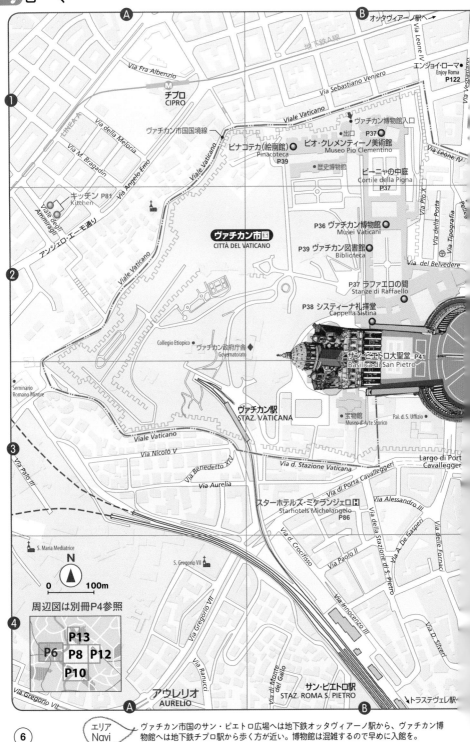

Via Fra Albenzio

Via Sebastiano Veniero

Via Leone IV

B オッタヴィアーノ駅へ→

エンジョイ・ローマ▼
Enjoy Roma
P122

A

地下鉄A線

チプロ
CIPRO

Viale Vaticano

ヴァチカン博物館入口

Via della Melonia

●出口 **P37** ◉

Via Leone IV

Via M. Bragadín

ヴァチカン市国国境線

ピナコテカ(絵画館) ◉
Pinacoteca
P39

Viale Vaticano

ピオ・クレメンティーノ美術館
Museo Pio Clementino

歴史博物館

ピーニャの中庭
Cortile della Pigna
P37

Via Pio X

Via della Posta

キッチン **P81**
Kitchen

Via Angelo Emo

P36 ヴァチカン博物館 ◉
Musei Vaticani

Via Tipografia

アンジェロ・エーモ通り

Viale degli Ammiragli

ヴァチカン市国
CITTÀ DEL VATICANO

P39 ヴァチカン図書館 ◉
Biblioteca

Via del Belvedere

2

Viale Vaticano

P37 ラファエロの間
Stanze di Raffaello

P38 システィーナ礼拝堂
Cappella Sistina

Collegio Etiopico ● ヴァチカン政府庁舎 ◆
Governatorato

サン・ピエトロ大聖堂 **P41**
Basilica di San Pietro

Seminario
Romano Minore

Via Palo III

ヴァチカン駅
STAZ. VATICANA

宝物館
Museo d'Arte Storico

Pal. d. S. Uffizio ●

3

Viale Vaticano

Via Nicolò V

Largo di Port
Cavallegger

Via Benedetto XIII

Via d. Stazione Vaticana

Via Aurelia

Via di Porta Cavalleggeri

Via Alessandro III

スターホテルズ・ミケランジェロ **H**
Starhotels Michelangelo
P86

Via della Stazione di S. Pietro

Via delle Fornaci

S. Maria Mediatrice

Via d. Crocifisso

Via A. De Gasperi

N

0 ——— 100m

S. Gregorio VII

Via Paolo II

Via D. Silveri

周辺図は別冊P4参照

Via Innocenzo III

4

| P13 |
| P6 | P8 | P12 |
| P10 |

Via di Monte del Gallo

Via Gregorio VII

Via Ranucci

Via Gregorio VII

アウレリオ
AURELIO

A

サン・ピエトロ駅
STAZ. ROMA S. PIETRO

B

→トラステヴェレ駅へ

6

エリア
Navi

ヴァチカン市国のサン・ピエトロ広場へは地下鉄オッタヴィアーノ駅から、ヴァチカン博物館へは地下鉄チプロ駅から歩く方が近い。博物館は混雑するので早めに入館を。

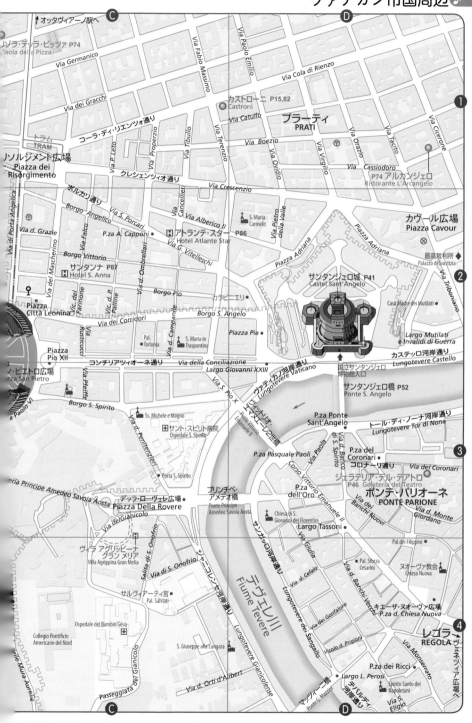

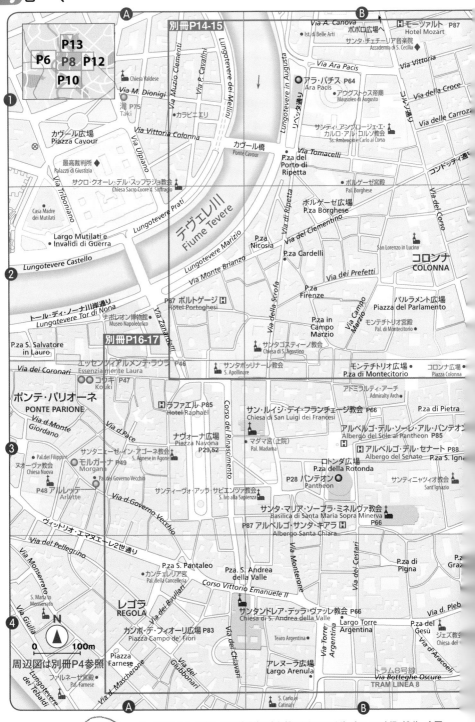

♪ ローマ

別冊P14-15

別冊P16-17

モーツァルト Hotel Mozart P87	
ポポロ広場へ	
Ist. di Belle Arti	
サンタ・チェチーリア音楽院 Accademia di S. Cecilia ◆	
Via A. Canova	
Via Vittorio	
Via Ara Pacis	
アラ・パチス Ara Pacis P64	
Via della Croce	
アウグストゥス帝廟 Mausoleo di Augusto	
Via delle Carrozze	
サンティ・アンブロージェ・エ・カルロ・アル・コルソ教会 Ss. Ambrogio e Carlo al Corso	
コンドッティ通り	
Chiesa Valdese	
Via M. Dionigi	
滝 P75 Taki	
カラビニエリ	
Via Muzio Clementi	
Via P. Cavallini	
Lungotevere dei Mellini	
Lungotevere in Augusta	
リペッタ通り	
Via Vittoria Colonna	
カヴール広場 Piazza Cavour	
Via Ulpiano	
P.za del Porto di Ripetta	
Via Tomacelli	
最高裁判所 Palazzo di Giustizia	
ボルゲーゼ宮殿 Pal. Borghese	
Via del Corso	
カヴール橋 Ponte Cavour	
サクロ・クオーレ・デル・スッフラジョ教会 Chiesa Sacro Cuore di Suffragio	
Via Tribuniano	
テヴェレ川 Fiume Tevere	
ボルゲーゼ広場 P.za Borghese	
Via di Ripetta	
Via del Clementino	
San Lorenzo in Lucina	
Casa Madre dei Mutilati	
P.za Nicosia	
P.za Cardelli	
コロンナ COLONNA	
Largo Mutilati e Invalidi di Guerra	
Lungotevere Castello	
Lungotevere Marizio	
Via Monte Brianzo	
Via della Scrofa	
Via dei Prefetti	
P.za Firenze	
パルラメント広場 Piazza del Parlamento	
P87 ポルトゲージ Hotel Portoghesi	
トール・ディ・ノーナ川岸通り Lungotevere Tor di Nona	
ナポレオン博物館 Museo Napoleonico	
Via Zanardelli	
Via Campo Marzio	
P.za in Campo Marzio	
モンテチトリオ宮殿 Pal. di Montecitorio	
P.za S. Salvatore in Lauro	
Via dei Coronari	
エッセンツィアルメンテ・ラウラ Essenzialmente Laura P46	
サンタゴスティーノ教会 Chiesa di S. Agostino	
サンタポッリナーレ教会 S. Apollinare	
モンテチトリオ広場 P.za di Montecitorio	
コロンナ広場 Piazza Colonna	
コウキ Kouki P47	
ポンテ・パリオーネ PONTE PARIONE	
Via d.Monte Giordano	
ラファエル Hotel Raphael P85	
Via d.Pace	
ナヴォーナ広場 Piazza Navona P29,52	
Corso del Rinascimento	
サン・ルイジ・デイ・フランチェージ教会 Chiesa di San Luigi dei Francesi P66	
P.za di Pietra	
アドミラルティ・アーチ Admiralty Arch	
アルベルゴ・デル・ソーレ・アル・パンテオン Albergo del Sole al Pantheon P85	
アルベルゴ・デル・セナート Albergo del Senato P88	
P.za S. Ign	
サンタニェーゼ・イン・アゴーネ教会 S. Agnese in Agone	
マダマ宮(上院) Pal. Madama	
ヌオーヴァ教会 Chiesa Nuova	
モルガーナ Morgana P49	
Pal. del Filippini	
Pal. del Governo Vecchio	
ロトンダ広場 P.za della Rotonda	
サンティニャツィオ教会 Sant'Ignazio	
P48 アルレッテ Arlette	
Via d. Governo Vecchio	
サンティーヴォ・アッラ・サピエンツァ教会 S. Ivo alla Sapienza	
パンテオン Pantheon P28	
ヴィットリオ・エマヌエーレ2世通り	
サンタ・マリア・ソープラ・ミネルヴァ教会 Basilica di Santa Maria Sopra Minerva	
Via d. Pellegrino	
Via del Pellegrino	
P87 アルベルゴ・サンタ・キアラ Albergo Santa Chiara	
P66	
Via Monterone	
Via dei Cestari	
P.za di Pigna	
P.z Graz	
Via Monserrato	
S. Maria in Monserrato	
P.za S. Pantaleo	
カンチェレリア宮 Pal. della Cancelleria	
Pza. S. Andrea della Valle	
レゴラ REGOLA	
Corso Vittorio Emanuele II	
P.za del Gesù	
ジェズ教会	
Via d. Pleb	
Via Giulia	
サンタンドレア・デッラ・ヴァッレ教会 Chiesa di S. Andrea della Valle P66	
Via del Baullari	
Largo Torre Argentina	
P.za del Gesù	
Via d'Aracoeli	
0 100m	
カンポ・デ・フィオーリ広場 Piazza Campo de' Fiori P83	
Teatro Argentina	
Via Torre Argentina	
周辺図は別冊P4参照	
Piazza Farnese	
アレヌーラ広場 Largo Arenula	
トラム8号線 Via Bottedghe Oscure TRAM LINEA 8	
Lungotevere de' Tebaldi	
ファルネーゼ宮殿 Pal. Farnese	
Via d. Giubbonari	
S. Carlo ai Catinari	
Via d. Mascherone	

エリア Navi

ローマのへそとよばれ、街の地理的な中心部にあたるのがヴェネツィア広場（C4）。主要道路が交差するロータリーとなっている。

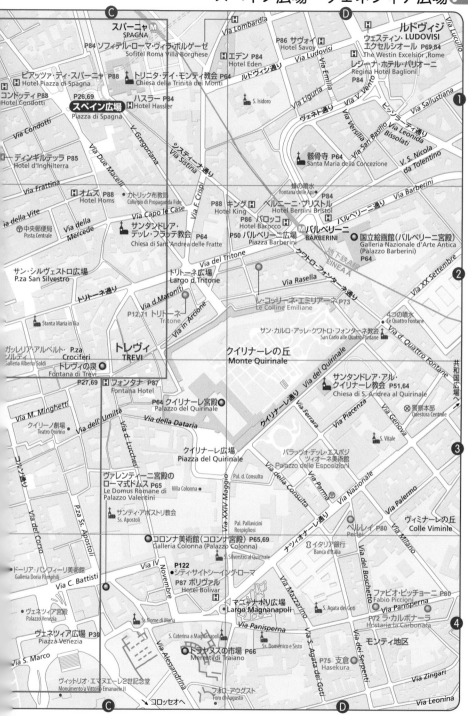

スパーニャ M
SPAGNA

P84 ソフィテル・ローマ・ヴィラ・ボルゲーゼ H
Sofitel Roma Villa Borghese

P86 サヴォイ H
Hotel Savoy

エデン P84 H
Hotel Eden

ウェスティン LUDOVISI
エクセルシオール P69,84
The Westin Excelsior,Rome

ルドヴィジ

ピアッツァ・ディ・スパーニャ P88
Hotel Piazza di Spagna

H トリニタ・デイ・モンティ教会 P64
Chiesa della Trinità dei Monti

レジィナ・ホテル・バリオーニ
Regina Hotel Baglioni

コンドッティ P88 H
Hotel Condotti

スペイン広場 P26,69
Piazza di Spagna

H ハスラー P84
Hotel Hassler

S. Isidoro

ディンギルテッラ P85
Hotel d'Inghilterra

V. Gregoriana

骸骨寺 P64
Santa Maria della Concezione

Via Frattina

緑の噴水
Fontana delle Api

H オムズ P88
Hotel Homs

カトリック布教局
Collegio di Propaganda Fide

P88 キング H
Hotel King

ベルニーニ・ブリストル H
Hotel Bernini Bristol

Via della
Mercede

サンタンドレア・
デル・フラッテ教会 P64
Chiesa di Sant'Andrea delle Fratte

P86 バロッコ H
Hotel Barocco

国立絵画館(バルベリーニ宮殿)
Galleria Nazionale d'Arte Antica
(Palazzo Barberini) P64

中央郵便局
Posta Centrale

P50 バルベリーニ広場
Piazza Barberini

バルベリーニ M
BARBERINI

サン・シルヴェストロ広場
P.za San Silvestro

Via del Tritone

トリトーネ広場
Largo d. Tritone

Via Rasella

Via d.Matonti

レ・コッリーネ・エミリアーネ P73
Le Colline Emiliane

4つの噴水
Le Quattro Fontane

P12,71 トリトーネ
Tritone

Via in Arcione

サン・カルロ・アッレ・クワトロ・フォンターネ教会
San Carlo alle Quattro Fontane

Stanta Maria in Via

ガッレリア・アルベルト・
ソルディ P.za
Galleria Alberto Soldi

Crociferi

トレヴィ
TREVI

クイリナーレの丘
Monte Quirinale

トレヴィの泉
Fontana di Trevi

P27,69 フォンタナ P87
Fontana Hotel

サンタンドレア・アル・
クイリナーレ教会 P51,64
Chiesa di S. Andrea al Quirinale

Via M. Minghetti

P64 クイリナーレ宮殿
Palazzo del Quirinale

S. Vitale

クイリーノ劇場
Teatro Quirino

Via dell'Umiltà

Via della Dataria

警察本部
Questura Centrale

クイリナーレ広場
Piazza del Quirinale

パラッツォ・デッレ・エスポジ
ツィオーネ美術館
Palazzo delle Esposizioni

ヴァレンティーニ宮殿の
ローマ式ドムス P65
Le Domus Romane di
Palazzo Valentini

Villa Colonna

Pal. d. Consulta

サンティ・アポストリ教会
Ss. Apostoli

Pal. Pallavicini
Rospigliosi

ヴィミナーレの丘
Colle Viminle

ベルレイ P80
Perlei

コロンナ美術館(コロンナ宮殿)
Galleria Colonna (Palazzo Colonna) P65,69

S. Silvestro al Quirinale

イタリア銀行
Banca d'Italia

ドーリア・パンフィーリ美術館
Galleria Doria Pamphilj

P122

Via C. Battisti

シティ・サイトシーイング・ローマ

P87 ボリヴァル
Hotel Bolivar

Via IV
Novembre

S. Agata dei Goti

ファビオ・ピッチョーニ P80
Fabio Piccioni

P72 ラ・カルボナーラ
Hostaria la Carbonara

マニャナポリ広場
Largo Magnanapoli

Via Panisperna

モンティ地区

S. Nome di Maria

S. Caterina a Magnanapoli

ヴェネツィア宮殿
Palazzo Venezia

Ss. Domenico e Sisto

P75 支倉
Hasekura

ヴェネツィア広場 P30
Piazza Venezia

Via S. Marco

トラヤヌスの市場 P66
Mercati di Traiano

ヴィットリオ・エマヌエーレ2世記念堂
Monumento a Vittorio Emanuele II

フォロ・アウグスト
Foro di Augusto

コロッセオへ

● 観光スポット ● レストラン・カフェ ● ショップ H ホテル

♪ローマ

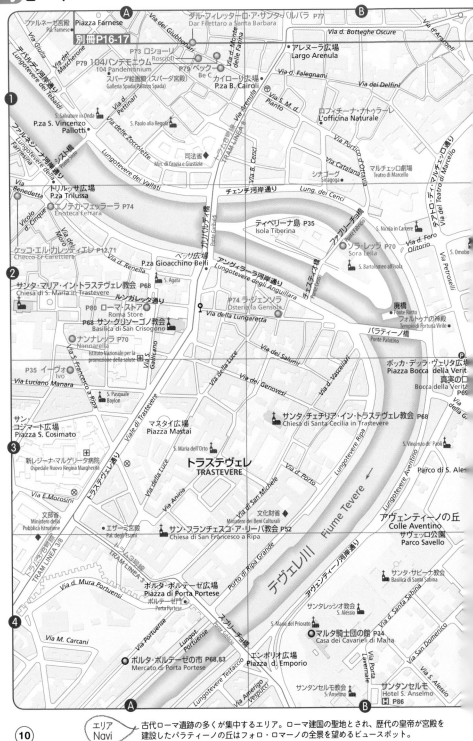

ファルネーゼ宮殿
Pal. Farnese

Piazza Farnese Ⓐ

別冊P16-17

デル・フィレッタロ・ア・サンタ・バルバラ P77
Dar Filettaro a Santa Barbara

Via d. Botteghe Oscure Ⓑ

Via dei Giubbonari

P73 ロショーリ
Roscioli

P79 104パンデモニウム
104 Pandemonium

P79 ベック
Be C

スパーダ絵画館(スパーダ宮殿)
Galleria Spada(Palazzo Spada)

カイローリ広場
P.za B. Cairoli

アレヌーラ広場
Largo Arenula

Via d. Falegnami

Via dei Delfini

Via d. Pettinari

ロフィチーナ・ナトゥラーレ
L'officina Naturale

S. Paolo alla Regola

Via Portico d'Ottavia

Via Catalana

マルチェッロ劇場
Teatro di Marcello

❶ P.za S. Vincenzo
Pallotti

S. Salvatore in Onda

S. Omobo

シナゴーグ
Sinagoga

Via delle Zoccolette

Via d. Foro Olitorio

司法省
Min. di Grazia e Giustizia

S. Nicola in Carcere

ファルネジーナ河岸通り
Lungotevere della Farnesina

シスト橋
Ponte Sisto

チェンチ河岸通り

ソラ・レッラ P70
Sora Lella

Via B. Cenci

ティベリーナ島 P35
Isola Tiberina

ファブリーチョ橋
Ponte Fabricio

S. Bartolomeo all'Isola

Via Benedetta

トリルッサ広場
P.za Trilussa

Lung. dei Cenci

エノテカ・フェッララ P74
Enoteca Ferrara

ガリバルディ橋
Ponte Garibaldi

廃橋
Ponte Rotto

ケッコ・エル・カレッティエレ P12.71
Checco Er Carettiere

P.za Gioacchino Belli

ベッツサ広場

チェスティオ橋
Ponte Cestio

フォルトゥナの神殿
Tempio di Portuna Virile

❷ サンタ・マリア・イン・トラステヴェレ教会 P68
Chiesa di S. Maria in Trastevere

S. Agata

アングィッラーラ河岸通り
Lungotevere degli Anguillara

パラティーノ橋
Ponte Palatino

ルンガレッタ通り

P80 ローマ・ストア
Roma Store

P68 サン・クリソーゴノ教会
Basilica di San Crisogono

P74 ラ・ジェンソラ
Osteria la Gensola

Via della Lungaretta

ボッカ・デッラ・ヴェリタ広場
Piazza Bocca della Verit

ナンナレッラ P70
Nannarella

Istituto Nazionale per la
promozione della salute

Via dei Salumi

Via dei Vascellari

真実の口
Bocca della Verit
P69

P35 イーヴォ
Ivo

S. Pasquale Baylon

Via dei Genovesi

Via della G.

S. Vincenzo de' Paoli

サン・
コジマート広場
Piazza S. Cosimato

マスタイ広場
Piazza Mastai

サンタ・チェチリア・イン・トラステヴェレ教会 P68
Chiesa di Santa Cecilia in Trastevere

Parco di S. Ales

S. Maria dell'Orto

新レジーナ・マルゲリータ病院
Ospedale Nuovo Regina Margherita

トラステヴェレ
TRASTEVERE

Via d. Porto

Lungotevere Aventino

Parco di S. Ales

❸

Via della Luce

アヴェンティーノの丘
Colle Aventino

Via E.Morosini

Via Anicia

Via di San Michele

Fiume Tevere

サヴェッロ公園
Parco Savello

文部省
Ministero della
Pubblica Istruzione

エザーミ宮殿
Pal. degli Esami

文化財省
Ministero dei Beni Culturali

サンタ・サビーナ教会
Basilica di Santa Sabina

サン・フランチェスコ・ア・リーパ教会 P52
Chiesa di San Francesco a Ripa

TRAM LINEA 3/8

❹

Via d. Mura Portuensi

ポルタ・ポルテーゼ広場
Piazza di Porta Portese

ポルテーゼ門
Porta Portese

Porto di Ripa Grande

テヴェレ川

アヴェンティーノ河岸通り

サンタレッシオ教会
S. Alessio

サンタ・サビーナ通り
Via di Santa Sabina

Via Porta Lavernale

Via M. Carcani

Via Portuense

ポンテ・スブリーチョ橋
Ponte Sublicio

Lungot.
Portuense

エンポリオ広場
Piazza d. Emporio

S. Maria del Priorato

マルタ騎士団の館 P34
Casa dei Cavalieri di Malta

Via San Domenico

ポルタ・ポルテーゼの市 P68,83
Mercato di Porta Portese

Lungotevere Testaccio

Via Amerigo
Vespucci

サンタンセルモ教会
S. Anselmo

サンタンセルモ
Hotel S. Anselmo
Ⓗ P86

Via S. Alessio

Ⓐ   Ⓑ

TRAM LINEA 3/8

エリア
Navi

古代ローマ遺跡の多くが集中するエリア。ローマ建国の聖地とされ、歴代の皇帝が宮殿を
建設したパラティーノの丘はフォロ・ロマーノの全景を望めるビュースポット。

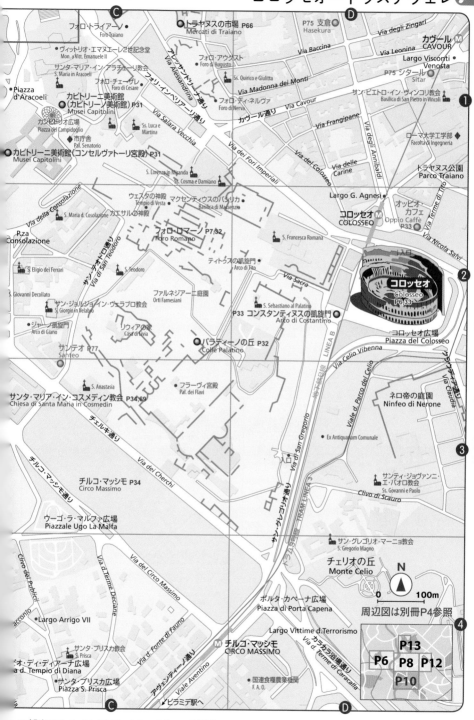

フォロ・トライアーノ
Foro Traiano

トラヤヌスの市場 P66
Mercati di Traiano

P75 支倉
Hasekura

Via degli Zingari

カヴール
CAVOUR M

ヴィットリオ・エマヌエーレ2世記念堂
Mon. a Vitt. Emanuele II

Via Baccina

Via Leonina

Largo Visconti
Venosta

サンタ・マリア・イン・アラチェーリ教会
S. Maria in Aracoeli

フォロ・アウグスト
Foro di Augusto

P75 シタール
Sitar

Piazza
d'Aracoli

フォロ・チェーザレ
Foro di Cesare

Ss. Quirico e Giulitta

サンタ・マリア・イン・アラコエリ通り

Via Madonna dei Monti

サン・ピエトロ・イン・ヴィンコリ教会
Basilica di San Pietro in Vincoli

1

カピトリーニ美術館
(カピトリーノ美術館) P31
Musei Capitolini

フォロ・ディ・ネルヴァ
Foro di Nerva

Via Cavour

カンピドリオ広場
Piazza del Campidoglio

Ss. Luca e
Martina

Via Salara Vecchia

Via Cavour

カヴール通り

Via Frangipane

ローマ大学工学部
Facoltà di Ingegneria

カピトリーニ美術館(コンセルヴァトーリ宮殿) P31
Musei Capitolini

市庁舎
Pal. Senatorio

Via dei Fori Imperiali

Via del Colosseo

Via delle
Carine

Via degli Annibaldi

トラヤヌス公園
Parco Traiano

S. Lorenzo in Miranda

Ss. Cosma e Damiano

Largo G. Agnesi

コロッセオ
COLOSSEO M

オッピオ・
カフェ
Oppio Caffè
P33

Via della Consolazione

ウェスタの神殿
Tempio di Vesta

マクセンティウスのバシリカ
Basilica di Massenzio

Via Terme di Tito

Via Nicola Salvi

S. Maria d. Consolazione

カエサルの神殿

2

Pza
Consolazione

S. Teodoro

フォロ・ロマーノ P7,32
Foro Romano

S. Francesca Romana

入口

コロッセオ
P6,33

S. Eligio dei Ferrari

ティトゥスの凱旋門
Arco di Tito

Via Sacra

サン・ジョルジョ・イン・ヴェラブロ教会
S. Giorgio in Velabro

S. Giovanni Decollato

ファルネジアーナ庭園
Orti Farnesiani

S. Sebastiano al Palatino

コロッセオ広場
Piazza del Colosseo

ジャーノ凱旋門
Arco di Giano

リウィアの家
Casa di Livia

P33 コンスタンティヌスの凱旋門
Arco di Costantino

LINEA B

Via Celio Vibenna

クラウディア通り Via Claudia

3

サンテオ P77
Santeo

パラティーノの丘 P32
Colle Palatino

ネロ帝の庭園
Ninfeo di Nerone

S. Anastasia

フラーヴィ宮殿
Pal. dei Flavi

Viale d. Parco del Celio

サンタ・マリア・イン・コスメディン教会
Chiesa di Santa Maria in Cosmedin P34,69

Ex Antiquarium Comunale

チェルキ通り

Via del Cherchi

サンティ・ジョヴァンニ・エ・パオロ教会
Ss. Giovanni e Paolo

チルコ・マッシモ P34
Circo Massimo

Clivo di Scauro

ウーゴ・ラ・マルファ広場
Piazzale Ugo La Malfa

Via d'Terme Deciane

TRAM LINEA 3

サン・グレゴリオ・マーニョ教会
S. Gregorio Magno

Via del Circo Massimo

チェリオの丘
Monte Celio

N

Largo Arrigo VII

S. Prisca

サンタ・プリスカ教会
S. Prisca

0   100m

周辺図は別冊P4参照

サンタ・プリスカ広場
Piazza S. Prisca

Largo Vittime d. Terrorismo

4

ポルタ・カペーナ広場
Piazza di Porta Capena

P13

アヴェンティーノ通り
Viale Aventino

チルコ・マッシモ
CIRCO MASSIMO M

カラカラ浴場通り Via d. Terme di Caracalla

P6 P8 P12

ピラミデ駅へ

国連食糧農業機関
F.A.O.

P10

C

D

● 観光スポット　■ レストラン・カフェ　● ショップ　H ホテル

♪ ローマ・テルミニ駅周辺

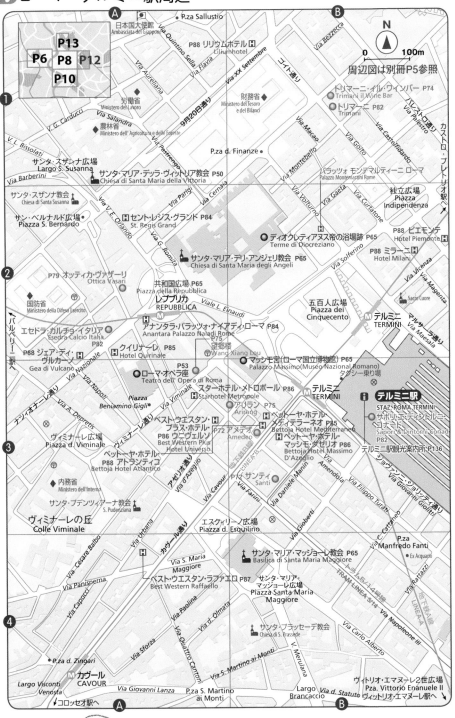

P6	P8	P12
	P13	
	P10	

A P.za Sallustio
日本国大使館
Ambasciata del Giappone

B P.za Bezzecca

N
0 100m
周辺図は別冊P5参照

P88 リリウムホテル H
Liliumhotel

トリマーニ・イル・ワインバー P74
Trimani il Wine Bar

トリマーニ P82
Trimani

①
労働省
Ministero del Lavoro

財務省
Ministero del Tesoro e del Bilanci

9月20日通り

P.za d. Finanze

独立広場
Piazza Indipendenza

農林省
Ministero dell' Agricoltura e delle Foreste

サンタ・スザンナ広場
Largo S. Susanna

サンタ・マリア・デッラ・ヴィットリア教会 P50
Chiesa di Santa Maria della Vittoria

サンタ・スザンナ教会
Chiesa di Santa Susanna

サン・ベルナルド広場
Piazza S. Bernardo

セント・レジス・グランド P84
St. Regis Grand

ディオクレティアヌス帝の浴場跡 P65
Terme di Diocreziano

P88 ピエモンテ
Hotel Piemonte

P88 ミラーニ
Hotel Milani

サンタ・マリア・デリ・アンジェリ教会 P65
Chiesa di Santa Maria degli Angeli

②
P79 オッティカ・ヴァザーリ
Ottica Vasari

国防省
Ministero della Difesa Esercito

共和国広場 P65
Piazza della Repubblica
レプブリカ
REPUBBLICA

五百人広場
Piazza dei Cinquecento

Sacro Cuore

エセドラ・カルチョ・イタリア
Esedra Calcio Italia

アナンタラ・パラッツォ・ナイアディ・ローマ P84
Anantara Palazzo Naiadi Rome

テルミニ
TERMINI

P88 ジェア・ディ・ヴルカーノ
Gea di Vulcano

クイリナーレ P85
Hotel Quirinale

望郷楼
Wang Xiang Lou

マッシモ宮（ローマ国立博物館）P65
Palazzo Massimo (Museo Nazional Romano)

タクシー乗り場

③
ローマ・オペラ座 P53
Teatro dell' Opera di Roma

スターホテル・メトロポール P86
Starhotel Metropole

アリラン
Arirang

テルミニ
TERMINI

テルミニ駅
STAZ. ROMA TERMINI

Piazza Beniamino Gigli

ベスト・ウエスタン・プラス・ホテル・ウニヴェルソ P86
Best Western Plus Hotel Universo

ベッテーヤ・ホテル P75
Bettoja Hotel Mediterraneo

ベッテーヤ・ホテル・マッシモ・ダゼリオ P86
Bettoja Hotel Massimo D'Azeglio

サポリ・エ・ディントルニ・コナッド
Sapori e Dintorni Conad P82

テルミニ駅観光案内所 P136

ヴィミナーレ広場
Piazza d. Viminale

p72 アメデオ
Amedeo

ベッテーヤ・ホテル・アトランティコ P88
Bettoja Hotel Atlantico

サンティ
Santi

ショッヴァンニ・ジョリッティ通り

内務省
Ministero dell'Interno

サンタ・プデンツィアーナ教会
S. Pudenziana

ヴィミナーレの丘
Colle Viminale

エスクィリーノ広場
Piazza d. Esquilino

P.za Manfredo Fanti

Ex Acquano

サンタ・マリア・マッジョーレ教会 P65
Basilica di Santa Maria Maggiore

ベスト・ウエスタン・ラファエロ P87
Best Western Raffaello

サンタ・マリア・マッジョーレ広場
Piazza Santa Maria Maggiore

④
サンタ・プラッセーデ教会
Chiesa di S. Prassede

P.za d. Zingari

カヴール
CAVOUR

Largo Visconti Venosta

ヴィットリオ・エマヌエーレ2世広場
Pza. Vittorio Emanuele II
ヴィットリオ・エマヌエーレ駅へ

A コロッセオ駅へ
Via Giovanni Lanza
P.za S. Martino ai Monti

Largo Brancaccio

B

エリア
Navi
鉄道、市バス、地下鉄が発着するローマの交通の要所がテルミニ駅。それだけに観光客を狙ったスリや置き引きが多いので注意。

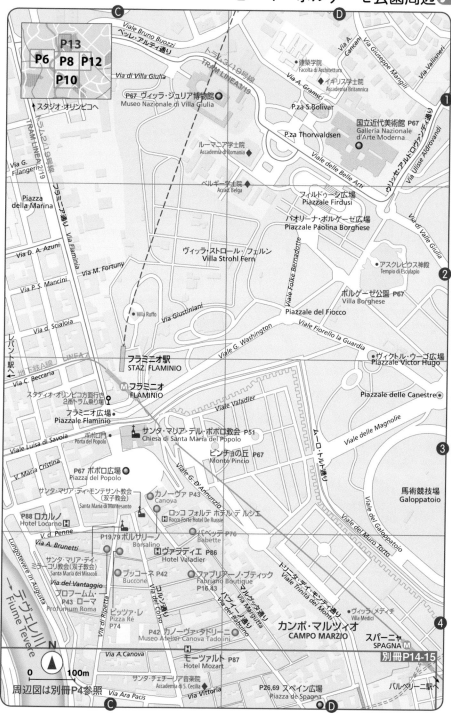

C

Viale Bruno Buozzi
ヘッレ・アルティ通り

P13

P6 P8 P12

P10

→ スタジオ・オリンピコへ

Via di Villa Giulia

TRAM LINEA3/19
トラム3/19号線

D

Via A. Cancani

Via A. Giuseppe Mangili

Via A. Vallisneri

建築学院
Facolta di Architettura

イギリス学院
Accademia Britannica

P.za S.Bolivar

P67 ヴィッラ・ジュリア博物館
Museo Nazionale di Villa Giulia

Via A. Gramsci

国立近代美術館 P67
Galleria Nazionale
d'Arte Moderna

P.za Thorwaldsen

ルーマニア学院
Accademia di Romania

ベルギー学院
Accad. Belga

Via G. Filangeri

TRAM LINEA3/19号線

Via Flaminia

Piazza
della Marina

Via D. A. Azuni

Via M. Fortuny

ヴィッラ・ストロール・フェルン
Villa Strohl Fern

Viale delle Belle Arti

フィルドゥージ広場
Piazzale Firdusi

パオリーナ・ボルゲーゼ広場
Piazzale Paolina Borghese

Viale Folke Bernadotte

アスクレピウス神殿
Tempio di Esculapio

Via P. S. Mancini

Villa Ruffo

Via Giustiniani

ボルゲーゼ公園 P67
Villa Borghese

Via d. Scialoia

レパント駅へ

Via C. Beccaria

地下鉄A線 LINEA A

フラミニオ駅
STAZ. FLAMINIO

M フラミニオ
FLAMINIO

スタディオ・オリンピコ方面行や
2部トラム乗り場

フラミニオ広場
Piazzale Flaminio

Viale Luisa di Savoia

ポポロ門
Porta del Popolo

V. Maria Cristina

P67 ポポロ広場
Piazza del Popolo

サンタ・マリア・ディ・モンテサント教会
(双子教会)
Santa Maria di Montesanto

P88 ロカルノ
Hotel Locarno H

V. d. Penne

Via A. Brunetti

サンタ・マリア・ディ・
ミラーコリ教会(双子教会)
Santa Maria dei Miracoli

Via del Vantaggio

プロフームム・
P43 ローマ
Profumum Roma

Via di Ripetta

ピッツァ・レ
Pizza Ré
P74

Via A.Canova

Piazzale del Fiocco

Viale G. Washington

Viale Valadier

サンタ・マリア・デル・ポポロ教会 P51
Chiesa di Santa Maria del Popolo

ピンチョの丘 P67
Monte Pincio

Viale G. D'Annunzio

カノーヴァ P43
Canova

ロッコ フォルテ ホテル デ ルシエ
Rocco Forte Hotel De Russie

バベッテ P76
Babette

P19,79 ボルサリーノ
Borsalino

H ヴァラディエ P86
Hotel Valadier

ブッコーネ P42
Buccone

ファブリアーノ・ブティック
Fabriano Boutique
P16,43

P42 カノーヴァ・タドリーニ
Museo Atelier Canova Tadolini

H モーツァルト P87
Hotel Mozart

ヴィットル・ウーゴ広場
Piazzale Victor Hugo

Piazzale delle Canestre

Viale delle Magnolie

馬術競技場
Galoppatoio

Viale del Muro Torto

ヴィッラ・メディチ
Villa Medici

カンポ・マルツィオ
CAMPO MARZIO

スパーニャ
SPAGNA M

別冊P14-15

N

0   100m

周辺図は別冊P4参照

C

デヴェレ川
Fiume Tevere
Lungotevere in Augusta

サンタ・チェチーリア音楽院
Accademia di S. Cecilia

Via Ara Pacis

Via Vittoria

P26,69 スペイン広場
Piazza de Spagna

D

バルベリーニ駅へ

♪ローマ

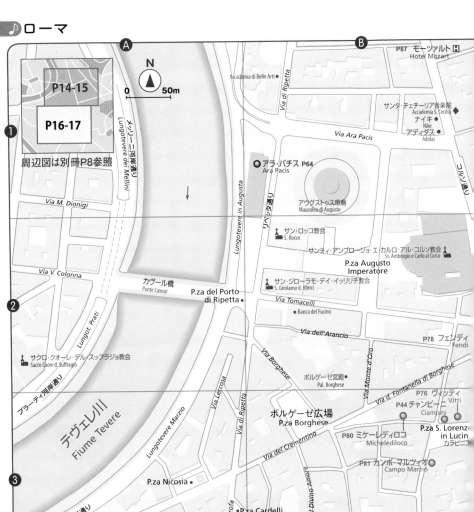

P14-15

P16-17

周辺図は別冊P8参照

Lungotevere dei Mellini

メッリーニ河岸通り

N
0   50m

Via di Ripetta

Accademia di Belle Arti •

サンタ・チェチーリア音楽院
Accademia S. Cecilia ◆
ナイキ   Nike
アディダス
Adidas

Via Ara Pacis

P87　モーツァルト H
Hotel Mozart

Via M. Dionigi

Lungotevere in Augusta

Via di Ripetta

○ アラ・パチス P64
Ara Pacis

アウグストゥス帝廟
Mausoleo di Augusto

サン・ロッコ教会
S. Rocco

サンティ・アンブロージョ・エ・カルロ・アル・コルソ教会
Ss. Ambrogio e Carlo al Corso

Via V. Colonna

Lungot. Prati

カヴール橋
Ponte Cavour

P.za del Porto
di Ripetta

サン・ジローラモ・デイ・イッリリチ教会
S. Girolamo d. Illirici

P.za Augusto
Imperatore

Via Tomacelli

• Banca del Fucino

サクロ・クオーレ・デル・スッフラジョ教会
Sacro Cuore d. Suffragio

プラーティ河岸通り

Via dell'Arancio

Via Borghese

Via d. Fontanella di Borghese

P78 フェンディ
Fendi

ボルゲーゼ宮殿 •
Pal. Borghese

P76 ヴィッティ
Vitti

P44 チャンピーニ
Ciampini

テヴェレ川
Fiume Tevere

Lungotevere Marzio

Via Leccosa

Via di Ripetta

ボルゲーゼ広場
P.za Borghese

Via del Crementino

P80 ミケーレディロコ
Micheledlocation

P.za S. Lorenzo
in Lucin
カラビニ

マルツィオ河岸通り

Via di Monte Brianzo

P.za Nicosia •

Via della Scrofa

Vic. di Divino Amore

P81 カンポ・マルツィオ
Campo Marzio

Via in
Lucin

P71 ラ・カンパーナ
La Campana

• P.za Cardelli

Pal.
Firenze

V. d. Prefetti

エノテカ・アル・パルラメント P82
Enoteca al Parlamento

P87 ポルトゲージ
Hotel Portoghesi H

Via dell'Orso

S. Antonio dei
Portoghesi

P.za di
Firenze •

● オビカ・モッツァレラ・バール P74
Obicà Mozzarella Bar

サンタンジェロ城

○ イル・コンヴィヴィオ P72
Il Convivio

Via Pianellari

Via della Scrofa

V. Metastasio

Via di Campo Marzio

Via d. Missione

S. Maria della
Concezione in Campo Marzio

P.za in Campo
Marzio

Via Uffici d. Vicaria

アルテンプス宮 •
Pal. Altemps

サンタゴスティーノ教会
Chiesa di S. Agostino
P66

サンタポッリナーレ教会
S. Apollinare

• P.za d. Coppelle

● ジョリッティ P27
Giolitti

P.za S. Agostino

モ
P

16世紀後半の都市計画で整備された一帯。現在は一流ブランド店が並ぶコンドッティ通り（C2）やコルソ通りを擁するローマで最も華やいだ地域となっている。

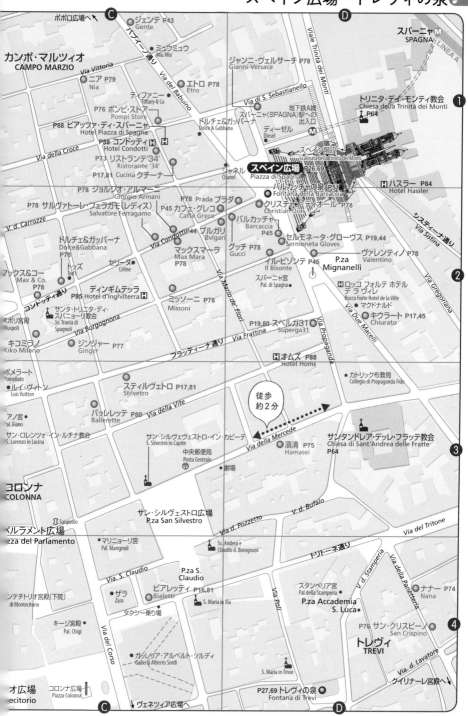

ポポロ広場へ↖ **C** ハシュー通り **D** スパーニャ M
SPAGNA LINEA A

ジェンテ P43
Gente

ミュウミュウ
Miu Miu

ジャンニ・ヴェルサーチ P78
Gianni Versace

スパーニャ M
SPAGNA

カンポ・マルツィオ
CAMPO MARZIO

Via Vittoria

ニア P79
Nia

エトロ P78
Etro

Via di S. Sebastianello

地下鉄A線
スパーニャ(SPAGNA)駅への出入口

トリニタ・デイ・モンティ教会
Chiesa della Trinità dei Monti
P64

1

ティファニー
Tiffany & Co

P76 ポンピ・ストア
Pompi Store

ドルチェ&ガッバーナ
Dolce & Gabbana

ディーゼル
Diesel

P88 ピアッツァ・ディ・スパーニャ
Hotel Piazza di Spagna

P88 コンドッティ **H**
Hotel Condotti

P73 リストランテ'34'
Ristorante '34'

P17,81 クチーナ クチーナー
Cucina

スペイン階段
Scalinata della Trinità dei Monti

シャネル
Chanel

スペイン広場 P26,69
Piazza di Spagna

H ハスラー P84
Hotel Hassler

Via della Croce

H

P78 ジョルジオ・アルマーニ
Giorgio Armani

P78 プラダ プラダ
Prada

P45 カフェ・グレコ
Caffè Greco

バルカッチャの泉
Fontana della Barcaccia

クリスチャン・ディオール P78
Christian Dior

P78 サルヴァトーレ・フェラガモ(レディス)
Salvatore Ferragamo

V. d. Carrozze

ブルガリ
Bvlgari

バルカッチャ
Barcaccia

P45

セルモネータ・グローヴス P19,44
Sermoneta Gloves

ヴァレンティノ P78
Valentino

ジスティーナ通り Via Sistina

2

ドルチェ&ガッバーナ
Dolce&Gabbana
P78

Via Condotti P44

マックスマーラ
Max Mara
P78

グッチ P78
Gucci

イル・ビゾンテ P45
Il Bisonte

P.za
Mignanelli

Via Gregoriana

マックス&コー
Max & Co.
P78

トッズ
Tod's

セリーヌ
Céline

P85 Hotel d'Inghilterra **H**

ディンギルテラ

ミッソーニ P78
Missoni

スパーニャ宮
Pal. di Spagna

H ロッコ フォルテ ホテル
テラ ヴィレ
Rocco Forte Hotel de la Ville

マクドナルド

キウラート P17,45
Chiurato

ルスポリ宮
Ruspoli

サンタ・トリニタ・ディ・スパニョーリ教会
Ss. Trinità di Spagnoli

ジンジャー P77
Ginger

フラッティーナ通り

P19,80 スペルガ31
Superga31

Via Due Macelli

キコミラノ
Kiko Milano

Via Borgognona

Via Maria de' Fiori

Via Frattina

H オムズ P88
Hotel Homs

ポメラート
Pomellato

ルイ・ヴィトン
Luis Vitton

スティルヴェトロ P17,81
Stilvetro

Via della Vite

徒歩
約2分

カトリック布教局
Collegio di Propaganda Fide

Via Propaganda

アノ宮
al. Fiano

バッレレッテ P80
Ballerette

サン・シルヴェストロ・イン・カピーテ
S. Silvestro in Capite

Via della Mercede

サンタンドレア・デッレ・フラッテ教会
Chiesa di Sant'Andrea delle Fratte
P64

3

サン・ロレンツォ・イン・ルチナ教会
S. Lorenzo in Lucina

中央郵便局
Posta Centrale

濱清 P75
Hamasei

劇場

コロンナ
COLONNA

San Paolo

サン・シルヴェストロ広場
P.za San Silvestro

V. d. Bufalo

パルラメント広場
Piazza del Parlamento

マリニョーリ宮
Pal. Marignoli

Via d. Pozzetto

Via del Tritone

トリトーネ通り

Via della Panetteria

Via S. Claudio

Ss. Andera e
Claudio d. Borognoni

P.za S.
Claudio

V. d. Stamperia

ナナー P74
Nana

モンテチトリオ宮殿(下院)
di Montecitorio

ザラ
Zara

ビアレッティ P16,81
Bialetti

S. Maria in Via

スタンペリア宮
Pal. della Stamperia

P.za Accademia
S. Luca

Via Poli

キージ宮殿
Pal. Chigi

タクシー乗り場

P78 サン・クリスピーノ
San Crispino

4

オ広場
ecitorio

コロンナ広場
Piazza Colonna

C

Via del Corso

ガッレリア・アルベルト・ソルディ
Galleria Alberto Sordi

S. Maria in Trivio

トレヴィ
TREVI

Via d. Lavatore

クイリナーレ宮殿へ→

↓ヴェネツィア広場へ

P27,69 トレヴィの泉
Fontana di Trevi

D

● 観光スポット　● レストラン・カフェ　● ショップ　**H** ホテル

♪ローマ

ウンベルト1世橋へ

P66 サンタゴスティーノ教会
Chiesa di S. Agostino

S. Maria della
Concezione in Campo Marzio

アルテンプス宮
（ローマ国立博物館）
Pal. Altemps
(Museo Nazionale Romano)

Via M. d'Oro

サンタポリナーレ教会
S. Apollinare

P.za S. Apollinare

P.za d. Coppelle

P28 マッケローニ
Maccheroni

Via dei Coronari

P.za Tor
Sanguigua

P.za
S. Agostino

Via delle Coppelle

ブルスキーニ・タンカ・
アンティキタ
P47
Bruschini Tanca Antichità

ロレンツァーレ・
アンティキタ P47
Lorenzale Antichità

タクシー乗り場

Santa Maria
Maddalena

P29,76 カフェ・ベルニーニ
Caffè Bernini

Via S. Giov. d'Arco

Largo G. Toniolo

P72 ラ・ロゼッタ
La Rosetta

ラファエル P85
Hotel Raphaël

S. Maria d. Pace
キオストロ・デル・
ブラマンテ
Chiostro del
Bramante

S. Maria d. Anima

サン・ルイジ・デイ・フランチェージ教会 P66
Chiesa di San Luigi dei Francesi

BNL

Via della Pace

P47

Via Giustiniani

ロトンダ広場
P.za della Rotond

P29 リストランテ トレ・スカリーニ
Ristorante
Tre Scalini

Sal. de' Crescenzi

入口

イ・ピッツィカローリ P48
I Pizzicaroli

Via d. T. Millina

パンフィーリ宮
Pal. Pamphili

マダマ宮（上院）
Pal. Madama

Pal. del
Governo
Vecchio

サンタニェーゼ・イン・
アゴーネ教会
S. Agnese in Agone

ナヴォーナ広場 P29,52
Piazza Navona

P.za S. Eustachio

S. Eustachio

P28 パンテオン
Pantheon

ポンテ・パリオーネ
PONTE PARIONE

サンタ・マリア・ノヴェッラ薬局

サンティーヴォ・アッラ・サピエンツァ教会
S.Ivo alla Sapienza

サンテウスタキオ・イル・カフェ P76
Sant'Eustachio il caffè

P48 マストロ・チッチャ
Mastro Ciccia

P81 Murano Piu' ムラーノ・ピュウ

ビストロ・ワインバー・
パスクィーノ
Bistrot Wine Bar Pasquino

ムーア人の噴水
P29,49

Via di santa Chiara

アルトロ・クアンド
Altro Quando

ヴィヴィ・ビストロ P48
Vivi Bistrot

P87 アルベルゴ・サンタ・キアラ
Albergo Santa Chiara

P.za Pasquino

ブラスキ宮
Pal. Braschi

ピーニャ
PIGNA

S. Chiara

P49 SBU
SBU

ローマ博物館（ブラスキ宮）
Museo di Roma

Via dei Nari

カンチェレリア宮
Pal. della Cancelleria

サン・パンタレオ教会
S. Pantaleo

ヴァッレ劇場
Teatro Valle

S. Lorenzo in Damaso

サン・パンタレオ広場
P.za S. Pantaleo

マッシモ宮
Pal. Massimo
Banca di Roma

P.za S. Andrea
della Valle

Via dei Pellegrino

ベネトン
Benetton

Via dei Baullari

Corso Vittorio Emanuele II

P.za Vidoni

サンタンドレア・デッラ・ヴァッレ教会 P66
Chiesa di S. Andrea della Valle

Via d. Sudario

タクシー乗

レゴラ
REGOLA

カンポ・デ・フィオーリ広場 P83
Piazza Campo de' Fiori

アルジェンティーナ劇場
Teatro Argentina

P14-15

Largo Pallaro

ピオ・リゲッティ宮
Pal. Pio Righetti

P16-17

Via dei Barbieri

Via dei Giubbonari

N

0   50m

周辺図は別冊P8参照

P76 コローナ
Corona

アレヌーラ広場
Largo Arenula

エリア
Navi
入り組んだ路地や歴史ある小さな店、庶民で賑わう広場など中世から変わらぬたたずまい
を残すエリア。トレヴィの泉（D1）からパンテオン（B2）までは歩いて10分弱。

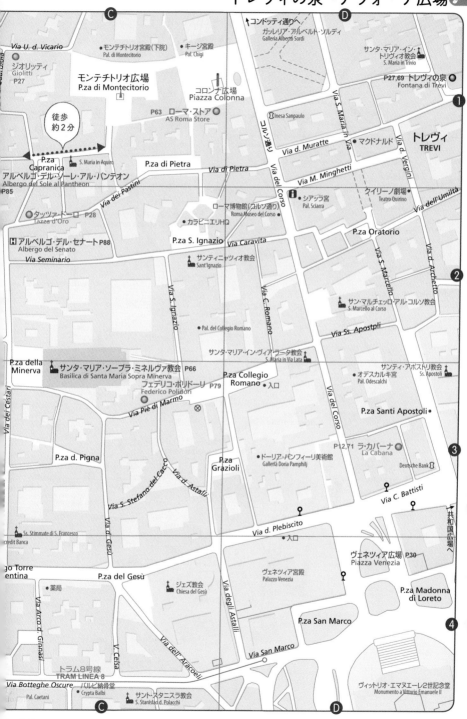

C

Via U. d. Vicario
● モンテチトリオ宮殿(下院)
Pal. di Montecitorio
● キージ宮殿
Pal. Chigi

● ジオリッティ
Giolitti
P27

モンテチトリオ広場
P.za di Montecitorio

コロンナ広場
Piazza Colonna

D
コンドッティ通りへ ↑
ガッレリア・アルベルト・ソルディ
Galleria Alberto Sordi

サンタ・マリア・イン・トリヴィオ教会
S. Maria in Trivio

P27,69 トレヴィの泉
Fontana di Trevi

徒歩約2分

P63 ローマ・ストア
AS Roma Store

● Inesa Sanpaulo

トレヴィ
TREVI

1

P.za Capranica
アルベルゴ・デル・ソーレ・アル・パンテオン
Albergo del Sole al Pantheon
P85

● S. Maria in Aquiro

Via d. Muratte
● マクドナルド

P.za di Pietra

Via di Pietra

Via M. Minghetti

Via S. Maria in Via

Via d. Vergini

コルソ通り

Via d. Corso

● タッツァ・ドーロ P28
Tazza d'Oro

ローマ博物館(コルソ通り)
Roma Museo del Corso ●

● シアッラ宮
Pal. Sciarra

クイリーノ劇場
Teatro Quirino

Via dell'Umiltà

H アルベルゴ・デル・セナート P88
Albergo del Senato

Via Caravita

● カラビニエリHQ

P.za S. Ignazio

P.za Oratorio

Via d. Archetto

Via Seminario

サンティニャツィオ教会
Sant'Ignazio

Via S. Marcello

サン・マルチェッロ・アル・コルソ教会
S. Marcello al Corso

2

Via S. Ignazio

Via C. Romano

● Pal. del Collegio Romano

Via Ss. Apostoli

P.za della Minerva

サンタ・マリア・ソープラ・ミネルヴァ教会 P66
Basilica di Santa Maria Sopra Minerva

サンタ・マリア・イン・ヴィア・ラータ教会
S. Maria in Via Lata

サンティ・アポストリ教会
Ss. Apostoli

● オデスカルキ宮
Pal. Odescalchi

Via d. Cestari

フェデリコ・ポリドーリ P79
Federico Polidori

Via Piè di Marmo

P.za Collegio Romano
入口

P.za Santi Apostoli ●

3

P.za d. Pigna

P.za Grazioli

● ドーリア・パンフィーリ美術館
Galleria Doria Pamphilj

P12,71 ラ・カバーナ
La Cabana

Deutsche Bank

Via S. Stefano del Cacco

Via d. Astalli

Via d. Corso

Via C. Battisti

● Ss. Stimmate di S. Francesco
credit Banca

Via d. Plebiscito

● 入口

go Torre entina

Via d. Gesù

ヴェネツィア広場 P30
Piazza Venezia

共和国広場へ

● 薬局

P.za del Gesù

ジェズ教会
Chiesa del Gesù

ヴェネツィア宮殿
Palazzo Venezia

P.za Madonna di Loreto

Via degli Astalli

Via dell'Aracoeli

P.za San Marco

4

V. Celsa

Via Arco d. Ginnasi

Via San Marco

トラム8号線
TRAM LINEA 8
Via Botteghe Oscure
Pal. Caetani

バルビ納骨堂
Crypta Balbi

サント・スタニスラ教会
S. Stanislao d. Polacchi

ヴィットリオ・エマヌエーレ2世記念堂
Monumento a Vittorio Emanuele II

C

D

● 観光スポット　● レストラン・カフェ　● ショップ　**H** ホテル

♪フィレンツェ

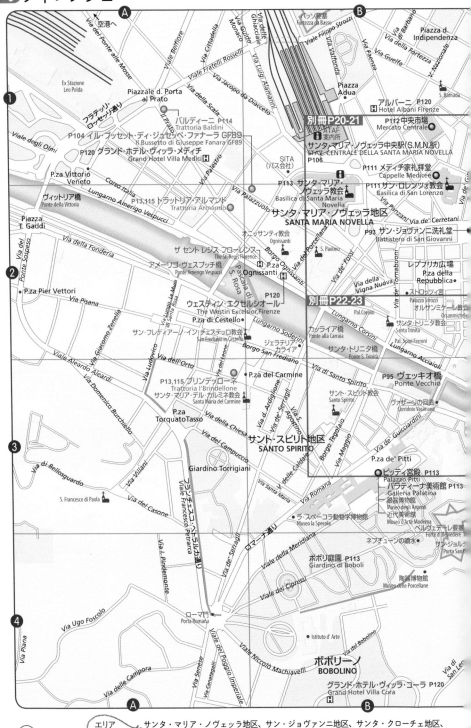

A

空港へ

Via del Ponte alle Mosse
Via Guido Monaco
Viale Fratelli Rosselli
Viale delle Ghiacciaie
Via della Scala
Via Jacopo da Diacceto
Via della Scala

フラテッリ・ロッセッリ通り

Ex Stazione
Leo Polda

①

Piazzale d. Porta al Prato

Via del Prato バルディーニ P114
Trattoria Baldini

P104 イル・ブッセット・ディ・ジュゼッペ・ファナーラ GF89
Il Bussetto di Giuseppe Fanara GF89

P120 グランド・ホテル・ヴィッラ・メディチ H
Grand Hotel Villa Medici

Corso Italia

P.za Vittorio Veneto

ヴィットリア橋
Ponte della Vittoria

Piazza T. Gaddi

Lungarno Amerigo Vespucci

Via della Fonderia

ザ セント レジス フローレンス
The St.Regis Florence

アメーリゴ・ヴェスプッチ橋
Ponte Amerigo Vespucci

②

P.za Pier Vettori

Via Pisana

Via del Ponte Sospeso

Via del Leone

サン・フレディアーノ・イン・チェステッロ教会
San Frediano in Cestello

Borgo San Frediano

P13,115 ブリンデッローネ
Trattoria I'Brindellone

サンタ・マリア・デル・カルミネ教会
Santa Maria del Carmine

P.za del Carmine

P.za TorquatoTasso

Via dell'Orto

Via della Chiesa

Via del Campuccio

Giardino Torrigiani

③

Viale Aleardo Aleardi

Via Giacomo Zanella

Via Domenico-Burchiello

S. Francesco di Paola

Via di Bellosguardo

Via Villani

Via del Casone

Viale Francesco Petrarca

ブランチェスコ・ペトラルカ通り

Via del Serragli

ロマーナ通り

④

Via Ugo Foscolo

Via Piana

Via di Pindemonte

ローマ門
Porta Romana

Via del Poggio Imperiale

Via delle Campora

Via Senese

Via Niccolò Machiavelli

B

Fortezza da Basso パッソ要塞

Via Filippo Strozzi
Via Valfonda
Via Faenza
Via Guelfa
Via della Fortezza
Via Nazionale

Piazza d. Indipendenza

Piazza Adua

アルバーニ P120
Hotel Albani Firenze

S. Barnaba

別冊P20-21

ATAF i 案内所

サンタ・マリア・ノヴェッラ中央駅(S.M.N.駅)
STAZ.CENTRALE DELLA SANTA MARIA NOVELLA
P106

SITA (バス会社)

P113 サンタ・マリア・ノヴェッラ教会
Basilica di Santa Maria Novella

P112 中央市場
Mercato Centrale

P111 メディチ家礼拝堂
Cappelle Medicee

P111 サン・ロレンツォ教会
Basilica di San Lorenzo

Via Panzani
Via de' Cerretani

サンタ・マリア・ノヴェッラ地区
SANTA MARIA NOVELLA

P93 サン・ジョヴァンニ洗礼堂
Battistero di San Giovanni

オニッサンティ教会
Ognissanti

S. Paolino

Borgo Ognissanti

Via de' Fossi

Via della Vigna Nuova

Via de' Tornabuoni

レプブリカ広場
P.za della Repubblica

ストロッツィ宮
Palazzo Strozzi

オルサンミケーレ教会
Orsanmichele

P.za Ognissanti

サンタ・トリニタ教会
Santa Trinita

別冊P22-23

P120
ウェスティン・エクセルシオール
The Westin Excelsior,Firenze

P.za di Cestello

Lungarno Soderini

Pal.Corsini

Pal.Spini-Ferroni

Lungarno Corsini

カッライア橋
Ponte alla Carraia

ジェラテリア・カライア

サンタ・トリニタ橋
Ponte S. Trinita

Lungarno Acciaioli

Via di Santo Spirito

P95 ヴェッキオ橋
Ponte Vecchio

サント・スピリト教会
Santo Spirito

ヴァザーリの回廊
Corridoio Vasariano

Via d. Serragli

Via S. Agostino

Via Sant'Agata

Via Maggio

Borgo Tegolaio

Via de' Guicciardini

サント・スピリト地区
SANTO SPIRITO

P.za de' Pitti

ピッティ宮殿 P113
Palazzo Pitti

パラティーナ美術館 P113
Galleria Palatina

銀器博物館
Museo degli Argenti

近代美術館
Museo d'Arte Moderna

Via Romana

ラ・スペーコラ動物学博物館
Museo de la Specola

ネプチューンの噴水

ベルヴェデーレ要塞
Forte di Belvedere

サン・ジョルジ
Porta San

ボボリ庭園 P113
Giardino di Boboli

陶器博物館
Museo delle Porcellane

Viale dei Cipressi

Istituto d' Arte

ボボリーノ
BOBOLINO

Via del Bobolino

グランド・ホテル・ヴィッラ・コーラ P120
Grand Hotel Villa Cora

Via San Leo

A　　　　　　　**B**

エリア Navi
サンタ・マリア・ノヴェッラ地区、サン・ジョヴァンニ地区、サンタ・クローチェ地区、サント・スピリト地区の4地区に分かれるフィレンツェ。みどころはアルノ川の北側に集中する

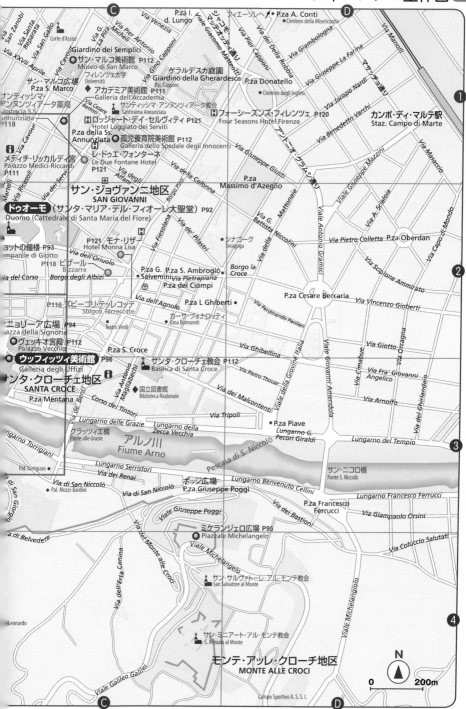

P.za I. d. Lungo
ジャッポーネへ
シエーナ方面へ
P.za A. Conti
Cimitero della Misericordia
P.za Venezia
Via Pier Antonio
Via G. La Pira
Via Pier Capponi
Via G. Capponi
Via dei Della Robbia
Via Giambologna
Via Giuseppe La Farina
Via Venezia

Corte d'Assise
Giardino dei Semplici
サン・マルコ美術館 P112
Museo di San Marco
ゲラルデスカ庭園
Giardino della Gherardesca
P.za Donatello
Cimitero degli Inglesi

Via Mannelli
Via G.

サン・マルコ広場
P.za S. Marco
フィレンツェ大学
Università
アカデミア美術館 P111
Galleria dell'Accademia
サンティッシマ・アンヌンツィアータ教会
Santissima Annunziata

Via Jacopo Nardi
Via Benedetto Varchi

カンポ・ディ・マルテ駅
Staz. Campo di Marte

ナンディッシマ・アンヌンツィアータ薬局
farmacia S.S.
Annunziata
P118
ロッジャート・デイ・セルヴィティ P121
Hotel Loggiato dei Servizi
P.za della Ss.
Annunziata
孤児養育院美術館 P112
Galleria dello Spedale degli Innocenti
フォーシーズンズ・フィレンツェ P120
Four Seasons Hotel Firenze

メディチ・リッカルディ宮
Palazzo Medici-Riccardi
P111
レ・ドゥエ・フォンターネ
Le Due Fontane Hotel
P121

Via Cavour
Via de' Martelli
Via degli Alfani
Via della Colonna
Via Giuseppe Giusti
Via Giuseppe Mazzini
Viale Giuseppe Mazzini
Via Maraccio

サン・ジョヴァンニ地区
SAN GIOVANNI

P.za
Massimo d'Azeglio
Viale Giuseppe Mazzini
Via A. Scialoia
Via A. Scialoia
Via Capo di Mondo

ドゥオーモ (サンタ・マリア・デル・フィオーレ大聖堂) P92
Duomo (Cattedrale di Santa Maria del Fiore)
Via Fiesolana
Via de' Pilastri
Via G.
Battista Niccolini
Via Pietro Colletta
P.za Oberdan
Via Scipione Ammirato

ジョットの鐘楼 P93
Campanile di Giotto
Hotel Mona Lisa
P121 モナ・リザ
Via dell'Oriuolo
シナゴーグ
Sinagoga
Via della
Via Vincenzo Gioberti
Via Pietro Colletta

ビザーレ P118
Bizzarre
Borgo degli Albizi
P.za G.
Salvemini
P.za S. Ambrogio
Via Pietrapiana
P.za dei Ciompi
Borgo la
Croce
P.za Cesare Beccaria
Via Vincenzo Gioberti

スビーゴリ/テルコッテ P116
Sbigoli Terrecotte
Via dell'Agnolo
P.za L Ghiberti
Via Ferdinando Paoletti
Via Giotto
Via Cimabue
Via Fra' Giovanni Angelico

シニョーリア広場 P94
Piazza della Signoria
Teatro Verdi
カーサ・ブォナロッティ
Casa Buonaroti
Via Giovanni Amendola
Via Ghibellina
Via Giotto
Via Cimabue
Via Arnolfo

ヴェッキオ宮殿 P112
Palazzo Vecchio
P.za S. Croce
サンタ・クローチェ教会 P112
Basilica di Santa Croce
Via Ghibellina
Via Fra' Giovanni Angelico
Via del Ghirlandaio

ウッフィッツィ美術館 P96
Galleria degli Uffizi
サンタ・クローチェ地区
SANTA CROCE
P.za Mentana
Via Antonio Magliabechi
国立図書館
Biblioteca Nazionale
Via dei Malcontenti
Via Pietro Thouar
Via della Giovine Italia
Corso dei Tintori
Via Tripoli

Lungarno delle Grazie
Lungarno della
Zecca Vecchia
P.za Piave
Lungarno G.
Pecori Giraldi
Lungarno del Tempio

グラッツィエ橋
Ponte alle Grazie

アルノ川
Fiume Arno

Lungarno Torrigiani
Pal. Torrigiani
Lungarno Serristori
Via dei Renai
Pescaia di S. Niccolò
サン・ニコロ橋
Ponte S. Niccolò
Lungarno Benvenuto Cellini

 via di San Giorgio
Pal. Mozzi-Bardini
Via di San Niccolò
ポッジ広場
P.za Giuseppe Poggi
P.za Francesco
Ferrucci
Lungarno Francesco Ferrucci
Via Giampaolo Orsini

via di Belvedere
Viale Giuseppe Poggi
Via dei Bastioni
Via Coluccio Salutati

ミケランジェロ広場 P95
Piazzale Michelangelo
Viale Michelangelo

Viale dell'Erta Canina
Viale Monte alle Croci
サン・サルヴァトーレ・アル・モンテ教会
San Salvatore al Monte
Via Michelangiolo

Leonardo

サン・ミニアート・アル・モンテ教会
S. Miniato al Monte

モンテ・アッレ・クローチェ地区
MONTE ALLE CROCI

N

Viale Galileo Galilei
Campo Sportivo A. S. S. I.

0   200m

● 観光スポット ■ レストラン・カフェ ● ショップ H ホテル

♪ フィレンツェ

① サンタ・マリア・ノヴェッラ中央駅 P106
STAZ. CENTRALE DELLA SANTA MARIA
NOVELLA（S.M.N.駅）

タクシー乗り場

バスターミナル

マクドナルド

ナツィオナーレ通り

S. Jacopino in Campo Corbolini

Via Nazionale

ファエンツァ通り

Via G. B. Zannoni

Via dell'Ariento

Via Faenza

Via S. Antonino

P.za della Stazione

Pal. d. Cartelloni

サンタントニオ通り

Via degli Amorrito

P.za
Madonna de
Aldobrandi

P136 フィレンツェ観光案内所 🛈

ウニタ・イタリアーナ広場
P.za dell'Unità Italiana

Via del Melarancio

② P113 サンタ・マリア・ノヴェッラ教会
Basilica di Santa Maria Novella
付属博物館
Museo di Santa Maria Novella

パンツァーニ通り

Via d. Avelli

Via del Giglio

Via dell'Alloro

サンタ・マリア・ノヴェッラ薬局 P101
Officina Profumo Farmaceutica di Santa Maria Novella

Via della Scala

Via Panzani

P120 グランド・ホテル・ミネルヴァ 🏨
Grand Hotel Minerva

サンタ・マリア・ノヴェッラ地区
SANTA MARIA NOVELLA

サンタ・マリア・
ノヴェッラ広場
P.za Santa Maria Novella

徒歩
約2分

薬局

Via dei Banchi

③ S. Francesco d. Vanchetoni

サンタ・マリア・ノヴェッラ
Santa Maria Novella

P118 ボヨラ 🔴
Bojola

Via dei Rondinelli

P.za S. Paolino

Via de' Porcellana

Via S. Paolino

アプロージオ・エ・コー P118
Aprosio & Co

Via del Trebbio

Via d. Agli

ヘルヴェティア &
ブリストル
フィレンツェ
スターホテルズ
コレツィオーネ
Helvetia & Bristol Firenze -
Starhotels Collezione

P115 🏨
ローマ

カンティネッタ・アンティノーリ
Cantinetta Antinori
Pal. Antinori

Via delle Belle Donne

Via degli Antinori

P.za Antinori

エルメス

P116 チェッリーニ
Cellerini
薬局

Via del Sole

S.Gaetano

Via d. Pescioni

サン・パオリーノ教会
S. Paolino

P.za d. Ottaviani

Via d. Giacomini

Via d. Corsi

Via de' Tornabuoni

N

0 ___ 50m

周辺図は別冊P18参照

Via della Spada

オステリア・ベッレ・ドンネ
Osteria Belle Donne
P100

ホーガン
Hogan

マックスマーラ P117
Max Mara

プロカッチ P101,118
Procacci

Via de' Fossi

④ P20-21

P22-23

オステリア・ディ・ジョヴァンニ P13,115
L'Osteria di Giovanni

S. Pancrazio

イル・ラティーニ
Il Latini

Via del Moro

Via de' Federighi

Via Palchetti

P117 ジョルジオ・アルマーニ
Giorgio Armani

トッズ
Tod's

ボッテガ・ヴェネタ P101
Bottega Veneta

ブルガリ P117
Bvlgari

カルティエ

ルイ・ヴィトン

グッチ（キッズ）

グッチ（メンズ）

Via della Vigna Nuova

ヴィーニャ・ヌオーヴァ通り

グッチ
Gucci P101

プラダ

ストロッツィ宮
Palazzo Strozzi

P.za degli Stroz

P.za deg
Strozzi

エリア
Navi

ドゥオーモを起点に北側は、古くからフィレンツェの宗教の中心として栄えた地区。街歩きで道に迷ったら、ドゥオーモのクーポラを目印に。

C

D

P111 アカデミア美術館
Galleria dell'Accademia

マクドナルド

Via Guelfa

Via Taddea

Via degli Alfani

中央市場 P112
Mercato Centrale
P.za del Mercato
Centrale

Via de' Ginori

Via Cavour

サン・ジョヴァンニ地区
SAN GIOVANNI

1

Borgo la Noce

Via della Stufa

Pal. Gerini

アクアメール通り

Pal.
Bandinelli

Via del Canto de' Nelli

i

P111 メディチ・リッカルディ宮
Palazzo Medici-Riccardi

Via Ricasoli

Pal. Niccolini

Via de' Servi

メディチ家礼拝堂 P111
Cappelle Medicee
入口

P.za di San
Lorenzo

Borgo San Lorenzo

サン・ジョヴァンニ広場
S. Giovanni

Pal. Panciatichi

リカソーリ通り

2

P111 サン・ロレンツォ教会
Basilica di San Lorenzo
ラウレンツィアーナ図書館
Biblioteca Medicea Laurenziana
入口

Via de Gori

Via Martelli

スパダイ P121
Hotel Spadai

Via d. Biffi

Pal. Pucci

Via dei Pucci

Via Maurizio Bufalini

Via F. Zannetti

マルテッリ通り

P15,118
アンティーカ・カンティーナ・
デル・キャンティ
L'Antica Cantina del Chianti

ドゥオーモ
広場
P.za
del Duomo

Via dei Cerretani

薬局

サンタ・マリア・マッジョーレ教会
S. Maria Maggiore

ドゥオーモ付属博物館 P92
Museo dell'Opera del Duomo

3

Bandini

ドゥオーモ(サンタ・マリア・デル・フィオーレ大聖堂)
Duomo (Cattedrale di Santa Maria del Fiore) P92

P93 サン・ジョヴァンニ洗礼堂
Battistero di San Giovanni

dei Pecori

ジョットの鐘楼 P93
Campanile di Giotto

タクシー乗り場

(キッズ)

マックスマーラ

Via d. Oriuolo

P117 エコ
Echo

Via Roma

Via dei Tosinghi

マックス&コー

Via delle Oche

グロム(アイスクリーム)
Grom

Via de' Bonizzi

Via del Proconsolo

l Campidoglio

ミュウ・ミュウ

Via Brunelleschi

Via dei Calzaiuoli

ペーニャ(食品)
Pegna

ロッコ フォルテ ホテル サボイ
Rocco Forte Hotel Savoy

Via d. Studio

人類学博物館
Museo di Antropologia

薬局

ザラ
Zara

レプブリカ広場
P.za della
Repubblica

プルネレスキ P121
Hotel Brunelleschi

4

Borgo degli Albizi

エ&ガッバーナ

ラ・リナシェンテ
La Rinascente

Via degli Speziali

Via del Corso

ブラスキ
Braschi

P116

薬局

Via Pelliceria

Anselmi

C

D

21

● 観光スポット　● レストラン・カフェ　● ショップ　H ホテル

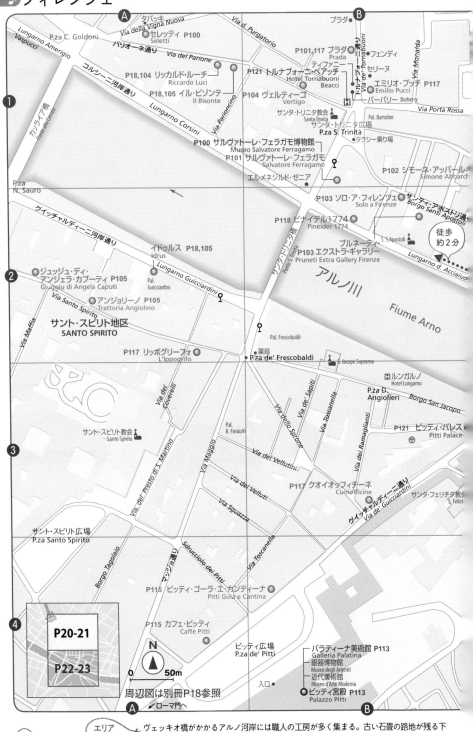

P.za C. Goldoni
Lungarno Amerigio Vaspucci
タバッキ
Via della Vigna Nuova
セレッティ P100
Seletti
バリオーネ通り
Via del Parione
プラダ
Via d. Purgatorio
プラダ B
P101,117 プラダ
Prada
フェンディ
コルシーニ河岸通り
P18,104 リッカルド・ルーチ
Riccardo Luci
P121 トルナブォーニ・ベアッチ
Hotel Tornabuoni
Beacci
ティファニー
セリーヌ
P18,105 イル・ビゾンテ
Il Bisonte
P104 ヴェルティーゴ
Vertigo
エミリオ・プッチ P117
Emilio Pucci
バーバリー Burberry
Lungarno Corsini
サンタ・トリニタ教会
Santa Trinità
サンタ・トリニタ広場
P.za S. Trinità
Pal. Bartolini
Via Porta Rossa
P.za N. Sauro
P100 サルヴァトーレ・フェラガモ博物館
Museo Salvatore Ferragamo
P101 サルヴァトーレ・フェラガモ
Salvatore Ferragamo
エルメネジルド・ゼニア
タクシー乗り場
P102 シモーネ・アッバール
Simone Abbarch
P103 ソロ・ア・フィレンツェ
Solo a Firenze
サンティ・アポストリ通り
Borgo Santi Apostoli
P118 ピナイデル1774
Pineider 1774
S. S. Apostoli
徒歩
約2分
ブルネーティ
P103 エクストラ・ギャラリー
Pruneti Extra Gallery Firenze
Lungarno d. Acciaiuo

グイッチャルディーニ河岸通り
イドゥルス P18,105
idrus
Lungarno Guicciardini
アルノ川
Fiume Arno
ジュッジュ・ディ・アンジェラ・カプーティ P105
Gjuggiu di Angela Caputi
Pal. Guicciardini
アンジョリーノ P105
Trattoria Angiolino
Via Santo Spirito
サント・スピリト地区
SANTO SPIRITO
Via Mattia
P117 リッポグリーフォ
L'Ippogrifo
薬局
P.za de' Frescobaldi
Pal. Frescobaldi
S. Jacopo Soprarno
ルンガルノ
Hotel Lungarno
P.za D. Angiolieri
Borgo San Jacopo
Via de' Sapiti
Via Toscanella
Via del Coverelli
サント・スピリト教会
Santo Spirito
Pal. R. Firidolfi
Via del Presto di S. Martino
Via Maggio
Via dello Sprone
Via dei Vellutini
Via dei Velluti
Via dei Ramaglianti
P121 ピッティ・パレス
Pitti Palace
P117 クオイオッフィチーネ
Cuoiofficine
サンタ・フェリチタ教会
S. Felici
グイッチャルディーニ通り
Via de' Guicciardini
Via Sguazza
Via Toscanella
サント・スピリト広場
P.za Santo Spirito
Sdrucciolo dei Pitti
Borgo Tagolaio
P115 ピッティ・ゴーラ・エ・カンティーナ
Pitti Gola e Cantina
P20-21
P22-23
P115 カフェ・ピッティ
Caffè Pitti
ピッティ広場
P.za de' Pitti
パラティーナ美術館 P113
Galleria Palatina
銀器博物館
Museo degli Argenti
近代美術館
Museo d'Arte Moderna
ピッティ宮殿 P113
Palazzo Pitti
N
0 ─── 50m
周辺図は別冊P18参照
入口

A ローマ門へ
B

エリア Navi　ヴェッキオ橋がかかるアルノ河岸には職人の工房が多く集まる。古い石畳の路地が残る下町情緒あふれるエリア。

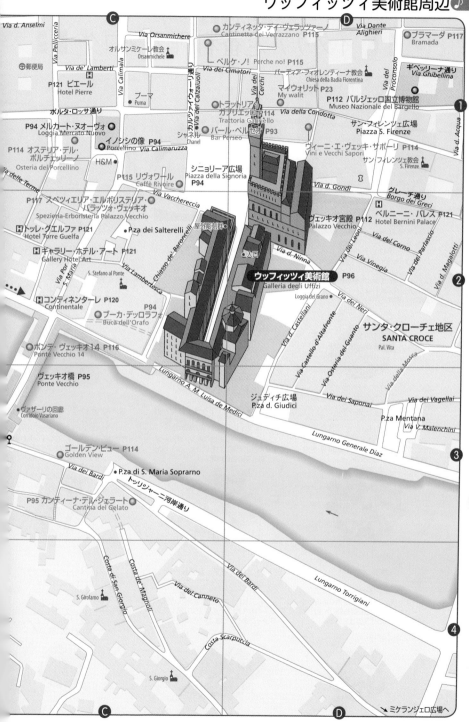

Via d. Anselmi

C

Via d. Pellicceria

Via Orsanmichere

カンティネッタ・ディ・ヴェラッツァーノ P115
Cantinetta dei Verrazzano

D

Via Dante
Alighieri

ブラマーダ P117
Bramada

郵便局

Via de' Lamberti

オルサンミケーレ教会
Orsanmichele

ペルケ・ノ! Perche no! P115

バーディア・フィオレンティーナ教会
Chiesa della Badia Fiorentina

ギベッリーナ通り
Via Ghibellina

P121 ピエール
Hotel Pierre

Via Calimala

Via dei Cimatori

マイウォリット P23
My walit

Via del Procoonsolo

Via dei Cerchi

プーマ
Puma

トラットリア
ガブリエッロ P114
Trattoria Gabriello

Via della Condotta

P112 バルジェッロ国立博物館
Museo Nazionale del Bargello

1

ポルタ・ロッサ通り

バール・ペルセオ P93
Bar Perseo

サン・フィレンツェ広場
Piazza S. Firenze

Via di Acqua

P94 メルカート・ヌオーヴォ
Loggia Mercato Nuovo

シャネル
Chanel

ヴィーニ・エ・ヴェッキ・サポーリ P114
Vini e Vecchi Sapori

P114 オステリア・デル・
ポルチェッリーノ
Osteria del Porcellino

イノシシの像 P94
Porcellino

Via Calimaruzza

シニョリーア広場
Piazza della Signoria
P94

サン・フィレンツェ教会
S. Firenze

H&M

P117 スペツィエリア・エルボリステリア
パラッツォ・ヴェッキオ
Spezieria-Erboristeria Palazzo Vecchio

P115 リヴォワール
Caffè Rivoire

Via Vaccherccia

Via d. Gondi

グレーチ通り
Borgo dei Greci

H トッレ・グエルファ P121
Hotel Torre Guelfa

P.za dei Salterelli

彫刻群

ヴェッキオ宮殿 P112
Palazzo Vecchio

ベルニーニ・パレス P121
Hotel Bernini Palace

H ギャラリー・ホテル・アート P121
Gallery Hotel Art

Chiasso de' Baroncelli

入口

Via del Leoni

Via del Corno

Via del Parlascio

2

S. Stefano al Ponte

Via d. Ninna

Via Vinegia

Via d. Magalotti

H コンティネンターレ P120
Continentale

Via Lambertesca

Via Por S. Maria

ウッフィッツィ美術館 P96
Galleria degli Uffizi

Via dei Neri

P94 ブーカ・デッロラフォ
Buca dell'Orafo

Loggia del Grano

サンタ・クローチェ地区
SANTA CROCE

ポンテ・ヴェッキオ14 P116
Ponte Vecchio 14

Via d. Castellani

Via Castello d'Altafronte

Via Osteria del Guanto

Via della Mosca

Pal. Vita

ヴェッキオ橋 P95
Ponte Vecchio

Lungarno A. M. Luisa de Medici

3

ヴァザーリの回廊
Corridoio Vasariano

ジュディチ広場
P.za d. Giudici

Via dei Saponai

Via dei Vagellai

ゴールデン・ビュー P114
Golden View

Lungarno Generale Diaz

P.za Mentana

Via V. Malenchini

Via dei Bardi

P.za di S. Maria Soprarno

3

P95 カンティーナ・デル・ジェラート
Cantina del Gelato

トッリジャーニ河岸通り

S. Girolamo

Costa di San Giorgio

Costa de' Magnoli

Via del Canneto

Via del Bardi

Lungarno Torrigiani

S. Giorgio

Costa Scarpuccia

4

C

D

→ ミケランジェロ広場へ

● 観光スポット ● レストラン・カフェ ● ショップ H ホテル

(23)

■■ イタリア定番料理カタログ ■■

前菜
アンティパスト
Antipasto

🍴

「食事の前」を意味するアンティパストはコース料理の最初に食べる前菜。たいていの店では前菜を少量ずつ盛り合わせたアンティパスト・ミスト Antipasto Misto というメニューを用意している。

モッツァレラ・ディ・ブーファラ
Mozzarella di bufala

水牛のミルクから作ったモッツァレラ。フレッシュチーズのなかでも最高とされる。味付けはせず、素材を味わう。

第一の皿
プリモ・ピアット
Primo piatto

🍴

各種パスタ料理のほかに、リゾットやニョッキ、そしてスープ類が含まれる。伝統的にイタリア料理ではこの第一の皿と続く第二の皿とがほぼ同等に重要とされ、ボリュームもたっぷりな場合が多い。

クロスティーニ
Crostini

スライスしたパンに具をのせたイタリア風カナッペ。具材はシーフードや野菜、肉類、パテなどさまざま。

フリット・ディ・フィオーリ・ディ・ズッカ
Fritto di fiori di zucca

ズッキーニの花の中にモッツァレラチーズとアンチョビを詰めて揚げた料理。花ズッキーニ独特のコクが絶妙。

スパゲティ・アル・ポモドーロ
Spaghetti al pomodoro

定番＆王道のトマトソースのスパゲティ。シンプルな料理だけに、本場ならではの素材の旨みを堪能できる。

アフェッターティ
Affettati

スライスした生ハムやサラミなどの盛合せ。アフェッタートとは「薄切り」を意味する。ワインのつまみにも。

カルチョーフィ・アッラ・ロマーナ
Carciofi alla Romana

アーティチョークを白ワイン、オリーブオイルなどで蒸したものでさっぱりした味。ローマの名物料理。

スパゲティ・アッレ・ヴォンゴレ
Spaghetti alle vongole

アサリのスパゲティ。白ワイン蒸しのビアンコ(白)と、トマトソースのロッソ(赤)がある。生アサリを使ったヴォンゴレ・ヴェラーチェが最高。

ブルスケッタ
Bruschetta

トーストパンにニンニクを擦り込み、オリーブオイルを垂らしたもの。トマトや、豚の背脂のスライスのせもある。

インサラータ・カプレーゼ
Insalata caprese

スライスしたトマトとモッツァレラにバジルの葉をあしらった、カプリ風サラダ。オリーブオイルと塩コショウで。

スパゲティ・アッラ・スコーリエラ
Spaghetti alla scogliera

海の幸たっぷりのスパゲティ。ペストーラ(漁師風)、フルッティ・ディ・マーレ(海の幸の)とよぶ店もある。

地元の郷土料理（→ P12）はもちろん、ローマやフィレンツェなどの大都市ではイタリア各地の美味しいものが楽しめる。数あるメニューの中から本場で一度は味わいたい定番料理をご紹介。

カルボナーラ
Carbonara

ローマ名物。ベーコンとペコリーノ・ロマーノ、卵黄、黒コショウのソースにリガトーニかスパゲッティをあえる。

第二の皿
セコンド・ピアット
Secondo piatto

メインコースにあたり、おもに肉料理と魚料理に分けられる。肉料理は牛、豚のほかに羊肉料理が多く、臓物料理も豊富。魚は海水魚が中心で、エビやカニなどの甲殻類、イカ、タコ、貝類などバラエティに富む。

ズッパ・ディ・ペッシェ
Zuppa di pesce

魚介類の蒸し煮。具は季節によるが、アンコウやタイなどの白身魚、エビ、イカ、アサリ、ムール貝などが定番。旨みが凝縮したスープはパンにつけて。

ラビオリ・アッラ・カプレーゼ
Rabioli alla Caprese

坂状のパスタで具を包んだラビオリは地域により中身が異なる。カプレーゼはカプリ風の意味。

ビステッカ
Bistecca

ビーフステーキ。塩コショウのシンプルな味付けで、炭火で香ばしく焼きあげる。脂が少なく、肉本来の旨味が楽しめる。

フリット・ミスト・ディ・マーレ
Fritto misto di mare

魚介のフライ。内容は店によるが、エビ、イカ、タコ、白身魚などが定番。オリーブオイルで揚げるのがイタリア流。レモン汁を絞って。

トレネッテ・アル・ペスト・ジェノヴェーゼ
Trenette al pesto genovese

ジェノヴァのご当地麺トレネッテに、バジル、ニンニク、松の実、パルミジャーノのペーストを合わせたひと皿

トリッパ
Trippa

牛の第二胃袋の煮込み料理。トマト味で臭み消しにミントを入れるローマ風、たくさんの野菜と煮込むフィレンツェ風がある。

グリリアータ・ミスタ・ディ・マーレ
Grigliata mista di mare

魚介のグリル。エビ、イカ、ホタテなどが定番で、タイやスズキなどの白身魚は一尾丸ごととなるのでやや値が張る。

ニョッキ・アッラ・ロマーナ
Gnocchi alla romana

ローマ風ニョッキ。一般的にはジャガイモやカボチャが用いられるが、ローマ風は小麦粉のみ使用。トマトソースが定番。

オッソブーコ
Ossobuco

仔牛の骨付きすね肉をワインやトマトソースで長時間煮込んだ料理。コラーゲンたっぷりの骨髄が溶け出したソースが美味。

コトレッタ
Cotoletta

仔牛のカツレツ。肉をたたいて均等な厚みにし、溶き玉子、パン粉をまぶして、フライパンで両面を焼く。ミラノ風が有名。

ピッツァ

ピッツァ
Pizza

🍴

17世紀にナポリで生まれたピッツァは、もともと弁当や夜食として親しまれてきた気軽なファストフード。生地の上にソースと具をのせて焼くだけの料理だが、シンプルだからこそ本場でしか味わえない奥深さがある。専門店ピッツェリアで味わおう。

マルゲリータ
Margherita

トマトソース、モッツァレラ、バジリコのピッツァ。ナポリのピッツァ職人が、1898年に街を訪問したサヴォイア家のマルゲリータ王女のために考案。

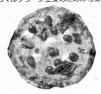

カプリチョーザ
Capricciosa

「気まぐれ」の名が付いたローマ発祥のピッツァ。名前の通り具はさまざまだが、キノコやオリーブ、生ハム、玉子などたくさんの具がのるのが特徴。

ビアンカ
Bianca

「白」の名前の通り、トマトソースを用いないシンプルなピッツァで、フォカッチャFocacciaともよばれる。程良い塩気があり、生地の旨みを楽しむことができる。

ピッツァ・マリナーラ
Pizza Marinara

水夫（マリナーラ）が食べていたことに由来する。トマトソース、オレガノ、ニンニクのシンプルな味だが味わいは深い。

カルツォーネ
Calzone

具材を生地の半分に乗せ、ふたつに折りたたんで焼くピッツァ。具は生ハムやサラミ、チーズ、玉子などが定番。

テイクアウト用としてもポピュラー

ワイン
Vino ヴィーノ

古代からの歴史を誇るイタリアのワイン造り。国土が南北に延びたイタリアは土地の気候や風土によって栽培されるブドウの品種が異なる。そのため、地域ごとに個性豊かなワインが味わえるのが特徴。

─ 街を代表するワインはコレ！ ─

ローマ

ローマのあるラツィオ州は、カステッリ・ロマーニ地方の町フラスカーティFrascati（写真左）で生産される白ワインが代表的。近年はモンティアーノMontiano（写真右）など上質な赤ワインも登場している。

フィレンツェ

トスカーナ州は国内有数のワインどころ。イタリアワインの代名詞ともいえるキアンティChianti（写真左）や高級銘柄のブルネッロ・ディ・モンタルチーノBrunello di Montalcino（写真右）など、赤ワインが美味しい。

─ おみやげにしたい イタリアの銘ワイン ─

A バローロ
Barolo

「イタリアワインの王様」と称される北部ピエモンテ州の赤ワイン。

B ヴァルポリチェッラ
Valpolicella

ヴェネト州ヴェローナ近郊で生産されるリッチな味わいの赤ワイン。

C タウラージ
Taurasi

歴史あるアリヤニコ種で作られるカンパニア州を代表する赤。

D ソアーヴェ
Soave

すっきりとした辛口の白で、ヴェネツィアで最もポピュラーな1本。

Milano ヴェネト州
・Venezia
ピエモンテ州
・Firenze
トスカーナ州 ラツィオ州
Roma
カンパニア州
シチリア州

☕ カフェ＆ドリンク

カフェ＆ベヴァンデ Caffè & Bevande

現存するヨーロッパ最古のカフェを擁するなど、独特のカフェ文化を発展させてきたイタリア。優雅なカフェテリアや活気あるバールで、本場のイタリアンコーヒーを楽しんでみたい。

> カカオの香りと風味がアクセント

エスプレッソ
Espresso

イタリアで「カフェ」といえばこれ。蒸気で抽出した深く濃い味わいが特徴で、砂糖を入れて飲む。

カプチーノ
Cappuccino

エスプレッソに泡立てたミルクをのせたおなじみのメニュー。朝食や休憩時におすすめ。

カフェ・マッキアート
Caffè macchiato

染みを付けたという意味のマッキアートはエスプレッソに泡立てたミルクをほんの少しのせたもの。

カフェ・マロッキーノ
Caffè marocchino

モロッコ風を意味するマロッキーノはエスプレッソ＋泡立てミルク＋カカオパウダーで風味豊か。

カフェ・フレッド
Caffè freddo

フレッド＝冷たいの意味で、アイスコーヒーのこと。あらかじめ砂糖が入っていることが多い。夏の定番。

カフェ・シェケラート
Caffè sciecherato

氷とエスプレッソをシェイクした夏のメニュー。通常アルコールが入るが、入れないと選べる店も。

カフェ・コン・パンナ
Caffè con panna

エスプレッソに生クリームをトッピング。クリームの量が多く、かなりの甘さ。甘いもの好きに。

テ・フレッド
Tè freddo

アイスティー。レモンかピーチを入れるか入れないかを選ぶのが一般的。ミルクはあまり入れない。

チョコラータ
Cioccolata

寒い冬に人気のホットチョコレート。見た目よりも甘すぎない。疲れたときに体が温まり元気になる。

ラッテ・マッキアート
Latte macchiato

カフェ・マッキアートの逆バージョン。ホットミルクに少量のエスプレッソを混ぜたもの。

スプレムータ
Spremuta

フレッシュジュースのことで、オレンジジュースならスプレムータ・ディ・アランチャ。砂糖が付くが入れない方がおいしい。

キノ
Chino

キノットという柑橘系フルーツの炭酸入りジュース。キンカンに似た甘くて苦いクセのある味が病みつきに。

ビッラ
Birra

ビールのこと。イタリアの定番メーカーはナストロアズーロとモレッティ。

スプマンテ
Spumante

イタリアのスパークリングワイン。辛口のプロセッコも人気。

カンパリ
Campari

イタリアの代表的なリキュール。苦みが特徴でカクテルに使われるが、このまま飲む人も多い。

アクア
Acqua

水のこと。炭酸入りのガッサータ、発泡性のフリッツァンテ、炭酸なしのナトゥラーレがある。

シーン別 カンタン イタリア語

Seane 1 あいさつ

こんにちは／おはよう	さようなら	ありがとう	ごめんなさい	はい	いいえ
Buongiorno.	ArrivederLa.	Grazie.	Mi scusi.	Sì.	No.
ブオンジョールノ	アッリヴェデーラ ラ	グラーツィエ	ミ スクーズィ	スィ	ノ

Seane 2 レストランで

2名ですが空いていますか?
C'è un tavolo per due?
チェ ウン ターヴォロ ペル ドゥエ

メニューを見せてください
Posso avere il menù, per favore?
ポッソ アヴェーレ イル メヌー ペル ファヴォーレ

おすすめは何ですか?
Che cosa consiglia?
ケ コーザ コンスィッリア

ハウスワインの赤をください
Vorrei del vino rosso della casa.
ヴォレイ デル ヴィーノ ロッソ デッラ カーサ

ワインリストはありますか?
Avete la lista dei vini?
アヴェーテ ラ リスタ デイ ヴィーニ

これは注文したものではありません
Non ho ordinato questo.
ノ ノ オルディナート クエスト

お勘定をお願いします
Il conto, per favore.
イル コント ペル ファヴォーレ

タクシーを呼んでください
Può chiamarmi un tassi?
ブオ キャマールミ ウン タッシィ

Seane 3 ショップで

これはいくらですか?
Quanto costa?
クアント コスタ

これをください
Prendo questo.
プレンド クエスト

見ているだけです。ありがとう
Sto solo guardando. Grazie.
スト ソロ グアルダンド グラツィエ

手に取ってみてもいいですか?
Posso toccare?
ポッソ トッカーレ

Seane 4 観光で

駅はどこですか?
Dov'è la stazione ferroviaria?
ドヴェ ラ スタツィオーネ フェッロヴィアーリア

どこでチケットが買えますか?
Dove posso comprare un biglietto?
ドヴェ ポッソ コンプラーレ ウン ビリエット

Seane 5 タクシーで

●●ホテルまでお願いします
Al ●●Hotel, per favore.
アル ●● オテル ペル ファヴォーレ

ここで止めてください
Si fermi qui, per favore.
スィ フェルミ クィ ペル ファヴォーレ

よく使うからまとめました♪ 数字・単語

1……uno ウーノ	駅……stazione スタツィオーネ	運賃……tariffa タリッファ	
2……due ドゥーエ	空港……aeroporto アエロポルト	営業中……aperto アペルト	
3……tre トゥレ	～行き……per ペル	閉店……chiuso キウーゾ	
4……quattro クアットゥロ	出発……partenza パルテンツァ	出口……uscita ウッシータ	
5……cinque チンクエ	到着……arrivo アッリーヴォ	入口……ingresso イングレッソ	
6……sei セイ		トイレ……bagno バンニョ	
7……sette セッテ			
8……otto オット			
9……nove ノーヴェ			

レート €1≒146円
(2022年11月現在)

両替時のレート
€1≒

書いて
おこう♪